30,000
NOMBRES
PARA BEBÉS

30,000 NOMBRES PARA BEBÉS

Vivi Morales

Grupo Editorial Tomo, S. A. de C. V.
Nicolás San Juan 1043
03100 México, D. F.

1a. edición, noviembre 2002.
2a. edición, mayo 2004.
3a. edición, enero 2005.
4a. edición, julio 2006.

©   *30,000 Nombres para Bebés*
     Autor: Vivi Morales T.

©   2006, Grupo Editorial Tomo, S.A. de C.V.
     Nicolás San Juan 1043, Col. Del Valle
     03100 México, D.F.
     Tels. 5575-6615, 5575-8701 y 5575-0186
     Fax. 5575-6695
     http://www.grupotomo.com.mx
     ISBN: 970-666-653-2
     Miembro de la Cámara Nacional
     de la Industria Editorial No 2961

Diseño de portada: Emigdio Guevara
Formación tipográfica: Rafael Rutiaga
Supervisor de producción: Leonardo Figueroa

Impreso en México - *Printed in Mexico*

INTRODUCCIÓN

*H*ace miles y miles de años, desde que Dios creó al primer hombre y a la primera mujer determinó que cada uno de ellos llevaría un nombre, el cual, los identificaría y marcaría para siempre su existencia gracias a su significado y peculiaridad.

A través de los tiempos y en todas partes del mundo el hombre se ha cuestionado esa singular y determinante pregunta, que a mi punto de vista, ha sido una de las más usadas y más difíciles de contestar; dicha pregunta es... ¿Cómo se llamará el bebé?

Para muchas personas hacer esta pregunta resulta interesante y hasta divertido, pero créanme que no es nada agradable para los padres escuchar esa singular frase cuando aún no tienen la respuesta acertada, mucho menos si piensan en nombrar al bebé como a alguien de "la otra familia". Resulta muy difícil decirle a tu papá que tu hijo se llamará como tu suegro o viceversa además de tener en consideración que toda aquella persona que haga esa pregunta terminará por dar su opinión acerca del maravilloso nombre que los padres habían elegido y que después del comentario recibido están dispuestos a cambiar.

Pero lo anterior no es lo más importante, el verdadero problema surge cuando mamá y papá no se pueden poner de acuerdo en el nombre que llevará el nuevo bebé.

Hoy en día existen alrededor del mundo un sin fin de nombres peculiares y muy bonitos para nombrar a los pequeños, también existen muchos libros en donde podemos encontrarlos pero ninguno como éste, ya que le brinda la oportunidad de elegir entre miles de nombres originarios de muchas regiones del mundo, descubrir su significado y las diferentes opciones que tiene al elegirlo, además de pasar un rato muy agradable con su pareja al conocer qué significa cada uno de los nombres de sus familiares y conocidos. Lo invito a vivir la gran experiencia.

Nombres de mujer

A

ABIGAIL (*HEBREO*) LA ALEGRÍA DEL PADRE. BIBLIA: UNA DE LAS ESPOSAS DEL REY DAVID. Abbigail, Abygail, Abgail, Abegail, Abigaill, Abigayl, Avigail.

ABIRA (*HEBREO*) MUY RECTA. Abbira, Abera, Abhira, Abir.

ABRA (*HEBREO*) MADRE DE TODAS LAS NACIONES.

ABRIL (*FRANCÉS*) FORMA ALTERNATIVA DE ABRIAL. SEGURA, PROTEGIDA. Abrilla, Abrille.

ACACIA (*GRIEGO*) ESPINOSO. MITOLOGÍA: EL ÁRBOL DE LA ACACIA SIMBOLIZA INMORTALIDAD Y RESURRECCIÓN. Acassia, Akacia, Casia, Cacia, Kasia.

ADA (*ALEMÁN*) FORMA CORTA DE ADELAIDA. (*INGLÉS*) PRÓSPERA, FELIZ. Adan, Adaya, Adda, Auda.

ADAH (*HEBREO*) ORNAMENTO. Addah, Ada.

ADALIA (*ALEMÁN*, *ESPAÑOL*) NOBLE. Adal, Adala, Adalea, Adaleah, Adalene, Adali, Adalya.

ADAMA (*FENICIO*) MUJER HUMANISTA. (*HEBREO*) TIERRA. MUJER DE LA TIERRA ROJA. FORMA FEMENINA DE ADAM.

ADANA (*NIGERIANO*) HIJA DEL PADRE. Adanya.

ADARA (*GRIEGO*) BELLA. (*ÁRABE*) VIRGEN. Adair, Adaira, Adar, Adarah, Adaria, Adarra, Adra.

ADDISON (*INGLÉS*) HIJA DE ADAM. Addis, Addisson, Adison.

ADELA (*INGLÉS*) FORMA CORTA DE ADELAIDA. Adelae, Adelia, Adella.

ADELAIDA (*ALEMÁN*) NOBLE Y SERENA. Adelaid, Adelaide, Adela.

ADELINA (*INGLÉS*) FORMA ALTERNATIVA DE ADELAIDA. Adalina, Adelena, Adellyna, Adeliana, Adellena.

ADIA (*SUAHILI*) REGALO.

ADINA (*HEBREO*) NOBLE, ADORNADA. Adeana, Adiana, Adinah, Adinna, Adyna.

ADIRA (*HEBREO*) FUERTE. Adhira, Adirah, Adriana.

ADONIA (*ESPAÑOL*) BELLA, FEMENINO DE ADONIS. Adonica, Adonis, Adonna, Adónica, Adonya.

ADORA (*LATÍN*) AMADA. Adoria.

ADRIANA (*MEXICANO*) RICA. FEMENINO DE ADRIÁN. Adriane, Adrianna, Adrienna, Adryana.

ADRINA (*INGLÉS*) FORMA CORTA DE ADRIANA.

AFI (*AFRICANO*) NACIDA EN VIERNES. Affi, Afia, Efi, Efia.

AFRA (*HEBREO*) CONEJA JOVEN. (*ÁRABE*) COLOR DE LA TIERRA. Aphra, Afraa.

ÁFRICA (*IRLANDÉS*) AGRADABLE, REINA DE LA ISLA DE LOS HOMBRES. Africah, Afrika.

ÁGATA (*GRIEGO*) BUENA, AMIGABLE. Agatha, Agatah,

AIDA (*LATÍN*) AYUDANTE. (*INGLÉS*) FELIZ. Aidah, Aidan, Aide, Aidee.

AILANI (*HAWAIANO*) JEFA. Aelani, Ailana.

AILI (*ESCOCÉS*) UNA FORMA DE DECIR ALICIA O HELENA. Aila, Ailee, Ailey, Ailie, Aily.

AISHA (*ÁRABE*) MUJER. Aaisha, Aaishah, Aisa, Aischa, Aishia, Aiysha, Aysa.

AKI (*JAPONÉS*) NACIDA EN OTOÑO. Akeeye.

AKIKO (*JAPONÉS*) LUZ BRILLANTE.

AKINA (*JAPONÉS*) FLOR DE PRIMAVERA.

ALAMEDA (*ESPAÑOL*) ÁRBOL POPULAR.

ALANA (*IRLANDÉS*) ATRACTIVA, PACÍFICA. FORMA FEMENINA DE ALAN. Alaana, Alaina, Alanah, Alanna, Alanis, Allana.

ALANI (*HAWAIANO*) ÁRBOL DE NARANJA. Alaini, Alania, Alanie.

ALANZA (*ESPAÑOL*) NOBLE Y ENTUSIASTA. FEMENINO DE ALFONSO.

ALBA (*LATÍN*) REFERENTE A ALBA ITALIA CIUDAD DE LA COLINA BLANCA. Albana, Albani, Albina, Albinia, Elba.

ALBERTA (*ALEMÁN, FRANCÉS*) NOBLE Y BRILLANTE. FEMENINO DE ALBERTO. Albertina, Alberta, Bertha.

ALDA (*ALEMÁN*) VIEJA, MAYOR. FEMENINO DE ALDO. Aldina.

ALEGRÍA (*ESPAÑOL*) ALEGRE, CONTENTA. Alegra, Allegria.

ALEJANDRA (*MEXICANO*) FORMA DE ALEXANDRA. Alejandrea, Alejandria, Alejandrina.

ALENA (*RUSO*) FORMA DE HELENA. Alenah, Alene, Alyne.

ALESSANDRA (*ITALIANO*) FORMA DE ALEXANDRA. Alesandra, Allesandra, Allessandra.

ALEXA (*GRIEGO*) FORMA CORTA DE ALEXANDRA. Aleixa, Aleksa, Alexsa, Alexssa, Alexxa, Alyxa.

ALEXANDRA (*GRIEGO*) DEFENSORA DE LA HUMANIDAD. Alaxandra, Aleczandra, Alejandra, Aleksandra, Alessandra, Alex, Alexa, Alexas, Alexi, Alexina, Alexis, Alexsandra, Alexxandra, Alixandra, Lexandra.

ALFREDA (*INGLÉS*) SABIA CONSEJERA, FEMENINO DE ALFREDO. Elfrida, Freda, Frederica.

ALI (*GRIEGO*) FORMA FAMILIAR DE ALICIA. Alli, Ally, Allea, Aly.

ALIA (*HEBREO*) ASCENDENTE. Aliah, Aliya, Alya.

ALICE (*GRIEGO*) HONESTA, QUE SIEMPRE DICE LA VERDAD. (*ALEMÁN*) NOBLE. Alison, Aleka, Alysa, Alecia, Alise.

ALICIA (*MEXICANO*) FORMA ALTERNATIVA DE ALICE. Elicia, Licia, Alecia, Alycia, Allicia.

ALIKA (*HAWAIANO*) VERAZ, LA MÁS BELLA. Aleka, Alica, Alikah, Aliki.

ALIVIA (*LATÍN*) FORMA ALTERNATIVA DE OLIVIA. Alivah.

ALIZABETH (*HEBREO*) FORMA ALTERNATIVA DE ELIZABETH. Alyzabeth.

ALMA (*ÁRABE*) APRENDIZ. (*MEXICANO, LATÍN*) ALMA PURA. Almah.

ALMIRA (*ÁRABE*) ARISTÓCRATA, PRINCESA, ALABADA. Elmira, Mira, Allmira.

ALOHA (*HAWAIANO*) AMOROSA, DE BUEN CORAZÓN, CARITATIVA. Alohi.

ALOISA (*ALEMÁN*) FAMOSA GUERRERA. Aloisia, Aloysia.

ALOMA (*LATÍN*) FORMA CORTA DE PALOMA. Paloma.

ALONDRA (*ESPAÑOL*) FORMA ALTERNATIVA DE ALEXANDRA. Alonda, Allandra.

ALPHA (*GRIEGO*) LA PRIMOGÉNITA. Alphia.

ALVA (*LATÍN, ESPAÑOL*) BLANCA, DE PIEL BRILLANTE. Elva, Alvana, Alvanah.

ALVINA (*INGLÉS*) AMIGA DE TODOS, AMIGA NOBLE, FEMENINO DE ALVIN. Alveena, Alvinea, Alvinna, Alvona, Alvyna, Alwina.

AM (*VIETNAMITA*) LUNAR, FEMENINA.

AMA (*AFRICANO*) NACIDA EN SÁBADO.

AMABEL (*LATÍN*) AMOROSA. Bel, Mabel.

AMAD (*ESPAÑOL*) MUJER AMADA. Amadea, Amadi, Amadia, Amadita.

AMAIRANI (*GRIEGO*) ALTERNATIVO DE AMARA. Amairany.

AMALIA (*ALEMÁN*) ALTERNATIVO DE AMELIA. Ahmalia, Amalina, Amalya, Amaliya.

AMANDA (*LATÍN*) AMADA. Manda, Amada, Amandah, Amandy.

AMARA (*GRIEGO*) ETERNAMENTE BELLA. Mara, Amar, Amaira, Amairani, Amarah, Amari, Amaria.

AMARANTA (*ESPAÑOL*) FLOR QUE NUNCA SE MARCHITA.

AMARIS (*HEBREO*) PROMESA DE DIOS. Amarissa, Amarys, Maris.

AMAYA (*JAPONÉS*) LLUVIA NOCTURNA.

ÁMBAR (*FRANCÉS*) ÁMBAR. Amber, Amberia, Ambria, Ember.

AMBER (*FRANCÉS*) ÁMBAR.

AMBERLY (*AMERICANO*) DE LA FAMILIA DEL ÁMBAR.

AMELIA (*LATÍN*) ALTERNATIVO DE EMILY. (*ALEMÁN*) TRABA-JADORA. Melia, Millie, Yamelia, Amalia, Ameila, Amilia, Amylia.

AMÉRICA (*TEUTÓN*) INDUSTRIA. FORMA FEMENINA DE AMÉRICO. Amerika, Americana.

AMI (*FRANCÉS*) AMADA. Amy, Aimee, Emma.

AMINA (*ÁRABE*) VERDADERAMENTE DIGNA, LLENA DE FE. Aamina, Aaminah, Aminah, Aminta.

AMIRA (*HEBREO*) PALABRA. (*ÁRABE*) PRINCESA. Mira, Amira, Amirah.

AMISSA (*HEBREO*) VERDAD. Amissah.

AMITA (*HEBREO*) VERDAD. Amitha.

AMLIKA (*HINDÚ*) MADRE. Amlikah.

AMPARO (*ESPAÑOL*) PROTEGIDA.

AN (*CHINO*) PACIFISTA.

ANA (*HAWAIANO*, *ESPAÑOL*, *MEXICANO*) GRACIOSA. BIBLIA: MADRE DE SAMUEL.

ANABEL (*INGLÉS*) COMBINACION DE ANA + BEL. Anabela, Anabele, Anabelle, Anabella.

ANAIS (*HEBREO*) GRACIOSA. Anaise.

ANASTASIA (*GRIEGO*) RESURRECCIÓN. Anastacia, Anastascia, Anastasha, Anastassia, Anastassya, Anastasya, Anastaysia.

ANDREA (*GRIEGO*) MUJER FUERTE CON CORAJE. (*LATÍN*) FEMENINA. FEMENINO DE ANDRÉS. Andreah, Andree, Andreea, Andria, Aundrea.

ANDRIA (*GRIEGO*) FORMA ALTERNATIVA DE ANDREA. Andri, Andriea.

ANDRÓMEDA (*GRIEGO*) RESCATADA. MITOLOGÍA: LA HIJA DE CASIOPEA RESCATADA POR PERSEO.

ANEKO (*JAPONÉS*) HERMANA MAYOR.

ANELA (*HAWAIANO*) ÁNGEL. Anel, Anelle.

ÁNGEL (*GRIEGO*) FORMA CORTA DE ANGELA. Angele, Angell, Angelle, Angil, Anjel.

ÁNGELA (*GRIEGO*) ÁNGEL MENSAJERO. Ángel, Ángeles, Angeli, Angelia, Angelica, Angelina, Angelita, Angella, Angie, Anglea, Anjela, Anjelica.

ANGELINA (*RUSO*) FORMA ALTERNATIVA DE ÁNGELA. Angalena, Angalina, Angeleen, Angelena, Angelene, Angeliana.

ANI (*HAWAIANO*) HERMOSA. Aany, Aanye.

ANIA (*POLACO*) UNA FORMA DE ANA. Anhia, Anaya, Aniah.

ANNETTE (*FRANCÉS*) FORMA ALTERNATIVA DE ANA. Anet, Aneta, Anetra, Anett, Anetta, Anette, Anneth, Annett, Annetta.

ANONA (*INGLÉS*) PIÑA.

ANTHEA (*GRIEGO*) FLOR. Antha, Anthe, Anthia, Thia.

ANTONIA (*GRIEGO*) PRÓSPERA. (*LATÍN*) DIGNA DE ALA-BANZA. FEMENINO DE ANTONIO. Antania, Antinia, Antio-nette, Antona, Antoñia, Antonina, Antoniya, Antonnia, Antonya.

ANYA (*RUSO*) ANA. Aaniyah, Aniya, Aniyah, Anja.

ARA (*ÁRABE*) TERCA. Ahtaya, Aira, Arae, Arah, Araya, Arayah.

ARABELLA (*LATÍN*) HERMOSA, DIGNA DE UN ALTAR. Ara-bela, Arabele, Arabelle.

ARACELI (*LATÍN*) VENIDA DEL CIELO. Aracele, Aracelia, Aracelli, Araseli, Arasely, Arcelia, Arceli.

ARDEN (*INGLÉS*) VALLE DE ÁGUILAS, LUGAR ROMÁNTICO O DE REFUGIO. Ardeen, Ardeena, Ardena, Ardene, Arde-nia, Ardi, Ardin, Ardina, Ardine.

ARDITH (*HEBREO*) CAMPO FLORECIENTE. Ardath, Ardi, Ardice, Ardyth.

ARELLA (*HEBREO*) ÁNGEL MENSAJERO. Arela, Arelle, Orella, Orelle.

ARIADNA (*GRIEGO*) ALEGRÍA. MITOLOGÍA: HIJA DEL REY MINOS DE CRETA.

ARIANA (*GRIEGO*) MUJER SANTA O SAGRADA. Ahriana, Ahrianna, Airiana, Arieana, Aryane, Aryann, Aryanne.

ARIANE (*FRANCÉS*) ARIANA.

ARICA (*ESCANDINAVO*) FORMA ALTERNATIVA DE ERICA. Aerica, Aericka, Aeryka, Aricca, Aricka, Arika, Arike, Arikka.

ARIEL (*HEBREO*) DE DIOS. Aerial, Aeriela, Arielle, Ari, Aria, Arial, Ariale, Arieal, Ariela, Arrieal, Aryel.

ARLENE (*IRLANDÉS*) COMPROMETIDA. FEMENINO DE ARLEN. Airlen, Arlana, Arleen, Arleene, Arlen, Arlena, Arlenis, Arleyne, Arliene, Arlina, Arlinda, Arline, Arlis.

ARLETTE (*INGLÉS*) ARLENE. Arleta, Arletta, Arletty.

ARMANI (*PERSA*) DESEO, META. FORMA FEMENINA DE ARMAN. Armahni, Arman, Armanee, Armanii.

ARMONÍA (*LATÍN*) ARMONIOSA.

ARTHA (*HINDÚ*) CON RIQUEZA, PRÓSPERA. Arthi, Arti, Artie.

ASA (*JAPONÉS*) NACIDA POR LA MAÑANA.

ASHIA (*ÁRABE*) VIDA. Asha, Ashya, Ashyah, Ashyia, Ayshia.

ASHLEY (*INGLÉS*) ÁRBOL DE FRESNO EN EL PRADO. Ashlee, Aishlee, Ashala, Ashalee, Ashalei, Ashaley, Ashely, Ashleye, Ashli, Ashile, Ashly, Ashlye.

ASIA (*GRIEGO*) RESURRECCIÓN. (*INGLÉS*) AMANECER. Ahsia, Aisia, Aisian, Asiah, Asian, Asianae, Asya, Aysia, Ayzia.

ASPEN (*INGLÉS*) ÁLAMO. Aspin, Aspyn.

ASTRA (*GRIEGO*) ESTRELLA. Asta, Astara, Aster, Astraea, Astrea.

ASTRID (*ESCANDINAVO*) FUERZA DIVINA. Astri, Astrida, Astrik, Astrud, Atti, Estrid.

ATARA (*HEBREO*) CORONA. Atarah, Ataree.

ATHENA (*GRIEGO*) SABIA. MITOLOGÍA: DIOSA DE LA SABIDURÍA. Athenea, Athene, Athina, Atina.

ATIRA (*HEBREO*) MUJER QUE REZA. PLEGARIA.

AUDREY (*INGLÉS*) FORTALEZA NOBLE. Adrey, Audey, Audra, Audray, Audree, Audrie, Audrin, Audry, Audrye.

AUDRIS (*ALEMÁN*) AFORTUNADA, CON RIQUEZA. Audrys.

AUGUSTA (*LATÍN*) FORMA CORTA DE AGUSTINA. Agusta, August, Auguste, Augustia, Austina.

AULANI (*HAWAIANO*) MENSAJERA DE LA REALEZA. Lani, Lanie.

AURA (*GRIEGO*) BRISA SUAVE (*LATÍN*) ORO. Ora.

AURORA (*LATÍN*) ALBA, AMANECER. Aurore, Ora, Ori, Orie, Rora.

AUSTIN (*LATÍN*) FORMA CORTA DE AGUSTINA. Austen, Austin, Austyn, Austyyn.

AVIS (*LATÍN*) PÁJARO. Avais, Avi, Avia, Aviana, Avianca, Aviance.

B

BABY (*AMERICANO*) BEBÉ. Babby, Babe, Bebé.

BAILEY (*INGLÉS*) ALGUACIL. Baeley, Bailee, Bailley, Bailly, Baily, Bali, Balley, Baylee, Bayley.

BAKA (*HINDÚ*) AVE.

BAKULA (*HINDÚ*) FLOR.

BAMBI (*ITALIANO*) NIÑO (A).

BARA (*HEBREO*) LA ELEGIDA. Bára, Bari.

BARB (*LATÍN*) FORMA CORTA DE BÁRBARA. Barba, Barbe.

BÁRBARA (*LATÍN*) EXTRAÑA, EXTRANJERA. Barbarit, Barbarita, Barbie, Barborah, Barboka, Bebe.

BARBIE (*AMERICANO*) DE LA FAMILIA DE BÁRBARA. Barbee, Barbey, Barby, Baubie.

BASIA (*HEBREO*) HIJA DE DIOS. Basya, Bathia, Batia, Batya, Bitya, Bithia.

BEA (*AMERICANO*) PESADA, ABUELA, VIEJA.

BEATA (*LATÍN*) FORMA CORTA DE BEATRIZ.

BEATRIZ (*LATÍN*) BENDECIDA, FELIZ, QUE TRAE ALEGRÍA.
Beatris, Beatriss, Beatrix, Beitris.

BEATRICE (*LATÍN*) FORMA ALTERNATIVA DE BEATRIZ.

BEDELIA (*IRLANDÉS*) MUJER FUERTE. Bedeelia, Bidddy,
Bidelia.

BELÉN (*GRIEGO*) FLECHA.

BELICIA (*ESPAÑOL*) DEDICADA DIOS. Beli, Belia, Belica.

BELINDA (*ESPAÑOL*) HERMOSA. Bel, Belindra, Belle, Belynda.

BELLA (*LATÍN*) HERMOSA. Bellah.

BELVA (*LATÍN*) VISTA HERMOSA. Belvia.

BENECIA (*LATÍN*) FORMA CORTA DE BENEDICTA. Beneisha,
Benicia, Benish, Benisha, Benishia, Bennicia.

BENEDICTA (*LATÍN*) BENDECIDA. Benedetta, Benedikta,
Bennicia.

BENITA (*ESPAÑOL*) FORMA ALTERNATIVA DE BENEDICTA.
Beneta, Benitta, Bennita, Neeta.

BERENICE (*GRIEGO*) MUJER DESTINADA A LA VICTORIA.
Berenise, Berenisse, Bereniz, Berenize.

BERNADETTE (*FRANCÉS*) BERNARDINA. Bera, Beradette,
Berna, Bernadett, Bernadetta, Bernarda, Berneta.

BERNARDINA (*ALEMÁN*) VALIENTE COMO UN OSO. (*INGLÉS*) FEMENINO DE BERNARDO. Bernardene, Bernardette, Bernadín, Bernadina, Bernardina, Bernardine.

BERTHA (*ALEMÁN*) BRILLANTE, LUSTRE. FORMA FEMENINA DE ALBERTO. Barta, Bartha, Berta, Berthe, Betita, Bertrona, Bertus, Birtha.

BERTINA (*INGLÉS*) RESPLANDOR. Bertine.

BETSY (*AMERICANO*) DE LA FAMILIA DE ELIZABETH. Betsey, Betsi, Betsei.

BETTINA (*AMERICANO*) COMBINACIÓN DE BETH + TINA. Betina, Betine, Betti, Bettine.

BETTY (*HEBREO*) CONSAGRADA A DIOS. (*INGLÉS*) DE LA FAMILIA DE ELIZABETH. Bette, Bettey, Betti, Bettie, Bettye, Bety.

BETULA (*HEBREO*) MUCHACHA, DONCELLA.

BEVERLY (*INGLÉS*) CAMPO DE CASTORES. Bev, Beverlee, Beberley, Beverlly, Bevlynn.

BIAN (*VIETNAMITA*) ESCONDIDA, SECRETA.

BIANCA (*ITALIANO*) BLANCA. Biancca, Biancha, Biancia, Bianco, Bianey, Bianica, Biannca, Bianka, Biannka.

BIBI (*LATÍN*) FORMA CORTA DE BIBIANA. (*ÁRABE*) DAMA. (*ESPAÑOL*) FORMA ALTERNATIVA DE BEBÉ.

BIBIANA (*LATÍN*) VIVIENTE. Bibi.

BINA (*HEBREO*) BAILARINA, HECHICERA. (*LATÍN*) FORMA CORTA DE SABINA.

BLANCA (*ITALIANO*) MUJER CLARA. Blanka, Blancka, Bellanca.

BLANCHE (*FRANCÉS*) BLANCA. Blanch, Blancha.

BLINDA (*AMERICANO*) FORMA CORTA DE BELINDA. Blynda.

BLOSSOM (*INGLÉS*) FLOR.

BO (*CHINO*) PRECIOSA.

BONIFACIA (*MEXICANO*) DE CARA BONITA.

BONITA (*ESPAÑOL*) BONITA.

BONNIE (*INGLÉS*, *ESCOCÉS*) HERMOSA, BONITA.

BRADLEY (*INGLÉS*) PRADO EXTENSO. Bradlee, Bradleigh, Bradlie.

BRADY (*IRLANDÉS*) ESPITUAL. Bradee, Bradey, Bradi, Bradie, Braedi, Braidi, Braidie, Braidey, Braidy, Braydee.

BRANDA (*HEBREO*) BENDECIDA.

BRANDY (*ALEMÁN*) BEBIDA HECHA DE VINO DESTILADO PARA TOMAR DESPUÉS DE COMER. Brand, Brandance, Brandaise, Brandala, Brandee, Brandeli, Brandell, Brandi, Brandyee, Brendy.

BRENDA (*IRLANDÉS*) CUERVO. (*INGLÉS*) ESPADA. Brenna.

BRIANA (*IRLANDÉS*) FUERTE, VIRTUOSA, HONORABLE. FEMENINO DE BRIAN. Bhrianna, Brana, Brea, Breana, Breann, Breeana, Breiana, Breona, Breyana.

BRIDGET (*IRLANDÉS*) MUJER FUERTE. Berget, Birgitte, Bride, Bridey, Bridger, Bridgete, Bridggett, Bridgid, Brigida, Brigitte, Bridgitt, Brigita.

BRIGITTE (*FRANCÉS*) FORMA ALTERNATIVA DE BRIDGET.

BRINA (*LATÍN*) FORMA CORTA DE SABRINA. Brin, Brinan, Brinda, Brindi, Brindy, Briney, Brinia,Brin, Brinna, Brinnan, Briona, Bryn, Bryna.

BRISA (*ESPAÑOL*) AMADA. Breezy, Breza, Brisha, Brishia, Brissa, Bryssa.

BRITA (*INGLÉS*) FORMA CORTA DE BRITANY.

BRITANY (*INGLÉS*) ORIGINARIA DE BRETAÑA. Brita, Britana, Britaney, Britani, Britanna, Brityn, Britney, Britt, Brittainny, Brittani, Brittania, Brittanica, Brittany.

BRITNEY (*INGLÉS*) FORM ALTERNATIVA DE BRITANY. Bridney, Britnay, Britne, Britnee, Britnei.

BRIYANA (*IRLANDÉS*) FORMA ALTERNATIVA DE BRIANA.

BROOK (*INGLÉS*) ARROYO. Bhrooke, Brookelle, Brookie, Brooks, Brooky.

BRUNA (*ALEMÁN*) FORMA CORTA DE BRUNHILDA. Brona.

BRUNHILDA (*ALEMÁN*) GUERRERA ARMADA. Brinhilda, Brinhilde, Bruna, Brunhilde, Brynhilda, Hilda.

BUFFY (*AMERICANO*) BÚFALO. Bufe, Buffey, Buffie, Buffye.

BUNNY (*GRIEGO*) DE LA FAMILIA DE BERENICE. (*INGLÉS*) CONEJITO. Bunni, Bunnie.

BURGUNDY (*FRANCÉS*) REGIÓN DE FRANCIA EN DONDE SE ELABORA VINO. Burgandy, Burgandie, Burgandy, Burgunde.

C

CACHET (*FRANCÉS*) PRESTIGIOSA, DESEOSA. Cachae, Cache, Cachea, Cachee, Cachéee.

CANDELARIA (*MEXICANO*) HONOR AL DÍA DE LA VIRGEN DE LA CANDELARIA.

CANDENCE (*LATÍN*) RITMO. Cadena, Cadenza, Kadena.

CADY (*INGLÉS*) PURA. Cade, Cadee, Cadey, Cadi, Cadie, Cadine, Cadye.

CAI (*VIETNAMITA*) FEMENINA. Cae, Cay, Caye.

CAILIDA (*ESPAÑOL*) ADORADA. Kailida.

CALA (*ÁRABE*) CASTILLO, FORTALEZA. Kala, Calah, Calan, Call, Callah.

CALANDRA (*GRIEGO*) ALONDRA. Calán, Calandrea, Calandria, Caleida, Calendra, Calendre. Kalandra, Kalandria.

CALI (*GRIEGO*) CASTILLO. Kali, Calee.

CALLIE (*GRIEGO, ÁRABE*) CASTILLO, DE LA FAMILIA DE CALI. Cal, Cali, Calie, Callee, Calley, Calli, Cally, Caly.

CALLISTA (*GRIEGO*) LA MÁS HERMOSA. Calesta, Calista, Callie, Calysta.

CALVINA (*LATÍN*) CALVA. FEMENINO DE CALVIN. Calvine, Calvinetta, Calvinette.

CALYPSO (*GRIEGO*) CONSOLADORA. ORQUÍDEA BLANCA CON MARCAS AMARILLAS Y MORADAS. Caly, Lypsie, Lypsy.

CAM (*VIETNAMITA*) CÍTRICO DULCE. Kam.

CAMDEN (*ESCOCÉS*) VALLE VENTOSO. Camdyn.

CAMELLIA (*ITALIANO*) ARBUSTO O ÁRBOL DE HOJAS VERDES. Camala, Camalia, Camallia, Camela, Camelia, Camelita, Camella, Camellita, Cami, Kamelia, Kamellia.

CAMEO (*LATÍN*) PORTARRETRATO TALLADO CON GEMAS O CONCHAS. Cami, Kameo.

CÁMERON (*ESCOSÉS*) NARIZ DOBLADA. Camara, Cameran, Cameren, Camira, Camiran, Cámiron, Camryn.

CAMILA (*ITALIANO*) JOVEN ACOMPAÑANTE PARA UNA CEREMONIA. Cam, Cami, Camiel, Camielle, Camil, Camile, Camill, Cammille, Cammillie, Cammylyn, Cammyl, Cammyll, Camylle, Chamelle, Chamille, Kamille.

CAMYLLE (*FRANCÉS*) ALTERNATIVO DE CAMILA. Camyle, Camyll.

CANDACE (*GRIEGO*) BLANCO RESPLANDOR. Cace, Canace, Canda, Candas, Candece, Candelle, Candi, Candiace, Candice, Candyce.

CANDI (*AMERICANO*) DULCE. Candy.

CÁNDIDA (*LATÍN*) BRILLO BLANCO. Candeea, Candi, Candia, Candide, Candita.

CANTARA (*ÁRABE*) CRUCE PEQUEÑO. Cantarah.

CAPRI (*ITALIANO*) FORMA CORTA DE CAPRICE. ISLA DE LA COSTA OESTE DE ITALIA. Capria, Caprie, Capry.

CAPRICE (*ITALIANO*) FANTASÍA, ANTOJO, CAPRICHO. Cappi, Caprece, Caprecia, Capresha, Capricia, Capriese, Caprina, Capris, Caprise, Caprisha, Capritta.

CARA (*LATÍN*) QUERIDA (*IRLANDÉS*) AMIGO. Caira, Caragh, Carah, Caralee, Caranda, Carey, Carra.

CARESSA (*FRANCÉS*) FORMA ALTERNATIVA DE CARISA. Caresa, Carese, Caresse, Carissa, Charessa, Charesse, Karessa.

CARISA (*GRIEGO*) AMADA. Carissa, Caressa, Carisa, Carrissa, Charissa.

CARLA (*LATÍN*) FORMA ALTERNATIVA DE CAROLA. (*ALEMÁN*) GRANJERA. (*INGLÉS*) FUERTE Y FEMENINA. Carila, Carilla, Carleta, Carlia, Carliqua, Carlonda.

CARLISA (*AMERICANO*) COMBINACIÓN DE CARLA Y LISA. Carleeza, Carlisa, Carliss, Carlissah, Carlisse, Carlissia, Carlista.

CARLOTA (*ITALIANO*) PEQUEÑA, FEMENINA. Carlotta, Carlita, Carletta.

CARMELA (*HEBREO*) JARDÍN, VIÑEDO. BIBLIA: EL MONTE CARMEL EN ISRAEL ES CONSIDERADO COMO UN PARAÍSO. Carma, Carmalla, Carmarit, Carmel, Carmeli, Carmelia, Carmelina, Carmelit, Carmelle, Carmellia, Carmesa, Carmesha, Carmi, Carmie, Carmiel, Carmil, Carmila, Carmile, Carmilla, Carmille, Carmisha, Leeta, Lita.

CARMEN (*MEXICANO*) CANCIÓN. RELIGIÓN: UNO DE LOS TÍTULOS DE LA VIRGEN MARÍA. Carma, Carmina, Carman, Carmelina, Carmencita, Carmene, Carmi, Carmia, Carmin, Carmine, Carmita, Carmon, Carmynn, Charmaine.

CAROL (*ALEMÁN*) GRANJERA. (*FRANCÉS*) CANCIÓN DE ALEGRÍA. (*INGLÉS*) FUERTE Y FEMENINA. Carel, Cariel, Caro, Carola, Carole, Carolenia, Carolinda, Caroline, Caroll, Carrie, Carrol, Carroll, Caryl.

CAROLA (*INGLÉS*) FORMA ALTERNATIVA DE CAROL.

CAROLINA (*ITALIANO*) PEQUEÑA Y FEMENINA. Caroline, Carilena, Caroline, Carlin, Karolina, Caroleena, Caroleina, Carolena, Carrolena.

CARON (*GALÉS*) AMOROSA, DE BUEN CORAZÓN, CARITATIVA. Caronne, Carron, Carrone.

CARRIE (*INGLÉS*) CAROLINA. Carree, Carrey, Carri, Carria, Carry, Cary.

CARSON (*INGLÉS*) HIJA DE CARR. Carsen, Carsyn.

CARTER (*INGLÉS*) MANEJA O DIRIGE UNA CARRETA.

CASANDRA (*GRIEGO*) AYUDANTE DE HOMBRES. Cassandra, Kasandra, Kassandra, Casandrea, Casandri, Casandria, Casanndra, Sandra, Zandra.

CASEY (*GRIEGO*) ACACIA. (*IRLANDÉS*) VALIENTE. Cacy, Cascy, Casie, Casee, Cassey, Casy, Cayce, Cayse, Caysee, Caysy.

CASSIA (*GRIEGO*) ESPECIE DE CINAMÓN. Casia, Cass, Casya.

CATALINA (*ESPAÑOL*) PURA. Catalena, Catalene, Catalin, Catalyn, Catalyna, Cateline.

CATARINA (*ALEMÁN*) MUJER SIN MANCHA. Catarena, Catarin, Catarine, Caterin, Caterina, Caterine.

CATHERINE (*GRIEGO*) PURA. Katherine, Cat, Catalina, Catarina, Cate, Catharine, Catherina, Cathy.

CATRINA (*ESLAVO*) PURA. FORMA ALTERNATIVA DE CATARINA.

CAYLA (*HEBREO*) CORONA DE LAUREL. Caylea, Caylia.

CECILIA (*LATÍN*) CIEGA. Cacilia, Caecilia, Cecelia, Cecil, Cecila, Cecile, Cecilea, Cecilija, Cecillia, Cecille, Cecillia, Cecily, Cecilya, Cee, Celia, Cesilia, Cicelia.

CELENA(*GRIEGO*) LUNA. MITOLOGÍA: DIOSA DE LA LUNA. Celene.

CELESTE (*LATÍN*) CELESTIAL, DEL CIELO. Cele, Celeeste, Celes, Celesia, Celesley, Celest, Celesta, Celestia, Celestina, Celestine, Celestiana, Celestyn, Celestyna, Cellest, Celleste, Selestina.

CELIA (*LATÍN*) FORMA CORTA DE CECILIA.

CELINA (*GRIEGO*) LUNA. Celena, Celinda, Celene, Céline, Cellin.

CENICIENTA (*FRANCÉS, INGLÉS*) PEQUEÑA NIÑA QUE TRABAJA CON EL CARBÓN. Cinderela.

CHABLIS (*FRANCÉS*) SECA, VINO BLANCO, REGIÓN DE FRANCIA EN DONDE LAS UVAS CRECEN. Chabeli, Chabelly, Chabely, Chablee, Chabley, Chabli.

CHAI (*HEBREO*) VIDA. Chae, Chaela, Chaeli, Chaella, Chaena, Cahia.

CHAKRA (*SÁNSCRITO*) CÍRCULO DE ENERGÍA. Chaka, Chakara, Chakaria, Chakena, Chakina, Chakira, Chakria, Chakriya, Chakyra.

CHALINA (*ESPAÑOL*) ROSA. Chaline, Chalini.

CHAN (*CAMBOYANO*) ÁRBOL DE AROMA DULCE.

CHANA (*HEBREO*) ANA.

CHANDA (*SÁNSCRITO*) GRAN DIOSA. Chandee, Chandey, Chandi, Chandie, Chandin.

CHANDLER (*HINDÚ*) LUNA. Chandlar, Chandlier, Chandlor, Chandlyr.

CHANDRA (*SÁNSCRITO*) LUNA. RELIGIÓN: NOMBRE DE LA DIOSA HINDÚ SHAKTI. Chandray, Chandre, Chandrea, Chandrelle, Chandria.

CHANEL (*INGLÉS*) MARCA DE PERFUME FAMOSO QUE LLEVA EL NOMBRE DE SU CREADORA. Chanal, Chanell, Shanel, Chaneel, Chaneil, Chanele, Chanell, Channal, Channel, Chenelle.

CHANTAL (*FRANCÉS*) CANCIÓN. Chandal, Chantaal, Chantael, Chantala, Chantale, Chantall, Chantel.

CHANTILLY (*FRANCÉS*) CORDÓN O CUERDA MUY FINA. Chantiel, Chantielle, Chantil, Chantila, Chantill, Chantille.

CHARIS (*GRIEGO*) GRACIOSA, AMABLE. Chari, Charice, Charie, Charish, Charisse.

CARIDAD (*LATÍN*) CARIDAD, AMABILIDAD.

CHAC (*MAYA*) DIOS DE LA LLUVIA. Chaac.

CHARLIE (*ALEMÁN, INGLÉS*) FUERTE Y FEMENINA. FEMENINO DE CHARLES. Charlee, Charley, Charyl, Sharlie.

CHARO (*ESPAÑOL*) ROSA.

CHAVA (*HEBREO*) VIDA. (*JUDÍO*) PÁJARO. BIBLIA: NOMBRE ORIGINAL DE EVA. Chabah, Chavae,Chavah, Chavalah, Chavarra, Chavarria, Chave, Chavé, Chavette, Chaviva, Chavvis, Hava.

CHAVELA (*ESPAÑOL*) FORMA ALTERNATIVA DE ISABEL. Chavel, Chaveli, Chavell, Chavelle, Chevelle, Chavely, Chevie.

CHAVI (*GITANO*) MUCHACHA.

CHAVON (*HEBREO*) JUANA. Chavona, Chavonda, Chavonn, Chavonne, Shavon.

CHER (*FRANCÉS*) AMADA, MUY QUERIDA. Chere, Cheri, Cherie, Sher.

CHERRY (*FRANCÉS*) CEREZA ROJA. Chere, Chere, Cherey, Cherida, Cherita, Cherrey, Cherrita, Chery.

CHIKA (*JAPONÉS*) CERCANA Y QUERIDA. Chikaka, Chikako, Chikara, Chikona.

CHINA (*CHINO*) PORCELANA FINA. Shina, Chinah,Chinna, Chyna, Chynna.

CHIQUITA (*ESPAÑOL*) PEQUEÑA.

CHIYO (*JAPONÉS*) ETERNA. Chiya.

CHO (*COREANO*) HERMOSA. Choe.

CHOLENA (*AMERICANO NATIVO*) PÁJARO.

CHUA CHUA (*CHINO*) CRISANTEMO.

CHUN (*BIRMANO*) RENACIMIENTO DE LA NATURALEZA.

CIANA (*CHINO*) FORMA ALTERNATIVA DE CHINA. (*ITALIANO*) JUANA. Cian, Ciandra, Ciann, Cianna.

CIARA (*IRLANDÉS*) NEGRO. Ceara, Ciaara, Ciaera, Ciarah, Ciaria, Ciera.

CIELO (*ESPAÑOL*) LUGAR DE BELLEZA Y FELICIDAD. BIBLIA: DONDE RECIDEN DIOS Y LOS ÁNGELES.

CINTHIA (*GRIEGO*) LUNA. Cynthia, Cinthiya, Cintia.

CIRA (*ESPAÑOL*) FORMA CORTA DE CIRILA.

CIRILA (*GRIEGO*) FEMENINA, MUY MUJER. FORMA FEME-
NINA DE CIRILO. Cerelia, Cerella, Cira, Cyrella, Cyrille.

CLARA (*LATÍN*) CLARA, BRILLANTE. Claira, Clárabell, Cla-
rina, Claire.

CLARABELLA (*LATÍN*) BRILLANTE Y HERMOSA. Claribel.

CLARISA (*GRIEGO*) BRILLANTE. Clarissa, Claresa, Claressa,
Claresta, Clerissa.

CLAUDETTE (*FRANCÉS*) FORMA ALTERNATIVA DE CLAU-
DIA.

CLAUDIA (*MEXICANO, LATÍN*) DÉBIL. FORMA FEMENINA
DE CLAUDIO. Klaudia, Claudiana, Claudina.

CLEA (*GRIEGO*) FORMA ALTERNATIVA DE CLEO O CLIO.

CLEMENTINA (*LATÍN*) MISERICORDIOSA. FORMA FEME-
NINA DE CLEMENTE. Clemencia, Clementia, Clementine.

CLEO (*GRIEGO*) FORMA CORTA DE CLEOPATRA. Chelo, Clea.

CLEONE (*GRIEGO*) GLORIOSA. Cleonna, Cliona.

CLEOPATRA (*GRIEGO*) QUIEN LLEVA EL NOMBRE DE SU
PADRE. Cleo.

CLETA (*GRIEGO*) ILUSTRADA.

CLIO (*GRIEGO*) PROCLAMADORA, GLORIOSA. MITOLOGÍA: LA MUSA DE LA HISTORIA.

CLOTILDA (*ALEMÁN*) HEROÍNA. Cleotilde

COCO (*ESPAÑOL*) FRUTO DEL COCO. Koko.

CODI (*INGLÉS*) ALMOHADILLA. Cody, Kodi, Codey, Codia.

COLBY (*INGLÉS*) PUEBLO DEL CARBÓN. Cobi, Cobie, Colbi.

CONCETTA (*ITALIANO*) PURA. Concetinna.

CONCHITA (*ESPAÑOL*) DIMINUTIVO DE CONCEPCIÓN. Chita, Concha, Conciana.

CONCORDIA (*LATÍN*) ARMONIOSA. MITOLOGÍA: DIOSA QUE GOBERNÓ LA PAZ DESPUÉS DE LA GUERRA. Con, Cordaye.

CONSTANSA (*LATÍN*) CONSTANTE, FIRME. Connie, Constancia, Constanta, Constantia, Constantina, Constanza.

CONSUELO (*ESPAÑOL*) CONSOLACIÓN. Consuela, Consuella, Consula, Conzuelo.

CORA (*GRIEGO*) DONCELLA. MITOLOGÍA: HIJA DE DEMETRIO DIOSA DE LA AGRICULTURA. Kora, Corah, Coretta, Corissa, Corey, Corra.

CORAL (*LATÍN*) CORAL. Coraal, Corral.

CORALIA (*AMERICANO*) FORMA ALTERNATIVA DE CORAL. Corali, Coralie, Coralina.

CORAZÓN (*ESPAÑOL*) CORAZÓN.

CORBIN (*LATÍN*) CUERVO. Corbi, Corby, Cobyn, Corbynn.

CORDELIA (*LATÍN*) DE BUEN CORAZÓN. (*GALÉS*) JOYA DEL MAR. Codi, Cordilia, Cordilla, Cordulia, Kordelia, Kordula.

CORINA (*GRIEGO*) DONCELLA. Corin, Coriana, Corianna, Corinda, Corine, Corrina, Coryn.

CORLISS (*INGLÉS*) ALEGRE, ANIMOSA. Corlisa, Corlise, Corlissa, Corly.

CORNELIA (*LATÍN*) CUERNO COLOREADO. FORMA FEMENINA DE CORNELIO. Carna, Carniella, Corneilla, Cornela, Cornella, Cornelle, Cornie, Cornisha, Corny.

CRISBELL (*AMERICANO*) COMBINACIÓN DE CRISTA Y BELL. Crisbel, Cristabel.

CRISTA (*ALEMÁN, ITALIANO*) FORMA CORTA DE CRISTIANA. Christa, Crysta, Cristah.

CRISTAL (*LATÍN*) CLARA, VIDRIO BRILLANTE Y FINO. Christal, Crystal, Krystal, Cristalina, Cristel, Cristela, Cristelia.

CRISTI (*INGLÉS*) FORMA ALTERNATIVA DE CRISTINA. Cristey, Cristie, Crysti, Kristy.

CRISTINA (*MEXICANO*) CRISTIANA. Cristiona, Cristi, Crystina, Kristina, Cristy.

CURRAN (*IRLANDÉS*) HEROÍNA. Cura, Curin, Curina, Currina.

D

DACIA (*IRLANDÉS*) MUJER DEL SUR. Daciah.

DAE (*INGLÉS*) DÍA. Dai.

DAFNE (*GRIEGO*) ÁRBOL DE LAUREL.

DAFNY (*AMERICANO*) DAFNE. Dafany, Daffany, Daffie, Daffy, Dafna, Dafney, Dafnei.

DAGMARA (*ALEMÁN*) GLORIOSA. Dagmar.

DAGNY (*ESCANDINAVO*) DÍA. Dagna, Dagnnana, Dagne, Dagney, Dagnei.

DAHLIA (*ESCANDINAVO*) VALLE. Daliah, Dahliah, Dahlya, Dahyle.

DAI (*JAPONÉS*) GRANDIOSA. Dae, Day, Daye.

DAISY (*INGLÉS*) OJOS DEL DÍA. BOTÁNICA: FLOR AMARILLA Y BLANCA. Daisee, Daisey, Daisi, Daisia, Daisie, Dasey, Dasi, Dasie, Dasy, Daysi, Deisy.

DAJA (*FRANCÉS*) ANTES. Deja, Dajae, Dajai, Daje, Dahja, Dajia.

DAKOTA (*AMERICANO NATIVO*) NOMBRE PERTENECIENTE A UNA TRIBU. Dakkota, Dakoda, Dakotha, Dakotah, Dakotta, Dekoda, Dekota, Dekota, Dekotah, Dekotha.

DALIA (*HEBREO*) RAMA. Daelia, Dailia, Daleah, Daleia, Daliyah.

DALILA (*HAWAIANO*) AMABLE. (*HEBREO*) ACOMPAÑANTE DE SANSÓN. Dalilah, Dalela, Dalida, Daleah, Daleia, Dalialiah.

DALISHA (*AMERICANO*) ORIGINARIA DE DALLAS. Dalisa, Dalishea, Dalishia, Dalishya, Dalisia.

DALLAS (*IRLANDÉS*) SABIA. Dalis, Dalise, Dalisha, Dalisse, Dallace, Dallis, Dallus, Dallys, Dalyce, Dalys.

DAMARIS (*GRIEGO*) CHICA AMABLE. Maris.

DAMIANA (*GRIEGO*) SUMISA, CALMADA. FEMENINO DE DAMIÁN. Damia, Damiona, Damián, Damon, Daminanna.

DAMICA (*FRANCÉS*) AMIGABLE. Dameeka, Damicah, Damicia, Damicka, Damyka.

DAMITA (*ESPAÑOL*) NOBLE MUJERCITA. Dametia, Dametrah.

DANA (*INGLÉS*) MUJER ORIGINARIA DE DINAMARCA. CLARA COMO EL DÍA. Daina, Dainna, Danah, Danan, Danarra, Dane, Danna, Dannya.

DANALIN (*AMERICANO*) COMBINACIÓN DE DANA + LIN.

DANELA (*AMERICANO*) FORMA ALTERNATIVA DE DANIELA. Danayla, Danella, Daniela.

DANESSA (*AMERICANO*) COMBINACIÓN DE DANIELA Y VANESSA. Danasia, Danesha, Danisa, Danissa.

DANIA (*HEBREO*) DANIELA. Daniah, Danja, Dannia, Danya.

DANIELA (*ITALIANO*) DIOS ES MI JUEZ. FEMENINO DE DANIEL. Daniella, Danielle, Dannilla.

DANIELLE (*HEBREO*, *FRANCÉS*) DANIELA. Danelle, Daneille, Dani, Danialle, Daniele.

DAPHNE (*GRIEGO*) ÁRBOL DE LAUREL. Dafne, Daphny, Daphnny.

DARA (*HEBREO*) COMPASIVA. Dahra, Daira, Darah, Darisa, Darra.

DARBY (*IRLANDÉS*) LIBRE. Darb, Darbi, Darbie, Darbye.

DARCI (*IRLANDÉS*) OSCURIDAD. Darcey, Darcie, Darsi.

DARÍA (*GRIEGO*) MUJER ADINERADA, RICA. FEMENINO DE DARIO. Darya, Dari, Dariah, Darria, Daria.

DARLA (*INGLÉS*) FORMA CORTA DE DARLEN. Darli, Darlis, Darly.

DARLEN (*FRANCÉS*) QUERIDA. Darlene, Darla, Darlenia, Darlyn.

DARNEL (*INGLÉS*) LUGAR ESCONDIDO. Darnell, Darnelle, Darnella, Darnise.

DARU (*HINDÚ*) ÁRBOL DE PINO.

DARYN (*GRIEGO*) REGALO. (*IRLANDÉS*) GRANDIOSA. Darin, Daron.

DASHA (*RUSO*) DOROTEA. Daisha, Dashia, Dasiah.

DAVALINDA (*AMERICANO*) COMBINACIÓN DE DAVIDA Y LINDA. Davalynda, Davilinda, Davylinda.

DAVIDA (*HEBREO*) AMADA. FEMENINO DE DAVID. Davita, Davetta.

DAVINA (*ESCOCÉS*) FORMA ALTERNATIVA DE DAVIDA. Dava, Davinna, Davinah, Devina.

DAYANA (*LATÍN*) FORMA ALTERNATIVA DE DIANA. Dayanara, Dayani, Dayanna, Dayanni, Diana.

DAYNA (*ESCANDINAVO*) DANA. Daina, Dainah..

DEANGELA (*ITALIANO*) COMBINACIÓN DEL PREFIJO "DE" + ANGELA.

DEBBIE (*HEBREO*) FORMA CORTA DE DEBORAH. Debbee, Debbey, Debie, Debbi, Debi.

DEBORAH (*HEBREO*) ABEJA. BIBLIA: UNA DE LAS PRINCIPALES PROFETAS HEBREAS. Deb, Debbie, Debbora, Debborah, Debra, Debrina, Devora.

DEIDRA (*IRLANDÉS*) PENOSA. Deidre, Dedra, Diedra, Didi.

DEITRA (*GRIEGO*) FORMA CORTA DE DEMETRIA.

DÉJA (*FRANCÉS*) ANTES. Déjah, Dejae.

DEKA (*AFRICANO*) COMPLACIENTE. Dekah.

DELANA (*ALEMÁN*) NOBLE PROTECTORA. Dalana, Dalanna, Dalena, Dalenna, Delina.

DELFINA (*GRIEGO*) DELFIN. Delfeena, Delfyna.

DELIA (*GRIEGO*) ATRACTIVA. (*ALEMÁN, GALÉS*) FORMA CORTA DE ADELAIDA. Dehlia, Deli, Deliah, Delya, Dellia.

DELICIA (*INGLÉS*) DELICIOSA. Delesha, Delice, Delishia, Delicia.

DELTA (*GRIEGO*) PUERTA. LETRA DEL ALFABETO GRIEGO. Deltora, Deltra, Delte.

DEMETRIA (*GRIEGO*) QUE CUBRE LA TIERRA. MITOLOGÍA: DIOSA DE LA COSECHA. Demeteria, Demetriana, Demetrias, Demitra, Demitria.

DEMI (*GRIEGO*) FORMA CORTA DE DEMETRIA. (*FRANCÉS*) MITAD. Demiah, Demia, Demmy.

DENISE (*FRANCÉS*) MITOLOGÍA: SEGUIDORA DE DIONICIO DIOS DEL VINO. Denisse, Danise, Deni, Denicy, Densa.

DERIKA (*ALEMÁN*) EJEMPLO A SEGUIR. FEMENINO DE DEREK. Dereka, Derekia, Derica, Dericka, Derrica, Derrika, Derricka.

DERRY (*IRLANDÉS*) CABEZA ROJA. Deri, Derie.

DERYN (*GALÉS*) PÁJARO. Derin, Derien, Deron, Derrin, Derriona.

DESIREE (*FRANCÉS*) DESEADA. Desi, Desirae, Desiré, Desiri, Descrea.

DESTA (*ETÍOPE*) FELIZ. Desti, Destie, Desty.

DESTINY (*FRANCÉS*) DESTINO, FE. Destin, Destinee, Destonie, Destini.

DEVA (*HINDÚ*) DIVINA. RELIGIÓN: DIOSA HINDÚ DE LA LUNA. Deeva.

DEVI (*HINDÚ*) DIOSA. RELIGIÓN: DIOSA DEL PODER Y LA DESTRUCCIÓN.

DEVIN (*IRLANDÉS*) POETA. Devan Deven, Devena, Devyn.

DEXTRA (*LATÍN*) HÁBIL, MUY INTELIGENTE. Dekstra, Dextria.

DI (*LATÍN*) FORMA CORTA DE DIANA.

DIAMANTE (*LATÍN*) PIEDRA PRECIOSA. Diamantina, Diamon, Diamonda, Diamonte, Diamontina.

DIANA (*LATÍN*) DIVINA. MITOLOGÍA: DIOSA DE LA CAZA, LA LUNA Y LA FERTILIDAD. Daiana, Dayana, Diane, Dianca, Diania, Di, Didi.

DIANTHA (*GRIEGO*) FLOR DIVINA. Diantre, Diantre.

DILAN (*IRLANDÉS*) LEAL, MUY FIEL. Dillan, Dillon, Dillyn.

DILYS (*GALÉS*) PERFECTA, HONESTA.

DINA (*HEBREO*) BIBLIA: HIJA DE JACOB Y LEAH. Dinah, Dinnah, Dynah.

DIONNA (*GRIEGO*) DIVINA REINA. MITOLOGÍA: MADRE DE AFRODITA DIOSA DEL AMOR. Deona, Deondra, Deonia, Diona, Diondra.

DIOR (*FRANCÉS*) ORO. Diora, Diore, Diorra, Dioree.

DITA (*ESPAÑOL*) FORMA CORTA DE EDITH. Ditka, Ditta.

DIVINIA (*LATÍN*) DIVINA. Devina, Devinia, Devinie, Devinna, Dyvia.

DIXIE (*FRANCÉS*) DÉCIMA. (*INGLÉS*) PARED. Dix, Dixee, Dixi, Dixy.

DIZA (*HEBREO*) AFORTUNADA. Ditza, Ditzah, Dizah.

DOLLY (*AMERICANO*) FORMA CORTA DE DOLORES. Dol, Doll, Dollee, Dolley, Dolli.

DOLORES (*ESPAÑOL*) PENAS. RELIGIÓN: SANTA MARÍA DE LOS DOLORES O SANTA MARÍA DE LAS PENAS. Delores, Deloria, Dolly, Doloritas.

DOMINGA (*MEXICANO*) DÍA DOMINGO. FORMA FEMENINA DE DOMINGO.

DOMINICA (*LATÍN*) PERTENECIENTE AL SEÑOR. FEMENINO DE DOMINIC. Domini, Dominik, Dominicka, Dominique, Dominyka, Domka, Domnicka.

DOÑA (*ITALIANO*) SEÑORA, DAMA. Donia, Donna.

DONNA (*ITALIANO*) SEÑORA. Dona, Donni, Donia.

DORA (*GRIEGO*) FORMA CORTA DE EUDORA, PANDORA, ADORA, THEODORA. Dorah, Doralia, Doralisa, Doraly, Doralynn, Doran.

DORIA (*GRIEGO*) ORIGINARIA DE DORIS GRECIA. Dori, Dorin.

DORINDA (*ESPAÑOL*) FORMA ALTERNATIVA DE DORIA.

DORIS (*GRIEGO*) MAR. MITOLOGÍA: ESPOSA DE NEREO Y MADRE DE NEREIDO. NINFA DEL MAR. Dori, Dorice, Dorisa, Dorise, Dorris, Dorrise, Dorrys, Dory, Dorys.

DOROTEA (*GRIEGO*) REGALO DE DIOS. Dorothea, Dorethea, Dorothy, Doroteya, Dorotha.

DREW (*GRIEGO*) MUJER CON CORAJE, VALIENTE. Dru, Drue.

DRINKA (*ESPAÑOL*) FORMA ALTERNATIVA DE ALEXANDRA. Drina.

DRUSILA (*LATÍN*) DESCENDIENTE DE DRUSUS EL FUERTE. Drusilla, Drucella, Drusi.

DULCE (*LATÍN*) MUJER DULCE. Dulcia, Dulciana, Dulcibel, Dulcibella, Dulcie, Dulcinea, Dulcy, Dulse.

DULCINEA (*ESPAÑOL*) DULCE. LITERATURA: EL AMOR DE DON QUIJOTE DE LA MANCHA.

DUSTINA (*ALEMÁN*) PELEADORA VALIENTE. (*INGLÉS*) ROCA CAFÉ. Dusti, Dustin, Dustyn.

DYLAN (*GALÉS*) MAR. Dilan.

DYLLIS (*GALÉS*) SINCERA.

E

EARTA (*INGLÉS*) TIERRA. Eartha.

ÉBANO (*GRIEGO*) MADERA OSCURA. Ebony, Ebany, Abony, Eban, Ebeni.

ECHO (*GRIEGO*) ECO. MITOLOGÍA: UNA DE LAS NINFAS, LA CUAL SUSPIRABA POR NARCISO.

EDA (*IRLANDÉS, INGLÉS*) FORMA CORTA DE EDANA.

EDANA (*IRLANDÉS*) LLAMA O FLAMA ARDIENTE. Eda, Edan, Edanna.

EDÉN (*BABILÓNICO*) PRADERA. (*HEBREO*) DELEITE. BIBLIA: PARAÍSO TERRENAL. Ede, Elena, Edenia, Edin, Edyn.

EDITH (*INGLÉS*) REGALO OSTENTOSO. Eadith, Eda, Ede, Edetta, Edette, Edit, Edita, Editha, Edyta.

EDNA (*HEBREO*) REJUVENECER. MITOLOGÍA: ESPOSA DE ENOCH. Adna, Adnisha, Ednah, Ednita, Edona.

EDWINA (*INGLÉS*) AMIGA PRÓSPERA. Eddy, Edina, Edweena, Edwena, Edwyna, Edwynn.

EFFIA (*AFRICANO*) NACIDA EN VIERNES.

EFFIE (*GRIEGO*) BIEN HABLADA. (*INGLÉS*) FORMA CORTA DE ALFREDA O EUFEMIA. Effi, Effia, Effy, Ephie.

EKATERINA (*RUSO*) CATARINA. Ekaterini.

ELA (*POLACO*) FORMA ALTERNATIVA DE ADELAIDA.

ELAINA (*FRANCÉS*) FORMA ALTERNATIVA DE HELENA.

ELANA (*GRIEGO*) FORMA ALTERNATIVA DE LEONOR. Elan, Elanee, Elaney, Elani, Elania, Elanna, Elayna.

ELBERTA (*INGLÉS*) FORMA ALTERNATIVA DE ALBERTA. Elbertha, Elberthina, Elberthine, Elbertina.

ELDORA (*ESPAÑOL*) ORO. Eldoree, Eldorey, Eldori, Eldoria, Eldory.

ELEANORA (*GRIEGO*) LUZ. Eleonora, Elana, Elabora, Elena, Eleni, Elenor, Elenorah, Elynora.

ELECTRA (*GRIEGO*) RESPLANDOR. MITOLOGÍA: HIJA DE AGAMEMÓN, LÍDER DE LOS GRIEGOS EN LA GUERRA DE TROYA. Elektra.

ELENA (*GRIEGO*, *MEXICANO*) FORMA ALTERNATIVA DE HELENA. Eleana, Elenna, Elenoa, Elina, Ellena, Lena.

ELEORA (*HEBREO*) EL SEÑOR ES MI LUZ. Eliora, Elira, Elora.

ELEXIS (*GRIEGO*) FORMA ALTERNATIVA DE ALEXIS. Elexas, Elexes, Elexess, Alexia, Elexiah.

ELFRIDA (*ALEMÁN*) MUJER DE GRAN PAZ. Elfrea, Elfreda, Elfredda, Elfreyda, Elfryda.

ELGA (*NORUEGO*) PIADOSA. (*ALEMÁN*) FORMA ALTERNATIVA DE HELGA. Elgiva.

ELIA (*HEBREO*) FORMA CORTA DE ELIANA. Eliah.

ELIANA (*HEBREO*) MI DIOS ME HA CONTESTADO. Elia, Elianna, Ellianna, Liana.

ELIDE, ELIDA (*LATÍN*) FORMA ALTERNATIVA DE ALIDA. Elidia, Elidy.

ELISA (*ESPAÑOL, ITALIANO, INGLÉS*) FORMA CORTA DE ELIZABETH. Elesa, Elesia, Elisia, Elysa, Elyssia, Lisa.

ELISABETH (*HEBREO*) FORMA ALTERNATIVA DE ELIZABETH.

ELITA (*LATÍN, FRANCÉS*) LA ELEGIDA. Elitia, Ellita, Lita, Litia.

ELIZABETH (*HEBREO*) CONSAGRADA A DIOS. BIBLIA: MADRE DE JUAN EL BAUTISTA. Isabel, Lisbeth, Elzabeth, Elsbeth, Elysabeth, Elisa, Elisabeth.

ELKA (*POLACO*) ELIZABETH. ILSA.

ELKE (*ALEMÁN*) ALICIA, ADELAIDA. Elki, Ilki.

ELLA (*INGLÉS*) HERMOSA, MUJER AFORTUNADA. Elle, Ellah, Ellia.

ELMA (*TURCO*) FRUTA DULCE.

ELMIRA (*ÁRABE, ESPAÑOL*) FORMA ALTERNATIVA DE ALMIRA.

ELODIA (*AMERICANO*) MELODÍA. Elodie, Elody.

ELOISA (*FRANCÉS*) LUISA. Elois, Eloise, Eloisia.

ELORA (*AMERICANO*) FORMA CORTA DE ELEONORA. Ellora, Elorie.

ELSA (*HEBREO*) FORMA CORTA DE ELIZABETH. (*ALEMÁN*) NOBLE. Ellsa, Ellse, Elsia, Elsie.

ELSBETH (*ALEMÁN*) FORMA ALTERNATIVA DE ELIZABETH. Elsbet, Elzbet, Elzbieta.

ELVA (*INGLÉS*) DUENDE, ENCANTADORA. Elvia, Elvie.

ELVIRA (*LATÍN*) BLANCA, RUBIA. (*ALEMÁN*) PROTAGONISTA, IMPORTANTE. (*ESPAÑOL*) DUENDE. Elva, Elvire, Elwira, Vira.

ELYSIA (*GRIEGO*) DULCE. MITOLOGÍA: LUGAR DONDE HABITAN LAS ALMAS FELICES. Elise, Elishia, Ellicia, Elycia, Elyssa, Ilysia.

EMANUELA (*HEBREO*) FORMA ALTERNATIVA DE EMMANUELE.

EMMANUELLE (*HEBREO*) DIOS CON NOSOTROS. Emanual, Emanuel, Emanuela, Emanuella.

EMBER (*FRANCÉS*) FORMA ALTERNATIVA DE AMBER. (*INGLÉS*) ÁMBAR.

EMELIA (*LATÍN*) FORMA ALTERNATIVA DE AMELIA.

EMERY (*ALEMÁN*) LIDER EMPRESARIAL. Emeri, Emerge.

EMILIA (*ITALIANO*) FEMENINO DE EMILIO. Emalia, Emelia, Emila.

EMILY (*LATÍN*) HALAGADORA. Em, Emely, Emiley, Emilli, Emmi, Emmy.

EMILIANA (*AMERICANO*) COMBINACIÓN DE EMILIA Y ANA. Emilian, Emilliana, Emeliann, Emelianna, Emliana.

EMMA (*ALEMÁN*) FORMA CORTA DE EMILY, FORMA ALTERNATIVA DE AMY.

EMMY (*ALEMÁN*) FORMA ALTERNATIVA DE EMMA.

ENA (*IRLANDÉS*) ELENA. Enna.

ENID (*GALÉS*) VIDA, ESPIRITU.

ENRICA (*ESPAÑOL*) FORMA CORTA DE ENRIQUETA. Enriela, Enrrieta, Enrika, Enriqua, Enriquetta.

ERICA (*MEXICANO, ESCANDINAVO*) GOBERNANTE DE TODOS. (*INGLÉS*) GOBERNANTE VALIENTE. Ericka, Ericca, Ericha, Errica.

ERIN (*IRLANDÉS*) PAZ. Earin, Earrin, Eran, Eren, Erena, Ereni, Eri, Erina, Erinetta.

ERMA (*LATÍN*) FORMA CORTA DE ERMINIA. Ermelinda, Irma.

ERMINIA (*LATÍN*) FORMA ALTERNATIVA DE HERMINIA. Erma, Ermin, Ermina, Erminda.

ERNA (*INGLÉS*) FORMA CORTA DE ERNESTINA.

ERNESTINA (*INGLÉS*) MUY FORMAL. FEMENINO DE ERNESTO. Erna, Ernalina, Ernesia, Ernesto.

ESMERALDA (*GRIEGO, ESPAÑOL*) PIEDRA PRECIOSA DE COLOR VERDE. Emerald, Emelda, Eme, Emeralda, Esmerela, Esmerilda.

ESPERANZA (*ESPAÑOL*) ESPERANZA. Esparanza, Espe, Esperansa.

ESTEFANÍA (*ESPAÑOL*) CORONADA. FEMENINO DE ESTEBAN. Estefani, Estefana, Estefanie.

ESTELA (*FRANCÉS*) FORMA ALTERNATIVA DE ESTHER. Estella, Estelle, Estel, Estelina, Estella, Estrella.

ESTHER (*PERSA*) ESTRELLA. BIBLIA: REINA JUDÍA. Estee, Ester, Esthur, Eszter, Eszti.

ESTRELLA (*FRANCÉS*) ESTRELLA. Estrela, Estrelina, Estrell, Estrelle, Estrellita.

ETHANA (*HEBREO*) FUERTE, FIRME. Etana.

ETHEL (*INGLÉS*) NOBLE. Ethelda, Ethelin, Etheline, Ethelyn.

ETOILE (*FRANCÉS*) ESTRELLA.

ETTA (*ALEMÁN*) PEQUEÑA. Etka, Itta.

EUDORA (*GRIEGO*) REGALO HONOROSO. Dora.

EUGENIA (*GRIEGO*) NACIDA PARA LA NOBLEZA. FEMENINO DE EUGENIO. Eugenie, Eugenina, Eugina, Evgenia.

EULALIA (*GRIEGO*) BIEN HABLADA. Eula, Eulalee, Eulalya, Eulia.

EUN (*COREANO*) PLATA.

EUNICE (*GRIEGO*) FELIZ, VICTORIOSA. BIBLIA: LA MADRE DE SAN TIMOTEO. Euna, Eunique, Eunise, Euniss.

EUFEMIA (*GRIEGO*) DE BUENA REPUTACIÓN. Effam, Effie, Eufan, Eufie.

EURÍDICE (*GRIEGO*) DE MENTE ABIERTA. MITOLOGÍA: ESPOSA DE ORFEO. Eurydice. Eurydyce.

EUSTACIA (*GRIEGO*) PRODUCTIVA. (*LATÍN*) ESTABLE, CALMADA. FORMA FEMENINA DE EUSTACIO. Eustasia.

EVA (*GRIEGO*) VIDA. BIBLIA: LA PRIMER MUJER QUE EXISTIÓ CREADA POR DIOS. Eve, Evie, Evita, Ewa.

EVANGELINA (*GRIEGO*) PORTADORA DE BUENAS NOTICIAS.

EVANIA (*GRIEGO*) FORMA FEMENINA DE EVAN. (*IRLANDÉS*) JOVEN GUERRERA. Evana, Evanka, Evanna, Evany, Eveania.

EVELYN (*INGLÉS*) AVELLANA. Evelin, Evalyn, Evalynn, Ewalina.

EZRI (*HEBREO*) AYUDANTE. Ezra, Ezria.

F

FABIA (*LATÍN*) SEMILLA CRECIENTE. FORMA FEMENINA DE FABIÁN. Fabiana, Fabiola, Fabra, Fabria.

FABIANA (*LATÍN*) FORMA ALTERNATIVA DE FABIA.

FABIOLA (*LATÍN*) SEMILLA. Faviola, Fabiole, Fabyola, Faviohla.

FABIZAH (*ÁRABE*) VICTORIOSA.

FANCY (*FRANCÉS*) COMPROMETIDA EN MATRIMONIO. (*INGLÉS*) CAPRICHOSA, QUE LE GUSTA LLAMAR LA ATENCIÓN. Fanci, Fancia.

FANTASÍA (*GRIEGO*) IMAGINACIÓN. Fantasy, Fantasya, Fantazia, Fiantasi.

FARAH (*INGLÉS*) HERMOSA, AGRADABLE, SIMPÁTICA. Farra, Fara, Farrah, Fayre.

FÁTIMA (*ÁRABE*) HIJA DEL PROFETA. HISTORIA: LA HIJA DE MOHAMMED. Fatimah, Fatema, Fathma, Fatma.

FEDERICA (*ALEMÁN*) PACÍFICA. FORMA FEMENINA DE FEDERICO. Farica, Federika, Freda, Frederika.

FELICIA (*LATÍN*) AFORTUNADA. FELIZ. FEMENINO DE FÉLIX. Falecia, Falicia, Felica, Felicidad, Felicity.

FELICITY (*INGLÉS*) FORMA ALTERNATIVA DE FELICIA. Felicita, Felicitas, Felisita.

FEMI (*FRANCÉS*) MUJER. (*NIGERIANO*) ME AMA. Femie, Femmi, Femmie, Femy.

FERNANDA (*ALEMÁN*) ATREVIDA, AVENTURERA. FORMA FEMININA DE FERNANDO. Ferdinanda, Fern, Fernandette, Fernandina, Nanda.

FIALA (*CHECO*) FLOR DE VIOLETA.

FIDELIDAD (*LATÍN*) MUY FIEL, VERDADERA, HONESTA. Fidelia, Fidelita.

FILIPA (*ITALIANO*) FORMA ALTERNATIVA DE FELIPA. Felipa, Filippa, Filippina, Filipina.

FILOMENA (*ITALIANA*) CANCIÓN DE AMOR. MUJER AMADA. Fila, Filah, Filemon.

FIONA (*IRLANDÉS*) BLANCA, JUSTA, SIN MANCHA. Fionna.

FLAVIA (*LATÍN*) RUBIA DE CABELLOS DORADOS. Flaviar, Fulvia.

FLOR (*ESPAÑOL*) FLOR. Flora.

FLORA (*LATÍN*) FLOR. FORMA CORTA DE FLORENCIA. Fiora, Florenza, Florencia, Flor.

FLORENCIA (*LATÍN*) RENACIENTE, FLORECIENTE, PRÓSPERA. Florence, Florendra, Florentia, Florentina, Florina, Floris.

FLORIA (*VASCO*) FLOR. Flori, Florria.

FLORIDA (*ESPAÑOL*) FORMA ESPAÑOLA DE FLORENCIA. Floridia, Florinda, Florita.

FLORIS (*INGLÉS*) FORMA CORTA DE FLORENCIA. Florisa, Florise.

FOLA (*AFRICANO*) HONORABLE.

FONDA (*LATÍN*) FUNDACIÓN. Fondea, Fonta.

FONTANA (*FRANCÉS*) FUENTE. Fontaine, Fontanna, Fontane, Fontanne, Fontayne.

FORTUNA (*LATÍN*) AFORTUNADA. Fortoona, Fortune.

FRAN (*LATÍN*) FORMA CORTA DE FRANCÉS. Frain, Frann.

FRANCES (*LATÍN*) LIBRE, MUJER ORIGINARIA DE FRANCIA. Fanny, Fran, Franca, Francena, Francesca, Francesta, Franceta, Francis, Francisca, Frankie, Frannie, Franny.

FRANCESCA (*ITALIANO*) FORMA ITALIANA DE FRANCES. Francéska, Francéssca, Francésta, Franchesca, Franzetta.

FRANCHESCA (*ITALIANO*) FORMA LATERNATIVA DE FRANCESCA. Cheka, Chekka, Chesca, Cheska, Francheca, Francheka, Franchesa.

FRANCIS (*LATÍNO*) FORMA ALTERNATIVA DE FRANCÉS. Francise, Franncia, Francys.

FRANCISCA (*ITALIANO*) MUJER ORIGINARIA DE FRANCIA. FORMA FEMENINA DE FRANCISCO. Franciska, Frantiska, Franzisca.

FRANKIE (*AMERICANO*) FORMA AMERICANA DE FRAN-
CISCA. Francka, Francki, Franka, Frankey, Franki, Fran-
kia, Franky, Frankye.

FREJA (*ESCANDINAVO*) MUJER NOBLE. MITOLOGÍA: DIOSA
DEL AMOR. Fraya, Freya.

FRIDA (*MEXICANO*) MUJER HONORABLE.

FRITZI (*ALEMÁN*) FORMA ALTERNATIVA DE FEDERICA.
Friezi, Fritzie, Fritzinn, Fritzline, Fritzy.

G

GABRIEL (*FRANCÉS*) FORMA ALTERNATIVA DE GABRIELA. Gabriele, Gabbriel, Gabbryel, Gabreal, Gabreale, Gabreil, Gabrial, Gabryel.

GABRIELA (*MEXICANO*, *ITALIANO*) DEVOTA A DIOS. FORMA FEMENINA DE GABRIEL. Gabriana, Gabriel, Gabriele, Gabrielle, Gabriella, Gabrina, Gaby, Gavriela.

GADA (*HEBREO*) AFORTUNADA, SUERTUDA. Gadah.

GAEA (*GRIEGO*) PLANETA TIERRA. MITOLOGÍA: DIOSA GRIEGA DE LA TIERRA. Gaia, Gaiea, Gaya.

GAETANA (*ITALIANO*) MUJER ORIGINARIA DE GAETA. GEOGRAFÍA: REGIÓN DEL SUR DE ITALIA. Gaetan, Gaetane, Gaetanne.

GAIL (*HEBREO*) FORMA CORTA DE ABIGAIL. (*INGLÉS*) ALEGRE, FELIZ, VIVAZ. Gael, Gaela, Gaella, Galia, Gaile, Gale, Gayla, Gayle.

GALA (*NORUEGO*) CANTANTE. Galla.

GALEN (*GRIEGO*) CURANDERA. (*IRLANDÉS*) PEQUEÑA Y VIVAZ. Gaelen, Gaellen, Galyn, Gaylaine, Gayleen, Gaylen, Gaylene, Gaylyn.

GALENA (*GRIEGO*) CALMADA.

GALI (*HEBREO*) COLINA, FUENTE, PRIMAVERA. Galice, Galie.

GALINA (*RUSO*) FORMA ALTERNATIVA DE HELENA. Galenka, Galia, Galiana, Galiena, Galinka, Galya, Gaylyn.

GANESA (*HINDÚ*) AFORTUNADA. RELIGIÓN: DIOS HINDÚ DE LA MAGIA Y LA SUERTE.

GANYA (*HEBREO*) JARDÍN DEL SEÑOR. Gana, Gani, Gania, Ganice, Ganit.

GARDENIA (*INGLÉS*) FLOR DE AROMA DULCE. Deeni, Denia, Gardena, Gardinia.

GARLAND (*FRANCÉS*) RAMO DE FLORES.

GARNET (*INGLÉS*) GEMA DE COLOR ROJO OSCURO. Garnetta, Garnette.

GARYN (*INGLÉS*) CARGADRA DE LANZAS. FORMA FEMENINA DE GARY. Garan, Garen, Garra, Garryn.

GASHA (*RUSO*) FORMA FAMILIAR DE ÁGATHA. Gashka.

GAY (*FRANCÉS*) FELIZ. Gae, Gai, Gaye.

GEELA (*HEBREO*) ALEGRE. Gela, Gila.

GELYA (*RUSO*) ANGELICAL.

GEMINI (*GRIEGO*) GEMELA. Gemima, Gemina, Gemmina.

GEN (*JAPONÉS*) PRIMAVERA.

GÉNESIS (*LATÍN*) ORIGEN, NACIMIENTO. Genesha, Genesia, Genessis, Genessa, Genicis, Yenesis.

GÉNEVA (*FRANCÉS*) ÁRBOL DE ENEBRO. GEOGRAFÍA: CIUDAD DE SUIZA. Gen, Gena, Geneiva, Geneve, Ginneva, Janeva, Jeneva.

GENITA (*AMERICANO*) FORMA ALTERNATIVA DE DE JANITA. Gen, Genet, Geneta.

GENOVEVA (*MEXICANO, ITALIANO*) ORIGINARIA DE GÉNOVA.

GEORGETTE (*FRANCÉS*) FORMA FRANCESA DE GEORGINA. Georgeta, Georgett, Georgetta, Georjetta.

GEORGINA (*GRIEGO*) GRANJERA. FORMA FEMENINA DE JORGE. Georgia, Giorgina, Jorgina.

GERALDIN (*ALEMÁN*) MUJER PODEROSA PORTADORA DE UNA LANZA. Geralda,Geraldina, Geraldyna, Geri, Gerianna, Giralda.

GERDA (*NORUEGO*) PROTECTORA. (*ALEMÁN*) FAMILIAR DE GERTRUDIS. Gerta.

GERTRUDIS (*ALEMÁN*) AMADA, GUERRERA. Gerda, Gerta, Gertina, Gertrud, Gertruda.

GESSICA (*ITALIANO*) FORMA ALTERNATIVA DE JESSICA. Gesica, Gesika, Gess, Gessy.

GEVA (*HEBREO*) COLINA. Gevah.

GHADA (*ÁRABE*) JOVEN, TIERNA. Gada.

GHITA (*ITALIANO*) APERLADA. Gita.

GIANNA (*ITALIANO*) FORMA CORTA DE GIOVANNA. Geona, Geonna, Giana, Gianella, Gianetta, Gianina, Gianinna, Gianni.

GILDA (*INGLÉS*) CUBIERTA DE ORO. Gildi, Gildie, Gildy.

GIN (*JAPONÉS*) PLATA.

GINA (*ITALIANO*) FORMA CORTA DE GEORGINA, ANGELINA, EUGENIA, REGINA. Gena, Gin, Ginah, Ginai, Ginna.

GINGER (*LATÍN*) FLOR. Gin, Ginja, Ginjer, Ginny.

GINIA (*LATÍN*) DIMINUTIVO DE VIRGINIA. Gin.

GIOVANNA (*ITALIANO*) FORMA ITALIANA DE JUANA. Geovana, Geovanna, Giavanna, Giavonna, Giovana.

GISA (*HEBREO*) PIEDRA TALLADA. Gazit, Gissa.

GISELA (*ALEMÁN*) COMPROMETIDA, REHÉN. Gisella, Gissela, Gissella.

GISELLE (*ALEMÁN*) GISELA. Ghisele, Gisel, Gisela, Gisele, Giseli, Gisell, Gissell, Gizela, Gysell.

GITA (*POLACO*) FORMA CORTA DE MARGARITA. (*JUDÍO*) DIOS. Gitka, Gitta, Gituska.

GITANA (*ESPAÑOL*) DEAMBULANTE.

GITTA (*IRLANDÉS*) FORMA CORTA DE BRIDGET. Getta.

GLADIS (*IRLANDÉS*) PRINCESA (*LATÍN*) ESPADA PEQUEÑA (*GALÉS*) FORMA ALTERNATIVA DE CLAUDIA. BOTÁNICA: FLOR GLADIOLA. Gladys, Gladi, Gladiz, Glad, Gladwys, Glady.

GLENNA (*IRLANDÉS*) VALLE ESTRECHO. Glenda, Glenina, Glenn, Glennia, Glenora, Gleny.

GLORIA (*LATÍN*) MUJER GLORIOSA. Gloriah, Gloribel, Gloriela, Gloris, Glorisha, Glory.

GOLDA (*INGLÉS*) ORO. Goldarina, Golden, Goldie, Goldina.

GOMA (*SUAHILI*) BAILE DE ALEGRÍA.

GRACE (*LATÍN*) FORMA ALTERNATIVA DE GRACIELA.

GRACIA (*ESPAÑOL*) MUJER AGRACIADA. Gracea, Grecia.

GRACIELA (*LATÍN*) AGRADECIDA. Engracia, Graciella, Grata, Gray.

GRANT (*INGLÉS*) GRANDIOSA, DADIVOSA.

GRAYSON (*INGLÉS*) HIJA DEL ALGUACIL. Graison, Graysin, Grasyn.

GRECIA (*LATÍN*) FORMA ALTERNATIVA DE GRACIELA. GEOGRAFÍA: PAÍS EUROPEO.

GRETA (*ALEMÁN*) FORMA CORTA DE MARGARITA. Greeta, Gretal, Gretha, Gretta, Grieta.

GRISELDA (*ALEMÁN*) MUJER GUERRERA VESTIDA DE GRIS. Gricelda, Grisel, Griseldis, Grizelda.

GRISEL (*ALEMÁN*) FORMA CORTA DE GRISELDA. Griselle, Grissel, Grissele, Grizel.

GUADALUPE (*ÁRABE*) RÍO DE PIEDRAS NEGRAS. (*ESPAÑOL*) VIRGEN MARÍA REPRESENTADA EN MÉXICO. Guadalup, Guadlupe, Guadulupe.

GUILLERMINA (*ESPAÑOL*) GUARDIANA. FORMA FEMENINA DE GUILLERMO. Guilla, Guillerma.

GUNDA (*NORUEGO*) GUERRERA.

GURIT (*HEBREO*) BEBÉ INOCENTE.

GUSTA (*LATÍN*) FORMA CORTA DE AUGUSTA. Gus, Gussi, Gussy, Gusti, Gustie, Gusty.

GYPSY (*INGLÉS*) GITANA. Gipsy, Jipsie.

H

HABIBA (*ÁRABE*) AMADA, QUERIDA. Habibah, Habibeh.

HACHI (*JAPONÉS*) OCHO, MUJER CON SUERTE. Hachiko, Hachiyo.

HADARA (*HEBREO*) ADORNADA DE BELLEZA. Hadarah.

HADASSAH (*HEBREO*) ÁRBOL NACIENTE. Hadas, Hadasah, Hadassa, Haddasa, Haddasah.

HADIYA (*SUAHILI*) REGALO. Hadaya, Hadia, Hadiyah.

HAGAR (*HEBREO*) ABANDONADA, EXTRAÑA. Haggar.

HAIDEE (*GRIEGO*) MODESTA. Hady, Haidé, Haidi, Haidy, Haydee, Haydy.

HALDANA (*NORUEGO*) MITAD DANESA.

HALEY (*ESCANDINAVO*) HEROÍNA. Hali, Halley, Hallie, Haly, Halye.

HALIA (*HAWAIANO*) RECORDADA CON AMOR.

HALIMAH (*ÁRABE*) AMABLE, PACIENTE. Halima, Halime.

HALINA (*RUSO*) FORMA ALTERNATIVA DE HELENA. Halena, Halinka.

HALLA (*AFRICANO*) REGALO INESPERADO. Hala, Hallah.

HALONA (*AMERICANO NATIVO*) AFORTUNADA. Halonah, Haloona, Haona.

HAMA (*JAPONÉS*) ORILLA.

HANA (*JAPONÉS*) FLOR. (*ÁRABE*) FELICIDAD. (*ESLAVO*) ANA. Hanah, Hanna, Hanan, Hanicka, Hanin, Hanita, Hanka.

HANAKO (*JAPONÉS*) FLORECITA.

HANIA (*HEBREO*) LUGAR DE DESCANSO. Haniya, Hanja, Hannia, Hanniah, Hanya.

HANNAH (*HEBREO*) GRACIOSA. Hana, Hanna, Hanni, Hannon, Honna.

HAPPY (*INGLÉS*) FELIZ. Happi.

HARA (*HINDÚ*) ALEONADA. RELIGIÓN: OTRO NOMBRE DE SHIVA, DIOSA HINDÚ DE LA DESTRUCCIÓN.

HARU (*JAPONÉS*) PRIMAVERA.

HASANA (*SUAHILI*) LA PRIMERA EN LLEGAR. NOMBRE UTILIZADO PARA LA GEMELA QUE NACIÓ PRIMERO. Hasanna, Hasna, Hassana.

HASINA (*SUAHILI*) BUENA. Hassina.

HAVIVA (*HEBREO*) AMADA. Havi, Hayah.

HAYFA (*ÁRABE*) BIEN FORMADA.

HAZEL (*INGLÉS*) ÁRBOL DE LA AVELLANA. COMANDANTE. Hazal, Haze, Hazell, Hazen.

HEATHER (*INGLÉS*) COLINA CON FLORES.

HEDDA (*ALEMÁN*) GUERRERA. Heda, Hedaya, Hedia, Heida, Hetta.

HEDY (*GRIEGO*) DELICIOSA, DULCE. Heddi, Heddy, Hedi.

HEIDI (*ALEMÁN*) FORMA CORTA DE ADELAIDA. Heida, Heidie, Heydy, Hidi, Hidie, Hidy, Hiede, Hiedi, Hydi.

HELENA (*GRIEGO*) LUZ. Helen, Halena, Haleana, Helenia, Helenka, Helenna, Helina, Helona.

HELGA (*ALEMÁN*) PIADOSA. (*ESCANDINAVO*) FORMA ALTER-NATIVA DE OLGA. Elga.

HERCULANA (*MEXICANO, GRIEGO*) MITOLOGÍA: HÉRCU-LES ERA EL HOMBRE MAS FUERTE MITAD DIOS MITAD HUMANO, HIJO DE ZEUS. FORMA FEMENINA DE HÉR-CULES.

HERA (*GRIEGO*) REINA, CELOSA. MITOLOGÍA: REINA DEL CIELO Y ESPOSA DE ZEUS.

HERMIA (*GRIEGO*) MENSAJERA. FORMA FEMENINA DE HERMES.

HERMINA (*LATÍN*) MUJER NOBLE. (*ALEMÁN*) SOLDADO. Herma, Hermenia, Hermia; Herminna.

HERMOSA (*ESPAÑOL*) MUY BONITA, HERMOSA.

HESTIA (*PERSA*) ESTRELLA. MITOLOGÍA: DIOSA GRIEGA DEL CORAZÓN Y EL HOGAR. Hestea, Hesti.

HETA (*AMERICANO NATIVO*) YEGUA QUE CORRE.

HILARY (*GRIEGO*) ALEGRE, FELIZ. Hillary, Hilari, Hilaria, Hiliary, Hillari, Hilleri, Hillory.

HILDA (*ALEMÁN*) FORMA CORTA DE BRUNHILDA. Hilde, Hulda, Hylda.

HINDA (*HEBREO*) CONEJO. Hynda, Hindy.

HIPÓLITA (*MEXICANO*) GRANDE. FORMA FEMENINA DE HIPÓLITO.

HISA (*JAPONÉS*) LARGA VIDA. Hisae, Hisko, Hisay.

HITI (*ESQUIMAL*) HIENA. Hitty.

HOA (*VIETNAMITA*) FLOR, PAZ. Ho, Hoai.

HONEY (*INGLÉS*) DULCE, MIEL. Hunney, Hunny.

HONG (*VIETNAMITA*) COLOR ROSA.

HONORA (*LATÍN*) HONORABLE. Honorata, Honorah, Honoria, Honorina.

HORTENSIA (*LATÍN*) JARDINERA. Hortencia.

HOSHI (*JAPONÉS*) ESTRELLA. Hoshie, Hoshiko, Hoshiyo.

HUA (*CHINO*) FLOR.

HUONG (*VIETNAMITA*) FLOR.

HYE (*COREANO*) GRACIOSA.

I

IAN (*HEBREO*) DIOS ES GRACIA. Iana, Iann, Ianna, Iannel.

IANTE (*GRIEGO*) FLOR DE VIOLETA. Ianthe, Iantha, Ianthia.

IDA (*ALEMÁN*) MUY TRABAJADORA. (*INGLÉS*) PRÓSPERA. Idah, Idalia, idarina, Idania, Idaya, Ide.

IFIGENIA (*GRIEGO*) SACRIFICIO. MITOLOGÍA: HIJA DEL LÍDER GRIEGO AGAMENÓN.

IGNACIA (*LATÍN*) FEROZ, ARDIENTE. FORMA FEMENINA DE IGNACIO. Ignasha, Ignashia, Ignatia, Ignatzia.

IKIA (*HEBREO*) DIOS ES MISALVACIÓN. (*HAWAIANO*) FORMA FEMENINA DE ISAÍAS. Ikea, Ikiia.

ILA (*HÚNGARO*) HELENA.

ILANA (*HEBREO*) ÁRBOL. Ilaina, Ilani, Ilania, Ilania.

ILIANA (*GRIEGO*) MUJER PROVENIENTE DE TROYA. Ileana, Iliana, Ilyana.

ILIMA (*HAWAIANO*) FLOR DEL OAHU.

ILSE (ALEMÁN) FORMA ALTERNATIVA DE ELSA. Ilsa, Ilsie, Ilsy.

IMA (*ALEMÁN*) FORMA ALTERNATIVA DE AMELIA. (*JAPONÉS*) PRESENTABLE.

IMALA (*AMERICANO NATIVO*) MENTE FUERTE.

IMAN (*ÁRABE*) CREYENTE. Aman, Imana, Imani.

IMELDA (*ALEMÁN*) GUERRERA. Melda.

IMENA (*AFRICANO*) SUEÑO.

IMÓGENES (*LATÍN*) IMAGEN, PARECIDA. Imogen, Imogenia.

INDIA (*HINDÚ*) MUJER PROVENIENTE DE LA INDIA. Indi, Indiah, Indian, Indiana, Indya.

INDIRA (*HINDÚ*) ESPLÉNDIDA. RELIGIÓN: DIOS DEL CIELO. Indiara, Indra, Indre, Indria.

INÉS (*ESPAÑOL*) PURA. Inez, Inesa, Inesita.

INGRID (*ESCANDINAVO*) HIJA DEL HÉROE, HIJA HERMOSA. Inga.

INOA (*HAWAIANO*) NOMBRE.

IOLA (*GRIEGO*) AURORA, AMANECER, DE COLOR VIOLETA, DIGNA DEL SEÑOR. Iolia.

IOLANA (*HAWAIANO*) VIGILANTE Y AUDAZ COMO HALCÓN.

IONA (*GRIEGO*) FLOR DE VIOLETA. Ioni, Ionia.

IRENE (*GRIEGO*) PACÍFICA. MITOLOGÍA: DIOSA DE LA PAZ. Iren, Irina.

IRINA (*RUSO*) FORMA ALTERNATIVA DE IRENE. Ira, Irana, Iranda, Irena, Irenka, Irin, Irona.

IRIS (*GRIEGO*) ARCOIRIS. MITOLOGÍA: DIOSA DEL ARCOIRIS Y MENSAJERA DE LOS DIOSES. Irisa, Irisha, Irissa, Irita, Irys.

IRMA (*LATÍN*) NOBLE. Irmina, Irminia.

ISABEL (*ESPAÑOL*) CONSAGRADA A DIOS. FORMA ALTERNATIVA DE ELIZABETH. Isabeli, Isabelita, Isabella.

ISABELLA (*ITALIANO*) ISABEL. Isabela.

ISABELLE (*FRANCÉS*) ISABEL. Isabele.

ISADORA (*LATÍN*) REGALO DE ISIS. Isidora.

ISELA (*ESCOCÉS*) ISLA. Isel.

ISELDA (*GALÉS*) MUJER JUSTA. Isolda, Isolde.

ISHI (*JAPONÉS*) ROCA. Ishiko, Ishiyo, Shiko, Shiyo.

ISIS (*EGIPCIO*) DIOSA SUPREMA. MITOLOGÍA: DIOSA DE LA LUNA, LA MATERNIDAD Y LA FERTILIDAD. Icess, Issis, Isys.

ITA (*IRLANDÉS*) SEDIENTA.

ITALIA (*ITALIANO*) MUJER PROVENIENTE DE ITALIA. Itali, Italy, Italya.

ITZAMNÁ (*MAYA*) SEÑOR DE LOS CIELOS, DE LA NOCHE Y DEL DÍA. Zamna.

ITZEL (*ESPAÑOL*) PROTEGIDA. Itcel, Itchel, Itsel, Ixchel.

IVANA (*ESLAVO*) DIOS ES GRACIA. FORMA FEMENINA DE IVÁN. Iva, Ivanah, Ivania, Ivanna, Ivany.

IVORY (*LATÍN*) HECHA DE MARFIL. Ivori, Ivoory.

IVY (*INGLÉS*) ÁRBOL DE IVY. Ivey, Ivie.

IYABO (*AFRICANO*) LA MADRE HA REGRESADO.

IXCHEL (*MAYA*) DIOSA DE LAS INUNDACIONES, LA PREÑEZ Y EL TEJIDO. Ixel, Itzel.

IZUSA (*AMERICANO NATIVO*) PIEDRA BLANCA.

J

JACINTA (*GRIEGO*) HERMOSA, ATRACTIVA. Jacinda, Jacenda, Jacenta, Jacintia.

JACKIE (*AMERICANO*) FORMA ALTERNATIVA DE JACQUELINE. Jackey, Jacky, Jackye.

JACOBI (*HEBREO*) SUPLENTE, SUSTITUTA, FORMA FEMENINA DE JACOB. Jacoba, Jacobia, Jacobina, Jacolbia.

JACQUELINE (*FRANCÉS*) SUPLENTE, SUSTITUTA, FORMA FEMENINA DE JACQUES. Jacquel, Jacquelin, Jacqui, Jakelin, Jaquelin, Jaqueline.

JADE (*ESPAÑOL*) PIEDRA PRECIOSA DE COLOR VERDE. Jada, Jadea, Jadi, Jadie.

JAE (*LATÍN*) PÁJARO LATOSO. Jaya.

JAEL (*HEBREO*) CABRA DE LA MONTAÑA. Jaela, Jaeli, Jahla.

JAHA (*SUAHILI*) DIGNA. Jahaida, Jahaira, jahayra.

JAI (*TAILANDÉS*) CORAZÓN.

JAIME (*FRANCÉS*) YO AMO. Jaima, Jaimie, Jaimini, Jaimy.

JAIRA (*ESPAÑOL*) DIOS JEHOVAH ENSEÑA. Jairah, Jairy.

JALILA (*ÁRABE*) GRANDIOSA. Jalile.

JAMAICA (*ESPAÑOL*) ISLA DEL CARIBE. Jameca, Jameica, Jamica.

JAMI (*HEBREO*) SUPLENTE, SUSTITUTA. Jama, Jamani, Jamia, Jamis.

JAMICA (*ESPAÑOL*) FORMA ALTERNATIVA DE JAMAICA.

JAMILA (*ÁRABE*) HERMOSA. Jamelia, Jamela, Jamelia.

JANAN (*ÁRABE*) CORAZÓN, ALMA. Janani, Janann, Jananni.

JANE (*HEBREO*) DIOS ES GRACIA. Jan, Jana, Janay, Janet, Jania, Janka, Jasia.

JANET (*INGLÉS*) JUANA. Jan, Janeta, Janeth.

JANICE (*HEBREO*) DIOS ES GRACIA. Jan, Janecia.

JANIKA (*ESLAVO*) JUANA. Janaca, Janeca.

JANITA (*AMERICANO*) FORMA ALTERNATIVA DE JUANITA. Janitzia, Janneta, Jenita.

JARITA (*ÁRABE*) BROTE DE AGUA DESCENDIENTE DE LA TIERRA. Jara, Jaretta, Jari, Jaria, Jarica.

JAS (*AMERICANO*) FORMA CORTA DE JASMÍN. Jass, Jaz, Jazz, Jazzi.

JASIA (*POLACO*) JUANA. Jaisha, Jasa, Jasha, Jasie.

JASMÍN (*PERSA*) FLOR DE JASMÍN. Jazmín, Jasimin, Jasman, Jasmen, Jasmon, Jassmin.

JASMYN (*PERSA*) FORMA ALTERNATIVA DE JASMÍN. Jasmyne, Jasmynn.

JAVIERA (*ESPAÑOL*) DUEÑA DE UNA CASA NUEVA. FORMA FEMENINA DE JAVIER. Xaviera, Viera.

JAYA (*HINDÚ*) VICTORIA. Jaea, Jaia.

JAYDE (*ESPAÑOL*) FORMA ALTERNATIVA DE JADE. Jayd.

JEAN (*ESCOCÉS*) DIOS ES GRACIA. Jeanne, Jeana, Jeancie, Jeane, Jeanette, Jeanice, Jeanie, Jeanine.

JEANETTE (*FRANCÉS*) JUANA. Jeannett, Jeanet, Jeanete, Jeanett, Jeanetta, Jeannete, Jeannette, Jenet.

JELENA (*RUSO*) HELENA. Jalani, Jalanna, Jalena, Jelana.

JEMIMA (*HEBREO*) PALOMA. Jamima, Jem, Jemimah, Jemma.

JEMMA (*HEBREO*) FORMA CORTA DE JEMIMA. (*INGLÉS*) FORMA ALTERNATIVA DE GEMMA. Jemmia, Jemmy.

JENKA (*CHECO*) JUANA.

JENNA (*ÁRABE*) PAJARITO. (*GALÉS*) FORMA CORTA DE JENNIFER.

JENNIFER (*GALÉS*) OLA BLANCA, FANTASMA BLANCO. Jen, Jenifer, Jeniffer, Jenipher, Jenni, Jenniphe, Jennipher, Jenny, Jennyfer.

JERENI (*RUSO*) FORMA ALTERNATIVA DE IRENE. Jerina.

JERICA (*AMERICANO*) COMBINACIÓN DE JERI + ERICA. Jereca, Jerecka, Jericka, Jerika, Jerrica, Jeryka.

JESSENIA (*ÁRABE*) FLOR. Jesenia.

JESSICA (*HEBREO*) RICA, ADINERADA. Jesica, Jesika, Jessa, Jessicah, Jessicca, Jessy.

JESUSA (*HEBREO*) DIOS ES MI SALVACIÓN. (*ESPAÑOL*) FORMA FEMENINA DE JESUS.

JETTA (*INGLÉS*) GEMA DE COLOR NEGRO. Jeta, Jetia, Jetie.

JEWEL (*FRANCÉS*) GEMA PRECIOSA. Jewelia, Jewell.

JEZABEL (*HEBREO*) IMPURA. BIBLIA: ESPOSA DEL REY AHAB. Jesibel, Jessabel, Jzabella, Jezebell.

JIBON (*HINDÚ*) VIDA.

JIN (*JAPONÉS*) MUJER QUE ATIENDE.

JINA (*SUAHILI*) BEBÉ CON NOMBRE. Jena, Jinan, Jinda, Jinna.

JO (*AMERICANO*) FORMA CORTA DE JOANNA Y JOSEFINA. Joey.

JOANA (*INGLÉS*) DIOS ES GRACIA. Joan, Joanna, Joanie, Joanne, Joanny.

JOAQUINA (*HEBREO*) DIOS SE ESTABLECERÁ CON NOSOTROS. Joaquine.

JOBETH (*INGLÉS*) COMBINACIÓN DE JO + BETH.

JOBY (*HEBREO*) AFLIGIDA. Jobi, Jobie, Joina, Jobita.

JOCACIA (*AMERICANO*) COMBINACIÓN DE JOY + ACACIA.

JOCELYN (*LATÍN*) GOZOSA. Jacelyn, Jocelyne, Joci, Joscelin, Joselin.

JOELA (*HEBREO*) DIOS ESTA CON NOSOTROS. FORMA FEMENINA DE JOEL. Joele, Joeli, Joelia.

JOKLA (*SUAHILI*) CUERDA PRECIOSA.

JOLANDA (*GRIEGO*) FORMA ALTERNATIVA DE YOLANDA. Jola, Jolan, Jolanka.

JOLENE (*HEBREO*) DIOS DARÁ, DIOS PROVEERÁ E INCREMENTARÁ. Jo, Jolana, Jolanna, Jolanta, Jole.

JOLIE (*FRANCÉS*) BONITA. Jole, Joley, Joli, Jollie, Jollly, Joly, Jolye.

JONATHA (*HEBREO*) REGALO DE DIOS. FORMA FEMENINA DE JONATHAN. Johnasha, Jonesha, Jonisha.

JONINA (*HEBREO*) PALOMA. Jona, Jonita.

JONQUIL (*LATÍN, INGLÉS*) BOTÁNICA: PLANTA ORNAMENTAL CON FLORES AMARILLAS Y AROMÁTICAS.

JORA (*HEBREO*) LLUVIA DE OTOÑO. Jorah.

JORDANA (*HEBREO*) DESCENDIENTE. Jordain, Jordan, Jordanna, Jori.

JOSEFINA (*ESPAÑOL*) DIOS NOS DARÁ, DIOS INCREMENTARÁ. Josefa, Josefena, Joseffa, Jo, Joey, Josephina, Josephine, Josey.

JOVANA (*LATÍN*) MAJESTUOSA. FORMA FEMENINA DE JOVAN. MITOLOGÍA: JOVA, TAMBIEN LLAMADO JÚPITER ERA EL DIOS SUPREMO DE LOS ROMANOS. Jeovanna, Jovado, Joval, Jovana, Jovina.

JOVITA (*LATÍN*) JOVIAL. Joveta, Jovitta.

JUANA (*MEXICANO*) DIOS ES GRACIA. FORMA FEMENINA DE JUAN. Juanna, Juancha, Juanita.

JUDITH (*HEBREO*) ALABADA. Ioudith, Jodi, Jodie, Jody, Jude, Judine, Judit, Judita, Juditha.

JUDY (*HEBREO*) FORMA ALTERNATIVA DE JUDITH. Judi.

JULA (*POLACO*) FORMA ALTERNATIVA DE JULIA. Julca, Julcia, Julka.

JULIA (*LATÍN*) LLENA DE JUVENTUD. FORMA FEMENINA DE JULIO. Jula, Juliah, Julica, Julina, Julisa, Julissa, Julita, Juliana, Julie.

JULIETA (*FRANCÉS*) FORMA ALTERNATIVA DE JULIA. Julietta, Jullieta.

JULISSA (*LATÍN*) FORMA ALTERNATIVA DE JULIA. Julisa, Julisha, Julysa, Julyssa.

JULITA (*ESPAÑOL*) DIMINUTIVO DE JULIA.

JUN (*CHINO*) VERAZ, HONESTA.

JUSTINA (*ITALIANO*) JUSTA, RECTA. FORMA FEMENINA DE JUSTINO. Jestina, Justinna, Justyna.

K

KACIA (*GRIEGO*) FORMA CORTA DE ACACIA. Kaycia, Kaysia.

KADIJAH (*ÁRABE*) DIGNA DE CONFIANZA. Kadajah, Kadija.

KAEDE (*JAPONÉS*) HOJA DE MAPLE.

KAELA (*HEBREO, ÁRABE*) AMADA, DULCE CORAZÓN. Kaelah, Kayla.

KAGAMI (*JAPONÉS*) ESPEJO.

KAI (*HAWAIANO*) MAR. (*NAVAJO*) ÁRBOL DEL SAUCE. Kae, Kaie.

KAIA (*GRIEGO*) TIERRA. MITOLOGÍA: GAIA ERA LA DIOSA DE LA TIERRA. Kaiah, Kaija.

KAILA (*HEBREO*) LAUREL, CORONA. Kailah, Kailea, Kayla.

KAIROS (*GRIEGO*) ÚLTIMA, COMPLETA. MITOLOGÍA: LA ÚLTIMA DIOSA NACIDA PARA JÚPITER. Kaira, Kairra.

KAIYA (*JAPONÉS*) QUIEN PERDONA. Kaiyah, Kaiyia.

KALAMA (*HAWAIANO*) ANTORCHA.

KALANI (*HAWAIANO*) CLARA.

KALARE (*LATÍN*, *VASCO*) BRILLANTE, CLARA.

KALEA (*HAWAIANO*) BRILLANTE, CLARA. Kahlea, Kailea, Kalia.

KALEI (*HAWAIANO*) ENVOLTURA DE FLORES. Kahlei, Kallei, Kaylei, Khalei.

KALENA (*HAWAIANO*) PURA. Kalenna.

KALERE (*SUAHILI*) MUJER CORTA.

KALI (*SÁNSCRITO*) ENERGÍA, DIOSA NEGRA, DESTRUC-TORA. (*HAWAIANO*) VACILADORA. RELIGIÓN: NOMBRE DE LA DIOSA HINDÚ SHAKTI. Kaley, Kalie, Kalli, Kaly.

KALIFA (*AFRICANO*) CASTA, BENDITA.

KALILA (*ÁRABE*) AMADA, DULCE CORAZÓN. Kahila, Kala, Kalilla, Khalila.

KALINA (*ESLAVO*) FLOR. Kalin, Kalinna, Kalyna.

KALINDA (*HINDÚ*) SOL. Kalindi, Kalynda.

KALLAN (*ESLAVO*) ARROYO, RÍO. Kalan, Kalen, Kallen.

KALLIOPE (*GRIEGO*) VOZ HERMOSA. MITOLOGÍA: CALLIOPE ERA LA MUSA DE LA POESÍA ÉPICA. Kalli, Kallyope, Caliope.

KALLIYAN (*CAMBOYANO*) LA MEJOR. Kalli, Kallie.

KALTHA (*INGLÉS*) DORADA, FLOR AMARILLA.

KALUWA (*SUAHILI*) LA OLVIDADA. Kalúa.

KALYCA (*GRIEGO*) BOTÓN DE ROSA. Kalica, Kalika, Kaly.

KAMA (*SÁNSCRITO*) LA AMADA. RELIGIÓN: DIOS HINDÚ DEL AMOR.

KAMALA (*HINDÚ*) FLOR DE LOTO. Kamalah, Kammala.

KAMARIA (*SUAHILI*) LUZ DE LUNA. Kamar, Kamara, Kamari, Kamariah, Kamariya, Kamarya.

KAMEA (*HAWAIANO*) UNA Y ÚNICA, PRECIOSA. Kameah, Kameo, Kamiya.

KAMEKE (*SUAHILI*) CIEGA.

KAMEKO (*JAPONÉS*) TORTUGUITA. MITOLOGÍA: LA TORTUGA SIMBOLIZABA LA LONGEVIDAD.

KAMILAH (*AFRICANO*) PERFECTA. Kami, Kamillah.

KANANI (*HAWAIANO*) HERMOSA. Kana, Kanan.

KANDA (*AMERICANO NATIVO*) PODER MÁGICO.

KANE (*JAPONÉS*) DOS MANOS DERECHAS.

KANENE (*SUAHILI*) PEQUEÑA, COSA IMPORTANTE.

KANI (*HAWAIANO*) SONIDO.

KANNITHA (*CAMBOYANO*) ÁNGEL.

KANOA (*HAWAIANO*) LIBRE.

KAPUKI (*SUAHILI*) PRIMERA HIJA NACIDA.

KARA (*GRIEGO*, *DANÉS*) PURA. Kaira, Kairah, Karah, Karalea, Kari, Karra.

KAREN (*GRIEGO*) PURA. Kaaren, Karaina, Karan, Karena, Karina, Karna.

KARIDA (*ÁRABE*) INTOCABLE, PURA. Karita.

KARIMAH (*ÁRABE*) GENEROSA. Karima, Karime.

KARIN (*ESCANDINAVO*) FORMA ALTERNATIVA DE KAREN. Karina, Karine.

KARINA (*RUSO*) FORMA ALTERNATIVA DE KARIN. Karinna, Karrina, Karryna, Karyna.

KARIS (*GRIEGO*) GRACIOSA. Karess, Karice, Karise.

KARIMAH (*ÁRABE*) GENEROSA. Karima, Karime.

KARIN (*ESCANDINAVO*) FORMA ALTERNATIVA DE KAREN. Karina, Karine.

KARINA (*RUSO*) FORMA ALTERNATIVA DE KAREN. Karinna, Karrina, Karryna, Karyna, Karynna.

KARIS (*GRIEGO*) GRACIOSA. Karess, Karice, Karise.

KARLA (*ALEMÁN*) GRANJERA. Carla.

KARLEY (*LATÍN*) PEQUEÑA Y FEMENINA. Karley, Karlie, Karlye.

KARMA (*HINDÚ*) DESTINO, FE, ACCIÓN.

KARSEN (*HINDÚ*) HIJA DE KAR. Karson, Karsyn.

KARUNA (*HINDÚ*) PIADOSA.

KASEY (*IRLANDÉS*) VALIENTE. Kasie, Kaisie, Kasci, Kascy, Kasi, Kasy.

KASHMIR (*SÁNSCRITO*) ESTADO PERTENECIENTE A LA INDIA. Kashmia, Kashmira, Kasmir, Kasmira, Kazmir, Kazmira.

KASI (*HINDÚ*) PROVENIENTE DE LA CIUDAD SAGRADA.

KASINDA (*AFRICANO*) NUESTRA ÚLTIMA BEBÉ.

KATALINA (*IRLANDÉS*) FORMA LATERNATIVA DE CATALINA. Katalena, Katalin, Katalyn.

KATARINA (*CHECO*) Kata, Katerina, Katarin, Katarinna, Kataryna.

KATE (*GRIEGO*) PURA. Kait, Kata, Kati, Katica, Katy, Katia, Katya.

KATRINA (*ALEMÁN*) FORMA ALTERNATIVA DE CATALINA. Katricia, Katrinia, Katri, Katrin, Katriona, Katryna.

KATY (*INGLÉS*) FORMA ALTERNATIVA DE KATIA. Kady, Katty, Kayte.

KAULANA (*HAWAIANO*) FAMOSA. Kaula, Kauna, Kahuna.

KAVERI (*HINDÚ*) RÍO SAGRADO EN LA INDIA.

KAVINDRA (*HINDÚ*) POETA.

KAWENA (*HAWAIANO*) RESPLANDOR. Kawana, Kawona.

KAY (*GRIEGO*) REGOCIJANTE (*TEUTÓN*) LUGAR FORTIFI-CADO. (*LATÍN*) FELIZ. Caye, Kae, Kai, Kaye, Kayla.

KAYA (*AMERICANO NATIVO*) MAGUITO. (*JAPONÉS*) LUGAR DE DESCANSO. Kaja, Kayah, Kayia.

KAYLA (*ÁRABE, HEBREO*) LAUREL, CORONA. Kaylah, Kaila, Kaylia, Keila, Keyla.

KEALA (*HAWAIANA*) PARCHE.

KEANA (*ALEMÁN*) CALVA. (*IRLANDÉS*) HERMOSA. Keanah, Keanu.

KEARA (*IRLANDÉS*) OSCURA, NEGRA. RELIGIÓN: SANTA IRLANDESA. Kearra, Keira, Kera.

KEENA (*IRLANDÉS*) VALIENTE. Keenya, Kina.

KEI (*JAPONÉS*) REVERENTE.

KEIKI (*HAWAIANO*) NIÑO. Keikenn.

KEIKO (*JAPONÉS*) NIÑO FELIZ.

KEILANI (*HAWAIANO*) GLORIOSA, JEFA. Kaylani, Keilan, Keilana, Keilany.

KEITA (*ESCOCÉS*) MADERA. Keiti.

KEKONA (*HAWAIANO*) SEGUNDA HIJA NACIDA.

KELLY (*IRLANDÉS*) GUERRERA VALIENTE. Kelli, Kellyn.

KENDA (*INGLÉS*) AGUA DE BEBÉ. (*DAKOTA*) PODER MÁGICO. ASTROLOGÍA: NIÑA NACIDA BAJO EL SIGNO DE CÁNCER, ESCORPIÓN O PISCIS. Kendra, Kennda.

KENDAL (*INGLÉS*) VALLE. Kendall, Kendalla, Kendell.

KENEDY (*IRLANDÉS*) MUJER AL MANDO, JEFA. Kennedy, Kenedi, Kenidi, Kenidy.

KENYA (*HEBREO*) CUERNO DE ANIMAL, PAÍS DE ÁFRICA. Kenia, Kenyah, Kenyia.

KERANI (*HINDÚ*) CAMPANAS SAGRADAS. Kera,Kerah, Keran, Kerana.

KEREN (*HEBREO*) CUERNO DE ANIMAL. Kerrin, Keryn.

KERRY (*IRLANDÉS*) DE CABELLO OSCURO. CONDADO DE IRLANDA. Kerey,Keri, Kerri, Kery.

KESARE (*LATÍN*) DE CABELLO LARGO. (*VASCO*) FORMA FEMENINA DE CESAR.

KESI (*SUAHILI*) NACIDA EN TIEMPOS DIFÍCILES.

KESSIE (*AFRICANO*) BEBÉ GORDITO.

KEVYN (*IRLANDÉS*) HERMOSA. Kevia, Kevina, Kevon, Kevona, Kevynn.

KHADIJAH (*ÁRABE*) DIGNA DE CONFIANZA. PRIMERA ESPOSA DE MOHAMED.

KHALIDA (*ÁRABE*) INMORTAL, DURADERA. Khali, Khalia, Khaliah, Khalita.

KI (*COREANO*) APARECIDA.

KIA (*AFRICANO*) COMIENZO DE TEMPORADA. Kiah.

KIARA (*IRLANDÉS*) PEQUEÑA Y OSCURA. Kiarra, Kyara.

KIELA (*HAWAIANO*) GARDENIA, FLOR AROMÁTICA. Kiele, Kielly.

KIKU (*JAPONÉS*) CRISANTEMO.

KUKULCÁN (*MAYA*) DIOS DEL VIENTO.

KILEY (*IRLANDÉS*) ATRACTIVA. Kili, Kyli.

KIM (*VIETNAMITA*) ALGUIEN LA NECESITA. (*INGLÉS*) FORMA CORTA DE KIMBERLY. Kima, Kym.

KIMANA (AMERICANO NATIVO) MARIPOSA. Kiman, Kimani.

KIMBER (*INGLÉS*) FORMA CORTA DE KIMBERLY. Kimbra.

KIMBERLY (*INGLÉS*) JEFE, QUIEN DICTA LAS REGLAS, DIRIGENTE. Kim, Kimba, Kimbely, Kimber, Kimberely, Kimmie, Kymberly.

KIMI (*JAPONÉS*) RECTA. Kimia, Kimika, Kimiko, Kimiyo, Kimmi, Kimmy.

KINA (*HAWAIANO*) ORIGINARIA DE CHINA.

KINETA (*GRIEGO*) ENERGÉTICA. Kinetta.

KINSEY (*INGLÉS*) TÉRMINO DE LA PRIMAVERA, PARIENTE. Kinsley, Kinza, Kinze, Kinsey, Kinzi, Kinzy.

KIOKO (*JAPONÉS*) NIÑA FELIZ. Kiyo, Kiyoko.

KIONA (*AMERICANO NATIVO*) COLINAS CAFÉS. Kionah, Kioni, Kionna.

KIRA (*PERSA*) SOL. (*LATÍN*) LUZ. Kirah, Kiri, Kiria, Kiro, Kirra, Kirri.

KIRAN (*HINDÚ*) RAYO.

KIRBY (*ESCANDINAVO*) VILLA DE LA IGLESIA. (*INGLÉS*) CABAÑA JUNTO AL RÍO. Kirbi.

KIRIMA (*ESQUIMAL*) COLINA.

KIRSI (*HINDÚ*) FLORES DE AMARANTO. Kirsie.

KIRSTEN (*GRIEGO*) CRISTIANO. Kerstin, Kirstan.

KISA (*RUSO*) GATITOS. Kisha, Kissa, Kiza.

KISHI (*JAPONÉS*) FELIZ Y DE LARGA VIDA.

KISSA (*AFRICANO*) NACIDA DESPUÉS DE GEMELOS.

KITA (*JAPONÉS*) NORTE.

KITRA (*HEBREO*) CORONADA.

KITTI (*GRIEGO*) FORMA FAMILIAR DE KATHERINE. Ketti, Ketty, Kit, Kitee, Kittey, Kitty, Kittie.

KIWA (*JAPONÉS*) ORILLA, FRONTERA.

KLARA (*HÚNGARO*) FORMA ALTERNATIVA DE CLARA. Klari, Klarika.

KOFFI (*SUAHILI*) NACIDA EN VIERNES. Kaffi.

KOKO (*JAPONÉS*) CIGÜEÑA.

KONA (*HAWAIANO*) DAMA. (*HINDÚ*) PIEDRA ANGULAR. ASTROLOGÍA: NACIDA BAJO EL SIGNO DE CAPRICORNIO. Koni, Konia.

KORAL (*AMERICANO*) FORMA ALTERNATIVA DE CORAL. Korella, Korilla.

KORINA (*GRIEGO*) FORMA ALTERNATIVA DE CORINA. Korena, Koriana, Korinna.

KOSMA (*GRIEGO*) ORDEN, UNIVERSO. Cosma.

KOTO (*JAPONÉS*) ARPA.

KRISTAL (*LATÍN*) FORMA ALTERNATIVA DE CRISTAL. Krystal, Kristall, Kristy.

KRISTEN (*GRIEGO*) CRISTIANO. (*ESCANDINAVO*) FORMA ALTERNATIVA DE CRISTINA. Kristan, Kristene, Kristien, Kristin.

KUDIO (*SUAHILI*) NACIDA EN LUNES.

KUMA (*JAPONÉS*) OSA.

KUMIKO (*JAPONÉS*) NIÑA CON TRENZAS. Kumi.

KUMUNDA (*SÁNSCRITO*) FLOR DE LOTO.

KUNIKO (*JAPONÉS*) NIÑA DEL PAÍS.

KURI (*JAPONÉS*) CASTAÑA.

KUSA (*HINDÚ*) HIERBA DE DIOS.

KWASHI (*SUAHILI*) NACIDA EN DOMINGO.

KWAU (*SUAHILI*) NACIDA EN JUEVES.

KYLA (*IRLANDÉS*) ATRACTIVA. (*JUDÍO*) CORONA, LAUREL.
Khyla, Kylah.

KYLE (*IRLANDÉS*) ATRACTIVA. Kylie.

KYOKO (*JAPONÉS*) ESPEJO.

KYRA (*GRIEGO*) FINA. Keira, Kira, Kyrah, Kyria.

L

LACEY (*LATÍN*) FELICIDAD. Laci, Lacie, Lacye.

LACRECIA (*LATÍN*) FORMA ALTERNATIVA DE LUCRECIA. Lacreisha, Lacresha, Lacreshia, Lacresha, Lacreshia, Lacresia, Lacretia, Lacricia, Lacrisha, Lacrissa.

LADA (*RUSO*) MITOLOGÍA: DIOSA DE LA BELLEZA.

LAELA (*ÁRABE, HEBREO*) FORMA ALTERNATIVA DE LEILA. Lael, Laelle.

LAHELA (*HAWAIANO*) FORMA FAMILIAR DE RAQUEL.

LAILA (*ÁRABE*) FORMA ALTERNATIVA DE LEILA. Lailah, Laili, Laillie.

LAJILA (*HINDÚ*) TÍMIDA, PENOSA.

LAJUANA (*AMERICANO*) COMBINACIÓN DE LA + JUANA. Lajuanna, Lawana.

LAKA (*HAWAIANO*) ATRACTIVA, SEDUCTORA. MITOLOGÍA: DIOSA DEL BAILE DEL HULA – HULA.

LAKIA (*ÁRABE*) TESORO. Lakkia.

LAKOTA (*DAKOTA*) NOMBRE DE UNA TRIBU. Lakoda, Lakohda, Lakotah.

LAKRESHA (*AMERICANO*) FORMA ALTERNATIVA DE LUCRECIA. Lacresha, Lacreshia, Lacresia.

LAKYA (*HINDÚ*) NACIDA EN JUEVES. Lakya.

LALA (*ESLAVO*) TULIPÁN.

LALASA (*HINDÚ*) AMOR.

LALEH (*PERSA*) TULIPÁN. Lalah.

LALI (*ESPAÑOL*) FORMA ALTERNATIVA DE LULANI. Lalia, lalli, Lally.

LALITA (*GRIEGO*) HABLADORA. (*SÁNSCRITO*) ENCANTADORA, CÁNDIDA. RELIGIÓN: NOMBRE DE LA DIOSA HINDÚ SHAKTI.

LALLIE (*INGLÉS*) QUE MURMURA. Lalli, Lally.

LAMIA (*ALEMÁN*) TIERRA BRILLANTE, FORMA FEMENINA DE LAMBERT. Lamiah.

LAMIS (*ÁRABE*) SUAVE AL TACTO. Lamise.

LAMYA (*ÁRABE*) DE LABIOS OSCUROS. Lama.

LAN (*VIETNAMITA*) FLOR.

LANA (*IRLANDÉS*) ATRACTIVA, PACÍFICA. (*HAWAIANO*) FLOTADOR, BOYA. Lanai, Lanata, Lanay, Lanna, Lannah.

LANDA (*VASCO*) NOMBRE OTORGADO A LA VIRGEN MARÍA.

LANDON (*INGLÉS*) ABIERTA, DONCELLA. Landan, Landen, Landin.

LANDRA (*ALEMÁN, ESPAÑOL*) CONSUELO. Landrea.

LANE (*INGLÉS*) FLECHA. Laina, Laney, Laney.

LANI (*HAWAIANO*) CIELO, FIRMAMENTO. FORMA CORTA DE ATLANTA. Lanei, Lania, Lanie, Lanita, Lanni.

LARA (*GRIEGO*) FELICIDAD. (*LATÍN*) BRILLANTE, FAMOSO. MITOLOGÍA: HIJA DEL DIOS DEL RÍO ALMO. Larah, Laretta.

LARINA (*GRIEGO*) GAVIOTA DE MAR. Larena.

LARISSA (*GRIEGO*) FELICIDAD. Lara, Larisa, Larissah, Larrissa, Laryssa.

LASHANA (*AMERICANO*) COMBINACIÓN DEL PREFIJO LA + SHANA. Lashanay, Lashanna, Lashona.

LASHONDA (*AMERICANO*) COMBINACIÓN DEL PREFIJO LA + SHONDA. Lachonda, Lashon, Lashontia.

LATANYA (*AMERICANO*) COMBINACIÓN DEL PREFIJO LA + TANYA. Latana, Latania, Latandra, Latanna.

LATARA (*AMERICANO*) COMBINACIÓN DEL PREFIJO LA + TARA.

LATASHA (*AMERICANO*) COMBINACIÓN DEL PREFIJO LA + TASHA. Latacha, Latacia, Latai, Lataisha, Latashia, Latasia, Letasha.

LATAVIA (*AMERICANO*) COMBINACIÓN DEL PREFIJO LA + TAVIA.

LATEEFAH (*ÁRABE*) COMPLACIENTE. (*HEBREO*) PALMADA. Latifa, Latifah, Latipha.

LATESHA (*AMERICANO*) FORMA ALTERNATIVA DE LETICIA. Latecia, Latesa, Lateshia, Latisa, Latissa.

LATIA (*AMERICANO*) COMBINACIÓN DEL PREFIJO LA + TIA. Latea, Lateia, Lateka.

LATIKA (*HINDÚ*) ELEGANTE. Lateka.

LATISHA (*LATÍN*) ALEGRÍA. FORMA ALTERNATIVA DE LETICIA. Latashia, Latecia, Laticia, Latishia.

LATONA (*LATÍN*) MITOLOGÍA: PODEROSA DIOSA QUIEN DESESPERABA A APOLO Y DIANA. Latonna, Latonnah, Latonya.

LATORIA (*AMERICANO*) COMBINACIÓN DEL PREFIJO LA + TORI. Latoira, Latorio.

LAURA (*LATÍN*) CORONADA CON LAUREL. FORMA FEMENINA DE LAURENCE. Lara, Laurah, Lauren, Lauricia, Lavra, Lora, Loretta, Lori, Lorinda, Lorna, Loura.

LAUREL (*LATÍN*) ÁRBOL DE LAUREL. Laural, Laurell, Lorel.

LAUREN (*INGLÉS*) FORMA FAMILIAR DE LAURA. Lauran, Laurena, Laurin, Loren, Lorena.

LAURENCE (*LATÍN*) CORONADA CON LAUREL. Laurencia, Laurent, Laurentina.

LAURIANNA (*INGLÉS*) COMBINACIÓN DE LAURA + ANA. Laurana, Laureana, Laurian, Laurina.

LAURIE (*INGLÉS*) FORMA FAMILIAR DE LAURA. Lari, Lauri, Lawrie.

LAURY (*INGLÉS*) FORMA FAMILIAR DE LAURA.

LAVEDA (*LATÍN*) ASEADA. LIMPIA, PURIFICADA. Lavare, Lavetta.

LAVELLA (*LATÍN*) LIMPIADORA. Lavelle.

LAVENA (*IRLANDÉS, FRANCÉS*) ALEGRÍA.

LAVERNE (*LATÍN*) PRIMAVERA. Lavern, La Verne.

LAVINA (*LATÍN*) PURIFICADA. MUJER DE ROMA. Lavenia, Lavinia, Levinia, Livinia, Lovina, Lovinia.

LAWAN (*TAILANDÉS*) BONITA.

LAYLA (*HEBREO, ÁRABE*) FORMA ALTERNATIVA DE LILA. Laylah.

LE (*VIETNAMITA*) PERLA.

LEA (*HAWAIANO*) MITOLOGÍA: DIOSA DE LOS FABRICANTES DE CANOAS.

LEAH (*HEBREO*) CANSADA. BIBLIA: LA ESPOSA DE JACOB. Lea, Leah, Leia.

LEALA (*FRANCÉS*) LEAL, FIEL. Lealia, Leial.

LEANDRA (*LATÍN*) LEONA. Leanda, Leandria.

LEONORA (*GRIEGO*) FORMA ALTERNATIVA DE ELEONORA. (*INGLÉS*) HELENA. Leanora, Lanore.

LEDA (*GRIEGO*) SEÑORA. MITOLOGÍA: REINA DE ESPARTA Y MADRE DE HELENA DE TROYA. Ledah, Lyda, Lydah

LEE (*CHINO*) CIRUELA. (*IRLANDÉS*) POÉTICA. (*INGLÉS*) COLINA. Lea, Leigh.

LEIKO (*JAPONÉS*) ARROGANTE.

LEILA (*HEBREO*) BELLEZA OSCURA, NOCHE. (*ÁRABE*) NACIDA DE NOCHE. Laila, Leilah, Leilia, Lela, Lelah, Leland, Lelia. Leyla.

LEILANI (*HAWAIANO*) FLOR DEL CIELO, NIÑA DEL CIELO. Lailani, Lailanie, Lailany, Lailoni, Lani, Leilany.

LEIRE (*VASCO*) RELIGIÓN: NOMBRE OTORGADO A LA VIRGEN MARÍA.

LELI (*SUIZO*) FORMA ALTERNATIVA DE MAGDALENA. Lelie.

LELIA (*GRIEGO*) ORADORA. Leliah, Lelika, Lellia.

LENA (*GRIEGO*) FORMA CORTA DE ELEONORA. (*HEBREO*) LA QUE HABITA O SE ALOJA. (*LATÍN*) TEMPLADA (*NORUEGO*) ILUSTRADA. Lenah, Lene, Leni, Lenka, Lenna, Lennah, Lina, Linah.

LENCI (*HÚNGARO*) HELENA. Lency.

LENITA (*LATÍN*) AMABLE. Leneta.

LEONA (*ALEMÁN*) VALIENTE COMO LEONA. FORMA FEMENINA DE LEÓN. Lenia, Leola, Leolah, Leondra, Leonia, Leonicia, Leonissa, Liona.

LEONORA (*GRIEGO*) FORMA ALTERNATIVA DE ELEONORA. Leonor, Leonore, Leonorah.

LEONTINE (*LATÍN*) LEONA. Leona, Leonine.

LEOTIE (*AMERICANO NATIVO*) FLOR DE LA PRADERA.

LERA (*RUSO*) FORMA CORTA DE VALERIA. Lerka.

LESLEY (*ESCOCÉS*) FORTALEZA. Leslee, Leslie, Lesly, Lezley.

LESLIE (*ESCOCÉS*) FORMA ALTERNATIVA DE LESLEY. Leslei, Lesli, Lesly, Lezli.

LETA (*LATÍN*) AMABLE. (*SUAHILI*) PORTADORA. Lita, Lyta.

LETICIA (*MEXICANO*) ALEGRÍA. Let, Leta, Letesha, Leteshia, Letice, Letishia, Letisia, Letiticia, Letizia, Letty, Letycia.

LEVANA (*HEBREO*) LUNA, BLANCA. (*LATÍN*) CRECIENTE. MITOLOGÍA: DIOSA DE LOS NUEVOS BEBÉS. Levania, Levanna, Lewana.

LEVANI (*FIDJIANO*) EMBALSAMADA CON ACEITE.

LEVIA (*HEBREO*) ALEGRE, ATADA. Levi, Levie.

LEVINA (*LATÍN*) FLASH DE LUZ. Levene.

LEVONA (*HEBREO*) ESPECIE, INCIENSO. Levonat, Levonna, Livona.

LEXANDRA (*GRIEGO*) DIMINUTIVO DE ALEXANDRA. Lisandra.

LEYA (*ESPAÑOL*) LEAL. (*HINDÚ*) CONSTELACIÓN DE LEO. Leyah, Leyla.

LIA (*GRIEGO*) PORTADORA DE BUENAS NOTICIAS. (*HEBREO, ALEMÁN, ITALIANO*) DEPENDIENTE. Leah, Liah.

LIAN (*CHINO*) SAUCE HERMOSO. Lean, Liane, Liann.

LIANA (*HEBREO*) DIMINUTIVO DE ILIANA. (*LATÍN*) JOVEN. (*FRANCÉS*) SUJETA, RODEADA. (*INGLÉS*) COLINA. Leanna.

LIBERTAD (*LATÍN*) LIBRE. Liberti, Liberty, Libertie.

LICIA (*GRIEGO*) DIMINUTIVO DE ALICIA. Licha, Lishia, Lisia.

LIDA (*GRIEGO*) FELIZ. (*ESLAVO*) AMADA POR LA GENTE. Lidah, Lyda.

LIDE (*LATÍN, VASCO*) VIDA.

LIDIA (*GRIEGO*) ORIGINARIA DE LYDIA, ANTIGUA TIERRA GOBERNADA POR MIDAS. Lidi, Lidya.

LIEN (*CHINO*) FLOR DE LOTO.

LILA (*ÁRABE*) NOCHE. (*HINDÚ*) DIOS ES LIBRE. (*PERSA*) LILA. DIMINUTIVO DE DALILA. Lilah, Lilia, Lyla.

LILAC (*SÁNSCRITO*) LILA, AZUL VIOLETA.

LILIA (*PERSA*) FORMA ALTERNATIVA DE LILA. Lili.

LILIANA (*LATÍN*) FLOR DE LILA. Lilliana, Lily.

LILIBETH (*INGLÉS*) COMBINACIÓN DE LILI + BETH. Lilibet.

LILITH (*ÁRABE*) DE LA NOCHE, DEMONIO NOCTURNO. MI-TOLOGÍA: LA PRIMERA ESPOSA DE ADAM, DE ACUERDO CON LAS ANTIGUAS LEYENDAS. Lillis, Lily.

LIMBER (*TIBETANO*) ALEGRÍA.

LIN (*CHINO*) JADE HERMOSO. Linh, Linn.

LINA (*GRIEGO*) LUZ.

LINDA (*ESPAÑOL*) BONITA. Lind, Lindy, Lynda.

LINETTE (*GALÉS*) ÍDOLO. (*FRANCÉS*) PÁJARO. Linet, Lin-net, Linnetta, Linnette.

LING (*CHINO*) DELICADA.

LINNEA (*ESCANDINAVO*) ÁRBOL DE LIMAS. HISTORIA: FLOR NACIONAL DE SUECIA. Lin, Linea.

LIORA (*HEBREO*) LUZ.

LIRIT (*HEBREO*) POÉTICA, LÍRICA, MUSICAL.

LIRÓN (*HEBREO*) MI CANCIÓN. Lerón, Lerone, Lirone.

LISA (*HEBREO*) CONSAGRADA A DIOS. (*INGLÉS*) FORMA CORTA DE ELIZABETH. Liisa, Lysa.

LISETTE (*FRANCÉS*) LISA. Liset, Liseta, Lesete, Liseth, Lisett, Lizet, Lizette.

LISSA (*GRIEGO*) MIEL DE ABEJA. Lyssa.

LIVANA (*HEBREO*) FORMA ALTERNATIVA DE LEVANA. ASTROLOGÍA: NACIDA BAJO EL SIGNO DE CÁNCER. Livna, Livnat.

LIVIYA (*HEBREO*) LEONA BRAVA, CORONA REAL.

LIZ (*INGLÉS*) DIMINUTIVO DE ELIZABETH. Liza, Lizabeth, Lizbeth.

LOGAN (*IRLANDÉS*) COLINA. Logann, Logen, Loghan.

LOIS (*ALEMÁN*) GUERRERA FAMOSA. FORMA ALTERNATIVA DE LUISA.

LOLA (*ESPAÑOL*) FAMILIAR DE DOLORES, CARLOTA Y LUISA. Lolah, Lolita.

LOLOTEA (*AMERICANO NATIVO*) FORMA DE DOROTEA.

LOMASI (*AMERICANO NATIVO*) FLOR BONITA.

LONDON (*INGLÉS*) FORTALEZA DE LA LUNA. GEOGRAFÍA: CAPITAL DE LA GRAN BRETAÑA. Londen.

LORE (*VASCO*) FLOR. Lor.

LORELEI (*ALEMÁN*) ENCANTAMIENTO, FASCINACIÓN. MITOLOGÍA: SIRENA DEL RÍO RHIN QUIEN ATRAÍA A LOS MARINEROS A LA MUERTE. Loralei, Lorali, Loralie, Loreal, Loreli.

LORENA (*INGLÉS*) CORONA DE LAUREL. Lorenea, Lorenia, Lorina.

LORENZA (*LATÍN*) CORONADA CON LAUREL. FORMA FEMENINA DE LORENZO. Laurencia, Laurentina.

LORETTA (*INGLÉS*) FAMILIAR DE LAURA. Loretah, Lorita.

LORI (*LATÍN*) CORONADA CON LAUREL. Lorri, Lory.

LORIS (*GRIEGO*) DIMINUTIVO DE CLORIS. (*ALEMÁN*) PAYASO. Laurys, Lorice.

LORNA (*LATÍN*) CORONADA CON LAUREL. Lorrna.

LORRAINE (*LATÍN*) SUSPIRO. Lorain, Loraine, Lorein, Lori.

LOTTE (*ALEMÁN*) DIMINUTIVO DE CARLOTA. Lotie, Lotta, Lotty, Loty.

LOTUS (*GRIEGO*) FLOR DE LOTO.

LOUAM (*ETÍOPE*) QUIEN DUERME BIEN.

LOURDES (*FRANCÉS*) ORIGINARIA DE LA CIUDAD DE LOURDES EN FRANCIA. RELIGIÓN: LUGAR DONDE SE APARECIÓ LA VIRGEN MARÍA.

LOVE (*INGLÉS*) AMOR, TERNURA, CARIDAD. Lovely, Lovey, Luv.

LUANN (*HEBREO, ALEMÁN*) MUJER AGRACIADA EN LA GUERRA. (*HAWAIANO*) FELIZ, RELAJADA. Lu, Lua, Louann, Luanni.

LUBOV (*RUSO*) AMOR. Luba, Lubna.

LUCERO (*LATÍN*) LÁMPARA, CÍRCULO DE LUZ. Lucerne, Lucerna.

LUCÍA (*ITALIANO, ESPAÑOL*) PORTADORA DE LUZ. Luci, Lucy, Luciana.

LUCILA (*INGLÉS*) FORMA FAMILIAR DE LUCÍA. Lucilla.

LUCINDA (*LATÍN*) FORMA FAMILIAR DE LUCÍA.

LUCINA (*ÁRABE*) LUNA. Lucyna, Lucine.

LUCRECIA (*LATÍN*) RICA, ADINERADA. Lacrecia, Lucresha, Lucrezia, Lucretia.

LUCY (*LATÍN*) DIMINUTIVO DE LUCÍA. Luci, Luzi.

LUDMILLA (*ESLAVO*) AMADA POR LA GENTE. Ludmila.

LUISA (*ESPAÑOL*) FAMOSA GUERRERA. Louisa.

LULANI (*POLINESIO*) EL MÁS ALTO PUNTO DEL CIELO.

LULÚ (*ÁRABE*) PERLA. (*ESPAÑOL*) DIMINUTIVO DE LOURDES. (*INGLÉS*) CONFORTABLE. (*AMERICANO NATIVO*) LIEBRE. Loulou, lula.

LUNA (*LATÍN*) LUNA. Lunetta.

LUPE (*LATÍN*) LOBA. (*ESPAÑOL*) DIMINUTIVO DE GUADA-LUPE. Lupi, Lupita.

LURLEEN (*ESCANDINAVO*) CUERNO DE GUERRA. Lura, Lurline.

LUVENA (*LATÍN*, *INGLÉS*) PEQUEÑA, AMADA. Lovina, Luvenia, Luvina.

LUZ (*ESPAÑOL*) LUZ. RELIGIÓN: SANTA MARÍA DE LA LUZ, NOMBRE OTORGADO A LA VIRGEN MARÍA. Luzi.

LYCORIS (*GRIEGO*) CREPÚSCULO.

LYDIA (*GRIEGO*) ORIGINARIA DE LYDIA. (*ÁRABE*) CONFLICTO. Lidia, Lyda.

LYLA (*FRANCÉS*) ISLA. Lilah.

LYNDA (*ESPAÑOL*) BONITA. Linda, Lyndah.

LYNDSEY (*INGLÉS*) CAMPO CERCANO A UN ARROYO. Lindsey.

LYNELLE (*INGLÉS*) BONITA.

LYNETTE (*GALÉS*) ÍDOLO. Lynett, Lynetta, Lynnet.

LYNN (*INGLÉS*) CASCADA. Linn, Lyn, Lynna.

LYRA (*GRIEGO*) QUIEN TOCA LA LIRA.

LYSANDRA (*GRIEGO*) LIBERTADORA. Lisandra.

M

MAB (*IRLANDÉS*) ALEGRE. (*GALÉS*) BEBÉ. Mabry.

MABEL (*LATÍN*) AMADA. FORMA CORTA DE AMABEL. Mabelle, Mable, Maible.

MACAWI (*DAKOTA*) GENEROSA, MATERNAL.

MACEDONIA (*MEXICANO*) ORIGINARIA DE MACEDONIA.

MACHIKO (*JAPONÉS*) NIÑA AFORTUNADA. Machi.

MACIA (*POLACO*) FORMA FAMILIAR DE MIRIAM. Macelia, Macey, Machia, Macy, Masha, Mashia.

MACKENZIE (*IRLANDÉS*) HIJA DEL JEFE DE LOS MAGOS. Macenzie, Mackenna, Mackensi.

MADA (*INGLÉS*) FORMA CORTA DE MADELINE, MAGDALENA. Madda, Mahda.

MADELINE (*GRIEGO*) TORRE ALTA. Madaline, Maddie, Madel, Madelaine, Madelena, Madelia.

MADISON (*INGLÉS*) BUENA, HIJA DE MAUD. Maddison, Madyson.

MADONNA (*LATÍN*) MI SEÑORA. Madona.

MADRONA (*ESPAÑOL*) MAMÁ. Madre, Madrena.

MAEKO (*JAPONÉS*) NIÑA HONESTA. Mae, Maemi.

MAEVE (*IRLANDÉS*) ALEGRÍA. HISTORIA: REINA DE IRLANDA EN EL SIGLO PRIMERO. Maevi.

MAGALI (*HEBREO*) LA QUE VIVE EN LA TORRE ALTA. Magalie, Magally, Magaly.

MAGDA (*CHECO, POLACO, RUSO*) MAGDALENA. Mahda.

MAGDALENA (*GRIEGO*) TORRE ALTA. Magda, Magdala, Magdalene, Maggie, Maggia, Magdaleana, Magdelina.

MAGENA (*AMERICANO NATIVO*) LUNA CRECIENTE.

MAGGIE (*GRIEGO*) PERLA. (*INGLÉS*) DIMINUTIVO DE MAGDALENA Y MARGARITA. Mag, Maggi, Maggia.

MAGNOLIA (*LATÍN*) ÁRBOL LLENO DE FLORES. Nola.

MAHAL (*FILIPINO*) AMOR.

MAHALA (*ÁRABE*) GORDITA. (*AMERICANO NATIVO*) MUJER PODEROSA. Mahalah, Mahalar, mahalla.

MAHARENE (*ETÍOPE*) QUIEN NOS PERDONA.

MAHESA (*HINDÚ*) GRAN SEÑOR. RELIGIÓN: NOMBRE DE LA DIOSA HINDÚ SHIVA. Mahisa.

MAHILA (*SÁNSCRITO*) MUJER.

MAHINA (*HAWAIANO*) LUNA CRECIENTE.

MAHIRA (*HEBREO*) ENERGÉTICA. Mahri.

MAHOGONY (*ESPAÑOL*) RICA, FUERTE. Mahagony, Mahogani.

MAI (*JAPONÉS*) BRILLANTE. (*VIETNAMITA*) FLOR. (*NAVAJO*) COYOTE.

MAIA (*GRIEGO*) MADRE, NODRISA, NANA. (*INGLÉS*) DONCELLA. MITOLOGÍA: LA MÁS LINDA Y AMOROSA DE PLEIADES, LAS SIETE HIJAS DE ATLAS Y MADRE DE HERMES. Maiah.

MAIKA (*HEBREO*) FORMA FAMILIAR DE MICKAELA. Maikala.

MAITA (*ESPAÑOL*) FORMA ALTERNATIVA DE MARTHA. Maite, Maitia.

MAJA (*ÁRABE*) DIMINUTIVO DE MAJIDAH. Majal.

MAJIDAH (*ÁRABE*) ESPLÉNDIDA. Maja, Majida.

MAKALA (*HAWAIANO*) MIRTO. Makalah, Makalai, Makalia, Makela.

MAKANA (*HAWAIANO*) REGALO, OBSEQUIO.

MAKANI (*HAWAIANO*) VIENTO.

MAKARA (*HINDÚ*) NACIDA DURANTE EL MES LUNAR DE CAPRICORNIO.

MALA (*GRIEGO*) FORMA CORTA DE MAGDALENA. Malana, Mali.

MALANA (*HAWAIANO*) LUZ.

MALAYA (*FILIPINO*) LIBRE. Malayah, Maleah.

MALENA (*SUECO*) MAGDALENA. Malen, Malenna.

MALHA (*HEBREO*) REINA. Maliah, Miliah.

MALI (*TAILANDÉS*) FLOR DE JASMÍN. Malea, Maley.

MALIKA (*HÚNGARO*) MUJER TRABAJADORA. Malak, Maleka, Malik, Malikah.

MALINA (*HEBREO*) TORRE. (*AMERICANO NATIVO*) TRANQUILA.

MALINI (*HINDÚ*) JARDINERA. RELIGIÓN: DIOSA HINDÚ DE LA TIERRA. Maliny.

MALLORY (*ALEMÁN*) CONSUELO. (*FRANCÉS*) SIN SUERTE. Malory, Mellory, Malorie.

MAMO (*HAWAIANO*) FLOR DE AZAFRÁN. PÁJARO AMARILLO.

MANA (*HAWAIANO*) PSÍQUICA, SENSITIVA. Manal, Manna, Mannah.

MANAR (*ÁRABE*) LUZ QUE GUÍA. Manayra.

MANDA (*LATÍN*) DIMINUTIVO DE AMANDA. (*ESPAÑOL*) MUJER GUERRERA. Mandy.

MANDARA (*HINDÚ*) CALMA. RELIGIÓN: ÁRBOL MÍSTICO DE LA INDIA QUE HACE DESAPARECER TODAS LAS PREOCUPACIONES.

MANDISA (*XHOSA*) DULCE.

MANDY (*LATÍN*) QUIEN AMA MUCHO. Mandi.

MANGENA (*HEBREO*) CANCIÓN, MELODÍA. Mangina.

MANUELA (*ESPAÑOL*) FORMA ALTERNATIVA DE EMMANUELLE. Manuala, Manuelita, Manuella.

MANYA (*RUSO*) MARÍA.

MARA (*GRIEGO*) FORMA CORTA DE AMARA. (*ÁRABE*) MUJER. (*ESLAVO*) MARÍA. Mahra, Marah, Maralina, Marra.

MARABEL (*INGLÉS*) FORMA ALTERNATIVA DE MIRABEL. Maribel, Marabella.

MARCELA (*LATÍN*) MARCIAL, DE LA GUERRA. MITOLOGÍA: MAR FUE EL DIOS DE LA GUERRA. Marcelia, Marcelina.

MARCIA (*LATÍN*) MARCIAL, DE LA GUERRA. Marcena, Marchia, Marci, Marsha, Martia.

MARDI (*FRANCÉS*) NACIDA EN MARTES. (*ARAMEO*) FAMILIAR DE MARTHA.

MARELDA (*ALEMÁN*) GUERRERA RENOMBRADA. Marella, Marilda.

MAREN (*LATÍN*) MAR. (*ARAMEO*) MARÍA. Marin.

MARGARITA (*GRIEGO*) PERLA. Margaret, Margareta, Margaretta, Meg, Maggie.

MARGIT (*HÚNGARO*) MARGARITA. Marget, Margita.

MARGO (*FRANCÉS*) MARGARITA. Mago, Margaro.

MARI (*JAPONÉS*) PELOTA. (*ESPAÑOL*) DIMINUTIVO DE MARÍA. Mary.

MARÍA (*HEBREO, MEXICANO*) AMARGURA, MAR DE AMARGURAS. RELIGIÓN: LA MADRE DE JESÚS. Mariah, Marya.

MARIANA (*ESPAÑOL*) COMBINACIÓN DE MARIA + ANA . Maryana.

MARIBEL (*FRANCÉS*) HERMOSA. (*ESPAÑOL*) DIMINUTIVO DE MARÍA ISABEL. Marabel, Maribella, Marybel.

MARICELA (*LATÍN*) FORMA ALTERNATIVA DE Marcella. Maricel, Mariceli, Maricelia, Maricella.

MARIEL (*ALEMÁN, DANÉS*) MARÍA. Marial, Marieli, Mariela, Marielie.

MARIELA (*ALEMÁN*) MARÍA.

MARIEVA (*AMERICANO*) COMBINACIÓN DE MARÍA + EVA.

MARIGOLD (*INGLÉS*) BOTÁNICA: PLANTA CON FLORES AMARILLAS O ANARANJADAS.

MARIKA (*ALEMÁN, ESLAVO*) MARÍA. Marica, Marija, Marikah.

MARIKO (*JAPONÉS*) CÍRCULO.

MARILYN (*HEBREO*) DESCENDIENTE DE MARÍA. Marilin, Marlyn.

MARINA (*LATÍN*) MAR. Marena, Marinah, Marinda.

MARINI (*SUAHILI*) SALUDABLE, BONITA.

MARIÓN (*FRANCÉS*) MARÍA. Marrion.

MARIS (*GRIEGO*) FORMA CORTA DE AMARIS, DAMARIS. (*LATÍN*) MAR. Marys, Marris.

MARISA (*LATÍN*) MAR. Marissa, Mariza, Marrisa.

MARISELA (*LATÍN*) MAR. Marisella, Merissela.

MARISOL (*ESPAÑOL*) MAR SOLEADO. Marysol.

MARIT (*ARAMEO*) SEÑORA, DAMA. Marita.

MARITZA (*ÁRABE*) BENDITA. Maritsa, Maritssa.

MARIYAN (*ÁRABE*) PUREZA. Mariyah.

MARJAN (*PERSA*) CORAL. (*POLACO*) MARÍA. Marjana.

MARKITA (*CHECO*) MARGARITA. Marka.

MARLA (*INGLÉS*) FORMA CORTA DE MARLEN. Marlah.

MARLENE (*GRIEGO*) TORRE ALTA. (*ESLAVO*) MAGDALENA. Marla, Marlane.

MARMARA (*GRIEGO*) CHISPEANTE, BRILLOSO.

MARNINA (*HEBREO*) REGOCIJO.

MARQUISE (*FRANCÉS*) MUJER NOBLE.

MARRIM (*CHINO*) NOMBRE DE UNA TRIBU EN EL ESTADO DE MAMPUR.

MARSALA (*ITALIANO*) ORIGINARIA DE MARSELLA FRANCIA. Marsall.

MARSHA (*INGLÉS*) FORMA ALTERNATIVA DE MARCIA. Marcha, Marshia.

MARTHA (*MEXICANO, ARAMEO*) DAMA, SUSPIRO. BIBLIA: HERMANA DE LA VIRGEN MARÍA. Marta, Marth.

MARTINA (*LATÍN*) MARCIAL, DE GUERRA, FORMA FEMENINA DE MARTÍN. Martin, Marthina, Martinia.

MARTIZA (*ÁRABE*) BENDITA.

MARU (*JAPONÉS*) RODEADA.

MARVELLA (*FRANCÉS*) MARAVILLOSA. Marva, Marvela, Marvetta, Marvia.

MARY (*HEBREO*) AMARGURA, MAR DE LAS AMARGURAS. (*ESPAÑOL*) MARIA. Marye.

MARYA (*ÁRABE*) PUREZA, BLANCURA BRILLANTE. Maryah.

MASAGO (*JAPONÉS*) ARENAS DEL TIEMPO.

MASANI (*AFRICANO*) MUJER QUE TIENE UN ORIFICIO EN LOS DIENTES.

MASHA (*RUSO*) MARÍA. Mashka, Mashenka.

MASHIKA (*SUAHILI*) NACIDA DURANTE TIEMPO DE LLUVIAS. Masika.

MATANA (*HEBREO*) REGALO.

MATHENA (*HEBREO*) REGALO DE DIOS.

MATILDA (*ALEMÁN*) PODEROSA COMBATIENTE. Matilde, Matelda.

MATRIKA (*HINDÚ*) MADRE. RELIGIÓN: NOMBRE DE LA DIOSA HINDÚ SHAKTI. Matrica.

MATSUKO (*JAPONÉS*) ÁRBOL DE PINO.

MATTEA (*HEBREO*) REGALO DE DIOS. Matea, Mathea, Matia.

MAURA (*IRLANDÉS*) OSCURA. Maurah.

MAUREEN (*FRANCÉS*) OSCURIDAD. (*IRLANDÉS*) MARÍA. Maurine.

MAURELLE (*FRANCÉS*) DE PIEL OSCURA. Mauriel.

MAUSI (*AMERICANO NATIVO*) FLOR SIN PÉTALOS.

MAUVE (*FRANCÉS*) DE COLOR VIOLETA.

MAVIS (*FRANCÉS*) CANCIÓN ENTONADA POR UN PÁJARO. Mavin.

MAXINA (*LATÍN*) GRANDIOSA. Max, Maxa, Maxie, Máxima.

MAY (*LATÍN*) GRANDIOSA. (*INGLÉS*) FLOR, MES DE MAYO. Mai.

MAYA (*HINDÚ*) EL PODER CREATIVO DE DIOS. (*GRIEGO*) MADRE, ABUELA. Mayam.

MAYBELINE (*LATÍN*) FORMA FAMILIAR DE MABEL.

MAYOREE (*TAILANDÉS*) HERMOSA. Mayra.

MAYRA (*TAILANDÉS*) HERMOSA.

MAYSA (*ÁRABE*) QUIEN CAMINA CON PASO PRUDENTE.

MAYSUN (*ÁRABE*) HERMOSA.

MAZEL (*HINDÚ*) SUERTUDA. Mazal, Mazala, Mazela.

MEARA (*IRLANDÉS*) JUBILOSA.

MEDA (*AMERICANO NATIVO*) MUJER PROFETA.

MEDEA (*GRIEGO*) MANDATARIO. (*LATÍN*) MITAD. Medeia.

MEDINA (*ÁRABE*) HISTORIA: LUGAR DONDE SE ENCUENTRA LA TUMBA DE MOHAMED. Medinah.

MEDORA (*GRIEGO*) REGALO DE UNA MADRE.

MEENA (*HINDÚ*) PIEDRA AZUL SEMIPRECIOSA, PÁJARO.

MEGAN (*GRIEGO*) PERLA, GRANDIOSA. (*IRLANDÉS*) MARGARITA. Magan, Magen, Meg, Meggan, Meghan.

MEGARA (*GRIEGO*) PRIMERA. MITOLOGÍA: LA PRIMERA ESPOSA DE HÉRCULES.

MEHADI (*HINDÚ*) FLOR.

MEHIRA (*HEBREO*) RÁPIDA, ENERGÉTICA.

MEHITABEL (*HEBREO*) BENDITA POR LA GRACIA DE DIOS. Mehetabel.

MEHRI (*PERSA*) AMABLE, AMOROSA, SOLEADA.

MEI (*HAWAIANO*) GRANDE. Meiko.

MEIRA (*HEBREO*) LUZ. Meera.

MEIYING (*CHINO*) FLOR HERMOSA. Mei.

MEL (*PORTUGUÉS*, *ESPAÑOL*) DULCE COMO LA MIEL.

MELA (*HINDÚ*) SERVIDOR RELIGIOSO. (*POLACO*) FORMA ALTERNATIVA DE MELANI.

MELANIE (*GRIEGO*) DE PIEL OSCURA. Meilani, Melaine, Melana, Melane, Melani, Mellanie.

MELANTHA (*GRIEGO*) FLOR OSCURA.

MELBA (*GRIEGO*) SUAVE. (*LATÍN*) FLOR DE MALVA. Malva, Melva.

MELE (*HAWAIANO*) CANCIÓN, POEMA.

MELESSE (*ETÍOPE*) ETERNA. Mellesse.

MELIA (*ALEMÁN*) DIMINUTIVO DE AMELIA. Meli, Meliah, Melida, Mema.

MELINA (*LATÍN*) CANARIO AMARILLO. (*GRIEGO*) FORMA CORTA DE MELINDA. Meline, Melinia.

MELINDA (*GRIEGO*) MIEL. Malinda, Melinde, Melynda.

MELIORA (*LATÍN*) MEJORA. Melior, Meliori.

MELISSA (*GRIEGO*) MIEL DE ABEJA. Melisa, Melisia, Mellissa, Melly, Milly, Mollisa.

MELITA (*GRIEGO*) FORMA ALTERNATIVA DE MELISA. (*ESPAÑOL*) DIMINUTIVO DE CARMELITA. Melitza, Molita.

MELLY (*AMERICANO*) FAMILIAR DE LOS NOMBRES QUE COMIENZAN EN MEL. Meli, Melie, Melli, Mellie.

MELODY (*GRIEGO*) MELODÍA. Melodey, Melodi, Melodie.

MELOSA (*ESPAÑOL*) MUY DULCE.

MELVINA (*IRLANDÉS*) JEFA. FORMA FEMENINA DE MELVIN. Melva, Melvena.

MENA (*GRIEGO*) DIMINUTIVO DE FILOMENA. (*ALEMÁN*) FUERTE. HISTORIA: MENA FUE EL PRIMER REY DE EGIPTO. Menah.

MERCEDES (*LATÍN*) PAGO. (*ESPAÑOL*) CARITATIVA. Mercaedes, Merced, Mercede, Mercedis.

MERCIA (*INGLÉS*) FORMA ALTERNATIVA DE MARCIA. HISTORIA: NOMBRE DE UN ANTIGUO REINADO INGLÉS.

MERCY (*INGLÉS*) COMPASIVA, CARITATIVA. Mercey, Merci, Mercie, Mersey.

MEREDITH (*GALÉS*) PROTECTORA DEL MAR. Meredeth, Meredithe, Meredy, Meredeth, Meridith.

MERI (*FINLANDÉS*) MAR. (*IRLANDÉS*) DIMINUTIVO DE MERIEL.

MERIEL (*IRLANDÉS*) MAR BRILLANTE. Meri, Merial.

MERLE (*LATÍN, FRANCÉS*) PÁJARO NEGRO. Merl, Merla, Merlina, Merola.

MERRY (*INGLÉS*) FELIZ, CONTENTA. Merie, Merri, Merrie, Merris.

MERYL (*ALEMÁN*) FAMOSA. (*IRLANDÉS*) MAR BRILLANTE. Meral, Merril, Merryl, Meryll.

MESHA (*HINDÚ*) NACIDA EN EL MES LUNAR DE ARIES. Meshal.

MIA (*ITALIANO*) ERES MÍA. Miah.

MICAELA (*HEBREO*) ¿QUIÉN COMO DIOS? Micaella, Micaila, Michaela, Michala, Michele, Mikaela.

MICAH (*HEBREO*) FORMA CORTA DE MICAELA. BIBLIA: UNO DE LOS PROFETAS DEL ANTIGUO TESTAMENTO. Mica, Micha, Mika, Myca.

MICAYLA (*HEBREO*) MICAELA.

MICHELLE (*FRANCÉS*) ¿QUIÉN COMO DIOS? Machele, Machell, Mia, Michel, Michell, Michella, Mischele, Mitchelle.

MICHI (*JAPONÉS*) CAMINO CORRECTO. Miche, Michiko.

MIDORI (*JAPONÉS*) VERDE.

MIEKO (*JAPONÉS*) PRÓSPERA. Mieke.

MIELIKKI (*FINLANDÉS*) COMPLACIENTE.

MIETTE (*FRANCÉS*) PEQUEÑA, DULCE.

MIGINA (*AMERICANO NATIVO*) LUNA NUEVA.

MIGNON (*FRANCÉS*) TIERNA, GRACIOSA.

MIGUELA (*ESPAÑOL*) ¿QUIÉN COMO DIOS? Miguelina, Miguelita, Miquel, Miquela.

MIKA (*JAPONÉS*) LUNA NUEVA. (*RUSO*) NIÑA DE DIOS. (*AMERICANO NATIVO*) MAPACHE MÁGICO. Mikah, Mikka.

MIKI (*JAPONÉS*) TALLO DE FLOR. Mikia, Mikita, Mikki, Miko.

MILA (*ITALIANO, ESLAVO*) DIMINUTIVO DE CAMILA. (*RUSO*) QUERIDA. Milah, Milla.

MILADA (*CHECO*) MI AMOR. Milah, Milla.

MILAGROS (*ESPAÑOL*) MILAGRO. Mila, Milagritos, Milagro, Milagrosa.

MILANA (*ITALIANO*) ORIGINARIA DE MILÁN ITALIA. Milán, Milani, Milanna.

MILDRED (*INGLÉS*) AMABLE, CONSEJERA. Mil, Mila, Mildrid.

MILETA (*ALEMÁN*) GENEROSA, MISERICORDIOSA. FORMA ALTERNATIVA DE MILA.

MILIA (*ALEMÁN*) TRABAJADORA, EXPERTA. FORMA CORTA DE EMILIA. Mila, Milla.

MILIANI (*HAWAIANO*) CARICIA. Milanni, Millani.

MILILANI (*HAWAIANO*) CARICIA CELESTIAL. Milliani.

MÍLLICENT (*GRIEGO*) MELISA. (*INGLÉS*) TRABAJADORA. Melicent, Mellicent, Melissent.

MIMA (*BIRMANO*) MUJER. Mimma.

MIMI (*FRANCÉS*) FORMA FAMILIAR DE MIRIAM.

MINA (*ALEMÁN*) AMOR. (*PERSA*) CIELO AZUL. (*HINDÚ*) NACIDA EN EL MES LUNAR DE PISCIS. (*ÁRABE*) PUERTO. (*JAPONÉS*) SUR. DIMINUTIVO DE LOS NOMBRES QUE TERMINAN CON MINA. Mena, Min.

MINAL (*AMERICANO NATIVO*) FRUTA.

MINDA (*HINDÚ*) CONOCIMIENTO.

MINE (*JAPONÉS*) CIMA DE MONTAÑA. Mineko.

MINERVA (*LATÍN*) MAGO. MITOLOGÍA: DIOSA DE LA MAGIA.

MINETTE (*FRANCÉS*) FIEL, DEFENSORA. Minnette, Minnita.

MINNIE (*AMERICANO*) FORMA FAMILIAR DE MINERVA. Minna, Mini, Minie, Minne, Minni, Minny.

MINOWA (*AMERICANO NATIVO*) CANTANTE. Minowah.

MIO (*JAPONÉS*) EL TRIPLE DE FUERTE.

MIRA (*LATÍN*) MARAVILLOSA. (*ESPAÑOL*) VE. FORMA CORTA DE ALMIRA, AMIRA. Mirra, Mirah.

MIRABEL (*LATÍN*) HERMOSA. Mira, Mirabell.

MIRANDA (*LATÍN*) MARAVILLOSA, ADMIRABLE. Maranda, Meranda, Mira, Miran, Miranada, Mirandia, Mirinda.

MIRELLA (*HEBREO*) DIOS HABLÓ. (*LATÍN*) MARAVILLOSA. Mireil, Mirel, Mireya.

MIRIAM (*HEBREO*) AMARGURA, MAR DE LAS AMARGURAS. BIBLIA: FORMA ORIGINAL DE MARÍA. Mariam, Miram, Miri, Miriama, Mirriam, Myriam.

MIROSLAVA (*MEXICANO*) HERMOSA, INALCANZABLE.

MISTY (*INGLÉS*) NEBLINA Mistey, Misti, Mistin.

MITRA (*HINDÚ*) DIOS DE LA LUZ DEL DÍA. (*PERSA*) ÁNGEL. Mita.

MIWA (*JAPONÉS*) OJOS MÁGICOS.

MIYA (*JAPONÉS*) TEMPLO. Miyah, Miyana, Miyanna.

MIYO (*JAPONÉS*) HERMOSA GENERACIÓN. Miyoco, Miyuco.

MIYUKI (*JAPONÉS*) NIEVE.

MOANA (*HAWAIANO*) OCÉANO, FRAGANCIA.

MOCHA (*ÁRABE*) CHOCOLATE SABORIZADO CON CAFÉ. Moka.

MODESTA (*LATÍN*) SENCILLA. Modesty, Modestina.

MOESHA (*AMERICANO*) FORMA ALTERNATIVA DE MÓNICA.

MOHALA (*HAWAIANO*) FLORES ABRIENDO. Moala.

MONET (*FRANCÉS*) ARTE: CLAUDE MONET FUE EL LÍDER DE LOS REPRESENTANTES DE LA PINTURA DEL RENACIMIENTO, RECORDADO POR SUS CUADROS DE LILAS ACUÁTICAS.

MÓNICA (*MEXICANO, GRIEGO*) SOLITARIA. (*LATÍN*) CONSEJERA. Mona, Monca, Monia, Monic, Monicia, Monicka, Monika, Monique, Monn.

MONIFA (*AFRICANO*) YO TENGO SUERTE.

MONTANA (*ESPAÑOL*) MONTAÑA. Montanna.

MORA (*ESPAÑOL*) FRUTA DE LA MORA. Moria, Morita.

MORELA (*POLACO*) CHABACANO. Morelia.

MORENA (*IRLANDÉS*) OSCURA.

MORGAN (*GALÉS*) ORILLA. Morgana, Morgánica, Morgann.

MORIAH (*HEBREO*) DIOS ES MI MAESTRO. (*FRANCÉS*) OSCURA. BIBLIA: NOMBRE DE LA MONTAÑA DONDE FUE CONSTRUIDO EL TEMPLO DE SALOMÓN. Moria, Morit, Morria, Morriah.

MORIE (*JAPONÉS*) BAHÍA.

MOROWA (*AFRICANO*) REINA.

MORRISA (*LATÍN*) DE PIEL OSCURA. FORMA FEMENINA DE MORRIS. Morisa, Morissa, Morrissa.

MOSELLE (*HEBREO*) AGUA CORRIENTE. FORMA FEMENINA DE MOISÉS. (*FRANCÉS*) VINO BLANCO. Mozelle.

MOSI (*SUAHILI*) PRIMOGÉNITA.

MOUNA (*ÁRABE*) DESEO. Mounia, Muna, Munia.

MUMTAZ (*ÁRABE*) DISTINGUIDA.

MURA (*JAPONÉS*) VILLA.

MURIEL (*ÁRABE*) MIRRA. (*IRLANDÉS*) BRILLO DE MAR. Merial, Meriel, Meriol, Murial, Murielle.

MUSSETTA (*FRANCÉS*) BOLSITA. Mussete

MUSLIMAH (*ÁRABE*) DEVOTA, CREYENTE.

MYA (*BIRMANO*) ESMERALDA. FORMA ALTERNATIVA DE MÍA. My, Myah.

MYLA (*INGLÉS*) CARITATIVA.

MYLENE (*GRIEGO*) OSCURO. Mylana.

MYRA (*LATÍN*) POCIÓN AROMÁTICA. Mayra.

MYRNA (*IRLANDÉS*) AMADA. Merna, Mirna.

N

NABILA (*ÁRABE*) NACIDA EN LA NOBLEZA. Nabiha, Nabilah.

NADDA (*ÁRABE*) GENEROSA. Nada.

NADIA (*FRANCÉS, ESLAVO*) LLENA DE ESPERANZA. Nadea, Nadiah, Nadie, Nadine.

NADIRA (*ÁRABE*) RARA, PRECIOSA. Nadirah.

NAEVA (*FRANCÉS*) FORMA ALTERNATIVA DE EVA. Nahvon.

NAFUNA (*AFRICANO*) NACIDA DE PIE.

NAGIDA (*HEBREO*) NOBLE. Nagda.

NAHID (*PERSA*) MITOLOGÍA: OTRO NOMBRE DADO A VENUS, LA DIOSA DEL AMOR Y LA BELLEZA.

NAHIMANA (*DAKOTA*) MÍSTICA, MÁGICA.

NAIDA (*GRIEGO*) NINFA DEL AGUA. Naiad, Nayad.

NAILA (*ÁRABE*) EXITOSA. Nailah.

NAIRI (*ARMENIO*) TIERRA DE CAÑONES. HISTORIA: NOMBRE DE LA ANTIGUA ARMENIA. Naira, Naire, Nayra.

NAJAM (*ÁRABE*) ESTRELLA. Naja, Najma.

NAJILA (*ÁRABE*) OJOS BRILLANTES. Naja, Najah.

NAKIA (*ÁRABE*) PURA. Nakea, Nekia.

NALANI (*HAWAIANO*) CALMADA COMO LOS CIELOS. Nalanie, Nalany.

NAMI (*JAPONÉS*) OLA. Nakima.

NAN (*ALEMÁN*) FORMA CORTA DE FERNANDA. (*INGLÉS*) FORMA ALTERNATIVA DE ANA. Nana, Nanice, Nanna.

NANA (*HAWAIANO*) PRIMAVERA.

NANCI (*INGLÉS*) FORMA ALTERNATIVA DE NANCY. Nansi.

NANCY (*INGLÉS*) GRACIOSA. Nanci, Nancye, Nansey.

NANETTE (*FRANCÉS*) NANCY. Nanete, Nannette, Nineta, Ninete, Nini, Ninita.

NANI (*GRIEGO*) ENCANTO. (*HAWAIANO*) HERMOSA. Nanni, Nannie, Nanny.

NANTANIA (*HEBREO*) REGALO DE DIOS. Natanya, Nathania.

NAOMI (*HEBREO*) COMPLACIENTE, HERMOSA. BIBLIA: AMIGA DE RUTH. Naoma, Naomia, Naomie, Naomy, Noami, Noemi.

NARA (*GRIEGO*) FELIZ. (*INGLÉS*) NORTE. (*JAPONÉS*) ROBLE. Narah.

NARCISSA (*GRIEGO*) FLOR DE NARCISO. FORMA FEMENINA DE NARCISO. MITOLOGÍA; JOVEN QUE SE ENAMORÓ DE SU PROPIO REFLEJO. Narcisa, Narissa.

NARELLE (*AUSTRALIANO*) MUJER DEL MAR. Narel.

NARI (*JAPONÉS*) RELÁMPAGO. Narie, Nariko.

NARMADA (*HINDÚ*) COMPLACIENTE.

NASHOTA (*AMERICANO NATIVO*) DOBLE, SEGUNDO GEMELO AL NACER.

NASYA (*HEBREO*) MILAGRO. Nasia, Nasyah.

NATA (*SÁNSCRITO*) BAILARINA. (*LATÍN*) NADADORA. (*RUSO*) NATALIA. (*AMERICANO NATIVO*) CREADORA. Natia, Natka, Natya.

NATACHA (*RUSO*) FORMA ALTERNATIVA DE NATASHA. Natachia, Natacia, Natisha.

NATALIA (*LATÍN*) NACIDA EL DÍA DE NAVIDAD. Nat, Natala, Natalea, Nataliia, Natalina, Natallia, Natali, Natalle, Nataly, Nathalie, Nthaly, Natie.

NATARA (*ÁRABE*) SACRIFICIO. Natori, Natoria.

NATASHA (*RUSO*) NATALIA. Nahtasha, Natacha, Natasa, Natascha.

NATESSA (*HINDÚ*) DIOSA. Natisa, Natissa.

NATOSHA (*RUSO*) FORMA ALTERNATIVA DE NATASHA. Natoshia, Natoshya, Netosha, Notosha.

NAVA (*HEBREO*) HERMOSA. Navah, Naveh, Navit.

NAYELY (*IRLANDÉS*) CAMPEONA. Nayelia, Nayelli, Nayelly, Nayla.

NECI (*HÚNGARO*) FIERA, INTENSA. Necha.

NEDA (*ESLAVO*) NACIDA EN DOMINGO. Nedah, Nedi, Nedia, Neida.

NEDDA (*INGLÉS*) GUARDIANA, PRÓSPERA. Neddi, Neddie, Neddy.

NEEMA (*SUAHILI*) NACIDA EN TIEMPOS PRÓSPEROS.

NEILA (*IRLANDÉS*) CAMPEONA. Neala, Neilia.

NELIA (*ESPAÑOL*) AMARILLO. (*LATÍN*) FORMA FAMILIAR DE CORNELIA. Neelia, Nela, Neli, Nelka, Nila, Nillie.

NELLE (*GRIEGO*) PIEDRA.

NENET (*EGIPCIO*) NACIDA CERCA DEL MAR. MITOLOGÍA: DIOSA DEL MAR.

NEOLA (*GRIEGO*) LLENA DE JUVENTUD. Neolla.

NEONA (*GRIEGO*) LUNA NUEVA.

NEREIDA (*GRIEGO*) NINFA DEL MAR. Nereyda, Nereyida, Nerida.

NESSIE (*GRIEGO*) FORMA FAMILIAR DE VANESSA. Nese, Neshie, Nesi, Ness, Nessi, Nessy, nest.

NETA (*HEBREO*) PLANTA, ARBUSTO. Netia, Netta, Nettia.

NETIS (*AMERICANO NATIVO*) EN QUIEN CONFIAR.

NEVA (*ESPAÑOL*) NIEVE. (*INGLÉS*) NUEVA. GEOGRAFÍA: RÍO EN RUSIA. Neiva, Neve, Nevia, Nieve, Niva, Nivea, Nivia.

NEVADA (*ESPAÑOL*) NIEVE. GEOGRAFÍA: ESTADO AMERICANO DEL OESTE. Neiva, Neva.

NEVINA (*IRLANDÉS*) ADORADORA DE SANTOS. HISTORIA: SANTO IRLANDÉS. Nevena, Nivena.

NEYLAN (*TURCO*) DESEO CUMPLIDO. Neya, Neyla.

NIA (*IRLANDÉS*) FORMA FAMILIAR DE NEILA. MITOLOGÍA: LEGENDARIA MUJER DE GALES. Neya, Niah, Niya, Nya.

NICHELLE (*AMERICANO*) COMBINACIÓN DE NICOLE Y MICHELLE. Nichele, Nichell, Nishelle.

NICKY (*FRANCÉS*) DIMINUTIVO DE NICOLE. Nicci, Nickey, Nickie.

NICOLE (*FRANCÉS*) VICTORIOSA, FORMA FEMENINA DE NICOLÁS. Necole, Nica, Nichole, Nicki, Nickole, Nicol, Nicolette, Nicoli, Nicoline, Nicolle, Nikki, Nocole, Nycole.

NIDA (*AMERICANO NATIVO*) CRIATURA MITOLÓGICA. Nidda.

NIDIA (*LATÍN*) NIDO. Nidi, Nidya.

NIESHA (*AMERICANO*) PURA. Neisha, Neshia, Nesia, Nisha.

NIGE (*LATÍN*) NOCHE OSCURA. Nigea, Nigela, Nija.

NIKA (*RUSO*) QUE PERTENECE A DIOS. Nikka.

NIKE (*GRIEGO*) VICTORIA. MITOLOGÍA: DIOSA DE LA VICTORIA.

NIKITA (*RUSO*) TRIUNFADORA. Nakita, Niki, Nikitah, Nikitia, Nikitta, Nikki, Niquita.

NILI (*HEBREO*) PLANTA QUE PRODUCE EL ÍNDIGO.

NIMA (*HEBREO*) HEBRA. (*ÁRABE*) BENDITA. Nema, Niamma.

NINA (*HEBREO*) FORMA FAMILIAR DE HANNA. (*ESPAÑOL*) MUCHACHA. (*AMERICANO NATIVO*) QUIEN PERMITE. Ninah, Ninna, Ninosca.

NINÓN (*FRANCÉS*) NINA.

NIREL (*HEBREO*) LUZ DE DIOS. Nirali.

NIRVELI (*HINDÚ*) AGUA DE NIÑO.

NISA (*ÁRABE*) MUJER.

NISHI (*JAPONÉS*) OESTE.

NISSA (*HEBREO*) SIGNO, SEÑAL, EMBLEMA. (*ESCANDINAVO*) AMIGABLE. Nisha, Nisse, Nissy.

NITA (*HEBREO*) CULTIVADORA, PLANTADORA. (*ESPAÑOL*) FORMA CORTA DE ANITA. (*AMERICANO NATIVO*) OSO. Nitai, Nitha.

NITARA (*HINDÚ*) RAÍZ PROFUNDA.

NITUNA (*AMERICANO NATIVO*) HIJA.

NITZA (*HEBREO*) BOTÓN DE FLOR. Nitzah, Nitzana, Niza, Nizah.

NOEL (*LATÍN*) NAVIDAD. Noela, Noelani, Noelia, Noelle.

NOELANI (*HAWAIANO*) HERMOSURA DEL CIELO. Noela.

NOEMÍ (*HEBREO*) FORMA ALTERNATIVA DE NAOMI. Noam, Noemy, Nohemi, Nomi.

NOGA (*HEBREO*) LUZ DE MAÑANA.

NOKOMIS (*DAKOTA*) HIJA DE LA LUNA.

NOLA (*LATÍN*) CAMPANITA. (*IRLANDÉS*) FAMOSA, NOBLE. Nuala.

NOLETA (*LATÍN*) NO SERÁ. Nolita.

NONA (*LATÍN*) NOVENA. Nonah, Noni, Nonia, Nonna, Nonnah.

NORA (*GRIEGO*) LUZ. DIMINUTIVO DE LEONORA. Norah.

NORELL (*ESCANDINAVO*) QUE VIENE DEL NORTE. Narell, Narelle, Norela, Norely.

NORI (*JAPONÉS*) LEY, TRADICIÓN. Noria, Norico, Noriko, Norita.

NORMA (*LATÍN*) NORMA, PRECEPTO. Noma, Normi.

NOVA (*LATÍN*) NUEVA. ASTROLOGÍA: ESTRELLA MUY BRI-LLANTE.

NOVELLA (*LATÍN*) ALGUIEN NUEVO POR LLEGAR. Nova, Novela.

NOVIA (*ESPAÑOL*) QUERIDA, AMADA. Nova, Nuvia.

NU (*BIRMANO*) QUIEN ATIENDE. (*VIETNAMITA*) NIÑA. Nue.

NUNA (*AMERICANO NATIVO*) TIERRA.

NUNCIATA (*LATÍN*) MENSAJERA.

NURA (*ARAMEO*) LA LUZ DEL SEÑOR. Nuri, Nuriel, Nurín.

NURITA (*HEBREO*) BOTÁNICA: FLOR CON PÉTALOS ROJOS Y AMARILLOS. Nurit.

NURU (*SUAHILI*) LUZ DEL DÍA.

NUWA (*CHINO*) MADRE DE LAS DIOSAS. MITOLOGÍA: CREADORA DE LA HUMANIDAD Y EL ORDEN.

NYOKO (*JAPONÉS*) GEMA, TESORO.

NYREE (*MAORI*) MAR.

O

OBA (*AFRICANO*) MITOLOGÍA: DIOSA QUE GOBERNABA LOS RÍOS.

OBELIA (*GRIEGO*) NECESARIA.

OCEANA (*GRIEGO*) OCÉANO. MITOLOGÍA: OCEANUS ERA EL DIOS DEL AGUA. Ocean, Oceanna, Oceania.

OCTAVIA (*LATÍN*) OCTAVA. FORMA FEMIENINA DE OCTAVIO. Octabia, Octaviah, Octivia.

ODEDA (*HEBREO*) FUERTE, CON CORAJE.

ODELIA (*GRIEGO*) ODA, MELODÍA. (*HEBREO*) ALABARÉ A DIOS. (*FRANCÉS*) RICA, ADINERADA. Oda, Odelina, Odelinda, Odila, Odilia.

ODELLA (*INGLÉS*) COLINA DE MADERA.

ODERA (*HEBREO)* ARADO.

ODESSA (*GRIEGO*) ODISEA, VIAJE LARGO. Odessia.

ODINA (*AMERICANO NATIVO*) MONTAÑA.

OFELIA (*GRIEGO*) AYUDANTE. Ofilia, Ophelia, Ophilia.

OFIRA (*HEBREO*) ORO. Ophira.

OFRA (*HEBREO*) JOVEN. FORMA ALTERNATIVA DE OPHRA Y APHRA. Ofrat.

OGIN (*AMERICANO NATIVO*) ROSA SALVAJE.

OHANNA (*HEBREO*) REGALO DE DIOS LLENO DE GRACIA.

OKALANI (*HAWAIANO*) CIELO.

OKI (*JAPONÉS*) MITAD DEL OCÉANO. Okie.

OLA (*ESCANDINAVO*) ANCESTRAL. FORMA FEMENINA DE OLAF.

OLATHE (*AMERICANO NATIVO*) HERMOSA. Olathia.

OLENA (*RUSO*) HELENA. Olenna.

OLESIA (*GRIEGO*) DEFENSORADE LA HUMANIDAD.

OLETHA (*ESCANDINAVO*) ÁGIL, LISTA. Oleta, Yaletha.

OLGA (*ESCANDINAVO*) ALEGRÍA. Olenka, Olia, Olva.

OLIANA (*POLINESO*) ADELFA.

OLINA (*HAWAIANO*) LLENA DE FELICIDAD.

OLINDA (*GRIEGO*) FORMA ALTERNATIVA DE YOLANDA. (*LATÍN*) ESENCIA. (*ESPAÑOL*) GUARDIANA DE SU PROPIEDAD.

OLISA (*AFRICANO*) DIOS.

OLIVIA (*LATÍN*) ÁRBOL DEL OLIVO. (*INGLÉS*) FORMA ALTERNATIVA DE OLGA. Alivia, Oliva, Olivi, Olva.

OLWEN (*GALÉS*) HUELLAS BLANCAS. Olwin.

OLYMPIA (*GRIEGO*) CELESTIAL. Olimpia.

OMA (*HEBREO*) REVERENCIA. (*ALEMÁN*) ABUELA. (*ÁRABE*) LA MÁS ALTA. FORMA FEMENINA DE OMAR.

OMAIRA (*ÁRABE*) ROJO. Omara, Omarah, Omari, Omaria.

OMEGA (*GRIEGO*) ÚLTIMA, FINAL. LINGÜÍSTICA: ÚLTIMA LETRA DEL ALFABETO GRIEGO.

ONA (*INGLÉS*) RÍO.

ONATHA (*IRAQUÍ*) HIJA DE LA TIERRA, ESPÍRITU DEL MAÍZ.

ONAWA (*AMERICANO NATIVO*) GRANDIOSO AMANECER. Onaja.

ONEIDA (*AMERICANO NATIVO*) ESPERADA CON IMPACIENCIA. Onida.

ONELLA (*HÚNGARO*) HELENA.

ONI (*AFRICANO*) NACIDA EN TIERRA SANTA. Onnie.

ONORA (*LATÍN*) HONORABLE. FORMA ALTERNATIVA DE HONORA. Onoria, Ornora.

OPA (*AMERICANO NATIVO*) LECHUZA.

OPAL (*HINDÚ*) PIEDRA PRECIOSA. Opalina.

ORA (*GRIEGO*) FORMA ALTERNATIVA DE AURA. (*LATÍN*) ORADORA. (*ESPAÑOL*) ORO. (*INGLÉS*) COSTA DEL MAR. Orah, Orra.

ORALIA (*FRANCÉS*) DORADA. Oralis, Oriel, Orielda, Oriena, Orlena.

OREA (*GRIEGO*) MONTAÑAS. Oreal, Oria, Oriah.

ORELA (*LATÍN*) ANUNCIACIÓN DE LOS DIOSES, ORÁCULO. Oreal, Orella, Oriel.

ORENDA (*IRAQUÍ*) PODER MÁGICO.

ORIANA (*LATÍN*) AMANECER. (*IRLANDÉS*) DORADA. Orania, Orelda, Oria, Orian, Orianna, Orieana.

ORINA (*RUSO*) IRENE. Orya.

ORINDA (*HEBREO*) ÁRBOL DE PINO. (*IRLANDÉS*) DE PIEL BLANCA. FORMA FEMENINA DE OREN. Orenda.

ORINO (*JAPONÉS*) CAMPO DE TRABAJADORES. Ori.

ORIOLA (*LATÍN*) DORADA. PÁJARO DE COLOR NEGRO CON DORADO. Oriol, Oriole.

ORLA (*IRLANDÉS*) MUJER DORADA. Orlie, Orly.

ORLANDA (*ALEMÁN*) FAMOSA ALREDEDOR DE LA TIERRA. FORMA FEMENINA DE ORLANDO. Orlandia, Orlenda, Orlinda.

ORLENDA (*RUSO*) ÁGUILA.

ORLI (*HEBREO*) LUZ. Orly.

ORMANDA (*LATÍN*) NOBLE. (*ALEMÁN*) MARINERO, HOMBRE DE MAR. Horma.

ORNICE (*HEBREO*) ÁRBOL DE CEDRO. (*IRLANDÉS*) PÁLIDO, COLOR OLIVO. Orna, Ornah.

ORPAH (*HEBREO*) MÁS ALLÁ. Orpa, Orpha.

ORQUÍDEA (*ESPAÑOL*) FLOR DE LA ORQUÍDEA. Orquidia.

ORSA (*GRIEGO*) FORMA ALTERNATIVA DE ÚRSULA. (*LATÍN*) PARECIDO A UN OSO. Orsel, Orselina, Orsola.

ORTENSIA (*ITALIANO*) FORMA ALTERNATIVA DE HORTENSIA.

ORVA (*FRANCÉS*) DORADA. (*INGLÉS*) VALIENTE AMIGO.

OSANNA (*LATÍN*) ALABANZA A DIOS.

OSEN (*JAPONÉS*) MIL.

OSMA (*INGLÉS*) DIVINA PROTECTORA. Ozma.

OTILIA (*CHECO*) HEROÍNA CON SUERTE. Otila, Otylia.

OVIA (*LATÍN*, *DANÉS*) HUEVO.

OWENA (*GALÉS*) NACIDA PARA LA NOBLEZA. FORMA FEMENINA DE OWEN.

OZ (*HEBREO*) INTENSA.

OZARA (*HEBREO*) TESORO, RIQUEZA.

P

PACA (*ESPAÑOL*) DIMINUTIVO DE FRANCISCA, FORMA ALTERNATIVA DE PANCHA. Paka.

PADMA (*HINDÚ*) FLOR DE LOTO.

PAGE (*FRANCÉS*) JOVEN ASISTENTE. Padget, Pagen, Pagi.

PAIGE (*INGLÉS*) MUCHACHITA. Payge.

PAITON (*INGLÉS*) PUEBLO DE GUERREROS. Paiyton, Paten, Patton.

PAKA (*SUAHILI*) GATITA.

PALILA (*POLINESO*) PÁJARO.

PALLAS (*GRIEGO*) DESEO. MITOLOGÍA: OTRO NOMBRE OTORGADO A ATHENEA, DIOSA DE LA MAGIA.

PALMA (*LATÍN*) PALMERA. Pallma, Palmira.

PALOMA (*ESPAÑOL*) PALOMA, PICHÓN. Palloma, Palometa.

PAMELA (*GRIEGO*) MIEL. Pam, Pamelia, Pamelina, Pammy.

PANCHA (*ESPAÑOL*) LIBRE, ORIGINARIA DE FRANCIA. FORMA FEMENINA DE PANCHO. Paca, Panchita.

PANDITA (*HINDÚ*) ESCOLAR.

PANDORA (*GRIEGO*) REGALO DIVINO. MITOLOGÍA: JOVEN MUJER QUE RECIBIÓ MUCHOS REGALOS DE LOS DIOSES COMO BELLEZA, MAGIA Y CREATIVIDAD. Pandorah, Pandorra, Pandy.

PANSY (*GRIEGO*) FLOR, FRAGANCIA. (*FRANCÉS*) PENSANTE. Pansie.

PANTHEA (*GRIEGO*) TODOS LOS DIOSES. Pantheia.

PANYA (*SUAHILI*) RATÓN. BEBECITO. Panyia.

PAOLA (*ITALIANO*) PEQUEÑA. Paoli, Paolina, Paula.

PARI (*PERSA*) ÁGUILA.

PARIS (*FRANCÉS*) GEOGRAFÍA: CAPITAL DE FRANCIA. MITOLOGÍA: PRÍNCIPE TROYANO QUIEN EMPEZÓ LA GUERRA DE TROYA AL ABJUDICAR A HELENA. Paries, Parisa, Parish.

PARTHENIA (*GRIEGO*) VIRGINAL. Parthinia, Pathina.

PARVENEH (*PERSA*) MARIPOSA.

PASHA (*GRIEGO*) MAR. Palasha, Pascha, Pasia, Passia.

PASIÓN (*LATÍN*) APASIONADA. Pashion, Passion.

PASUA (*SUAHILI*) NACIDA BAJO EL IMPERIO DEL CÉSAR.

PAT (*LATÍN*) FORMA CORTA DE PATRICIA, PATSY.

PATRICIA (*MEXICANO, LATÍN*) MUJER DE LA NOBLEZA. FORMA FEMENINA DE PATRICK. Pat, Patrica, Patrisha, Patrishia, Patrisia, Patrizia, Patsy, Patty, Tricia, Trisha, Trissa.

PAULA (*LATÍN*) PEQUEÑA. FORMA FEMENINA DE PAUL. Paola, Paulette, Paulina.

PAULINA (*ESLAVO*) FORMA ALTERNATIVA DE PAULA. Paulenia, Pawlina, Polinia.

PAUSHA (*HINDÚ*) MES LUNAR DE CAPRICORNIO.

PAXTON (*LATÍN*) PUEBLO PACÍFICO. Paxtin.

PAZ (*ESPAÑOL*) PAZ.

PAZIA (*HEBREO*) DORADA. Paz, Paza, Pazit.

PEGGY (*GRIEGO*) FORMA FAMILIAR DE MARGARITA. Peg, Pegg, Peggi, Pegi.

PELAGIA (*GRIEGO*) MAR. Pelga, Pelgia.

PELIPA (*AMERICANO NATIVO*) FORMA ALTERNATIVA DE FILIPA.

PENDA (*SUAHILI*) AMADA.

PENÉLOPE (*GRIEGO*) TEJEDORA. MITOLOGÍA: LA LEAL ESPOSA DE ODISEO, HÉROE DE GRECIA.

PENINAH (*HEBREO*) PERLA. Penina, Penny.

PEONY (*GRIEGO*) FLOR. Peonie.

PEPITA (*ESPAÑOL*) DIMINUTIVO DE JOSEFINA. Pepa, Pepi, Pepy, Peta.

PERAH (*HEBREO*) FLOR.

PERDITA (*LATÍN*) PERDIDA. Perdy.

PERFECTA (*ESPAÑOL*) SIN FALLA.

PERI (*GRIEGO*) HABITANTE DE LA MONTAÑA. Perita.

PERLA (*LATÍN*) JOYA. Pearla.

PERNELLA (*GRIEGO*, *FRANCÉS*) ROCA, VIAJERA. (*FRANCÉS*) ÁRBOL DE PERA. (*GALÉS*) HIJA DE HARRY. Perre, Perry.

PERSIS (*LATÍN*) ORIGINARIA DE PERSIA. Persy.

PETRA (*GRIEGO*, *LATÍN*) PIEDRA PEQUEÑA. FORMA CORTA DE PETRONILA. Petrona, Petronela, Petronilla.

PÉTULA (*LATÍN*) QUE BUSCA. Petulah.

PETUNIA (*AMERICANO NATIVO*) FLOR.

PHILANA (*GRIEGO*) AMANTE DE LA HUMANIDAD. Phila, Philanna.

PHILANTHA (*GRIEGO*) AMANTE DE LAS FLORES.

PHILIPPA (*GRIEGO*) AMANTE DE LOS CABALLOS. Phil, Philipa, Phillipina, Pippa.

PHILOMENA (*GRIEGO*) CANCIÓN DE AMOR. Philomina, Filomena.

PHOEBE (*GRIEGO*) RESPLANDOR. Pheobe.

PIA (*ITALIANO*) DEVOTA.

PIEDAD (*ESPAÑOL*) DEVOTA, PIADOSA.

PILAR (*ESPAÑOL*) PILAR, COLUMNA. RELIGIÓN: SE BRINDAN HONORES A LA VIRGEN MARÍA QUIEN ES EL PILAR DE LA IGLESIA CATÓLICA. Pillar.

PING (*CHINO*) HIERBA. (*VIETNAMITA*) PACÍFICA.

PINGA (*HINDÚ*) BRONCE, OSCURA.

PITA (*AFRICANO*) LA CUARTA HIJA.

PLÁCIDA (*LATÍN*) SERENA. Placidia.

POLLY (*LATÍN*) FORMA FAMILIAR DE PAULA. Pali, Pauli, Poll.

POLLYAM (*HINDÚ*) DIOSA DE LA PLAGA. RELIGIÓN: NOMBRE HINDÚ CON QUE SE INVOCA A LOS MALOS ESPÍRITUS.

POMONA (*LATÍN*) MANZANA. MITOLOGÍA: DIOSA DE LAS FRUTAS Y LOS ÁRBOLES FRUTALES.

PONI (*AFRICANO*) SEGUNDA HIJA.

PORA (*HEBREO*) FRUTAL.

PORTIA (*LATÍN*) PROPUESTA. Porcha, Porscha, Porsha.

PRECIOSA (*FRANCÉS*) HERMOSA, PRECIOSA, QUERIDA. Precisha.

PRIMA (*LATÍN*) PRIMERA, PRIMOGÉNITA, COMIENZO, PRINCIPIO. Prema, Primalia, Primina.

PRIMAVERA (*ITALIANO, ESPAÑOL*) PRIMAVERA.

PRINCESA (*INGLÉS*) HIJA DE LA REALEZA. Princess, Princessa, Princetta.

PRISCILLA (*LATÍN*) ANTIGUA. Prescilla, Presilla, Pris, Prisca, Priscila, Prisila.

PRIYA (*HINDÚ*) AMADA, DULCE POR NATURALEZA. Pria.

PROCOPIA (*LATÍN*) DECLARADA LÍDER.

PROMESA (*LATÍN*) PROMESA, PLEGADO. Promis, Promise.

PRUDENCIA (*LATÍN*) CAUTELOSA, DISCRETA. Pru, Prudy.

PRUNELLA (*LATÍN*) CAFÉ, CIRUELITA. Prunela.

PUA (*HAWAIANO*) FLOR.

PUALANI (*HAWAIANO*) FLOR CELESTIAL. Puni.

PURA (*INGLÉS*) PUREZA. Pureza, Purisima.

PYRALIS (*GRIEGO*) FUEGO.

Q

QADIRA (*ÁRABE*) PODEROSA. Kadira.

QAMRA (*ÁRABE*) LUNA. Kamra.

QITARAH (*ÁRABE*) FRAGANCIA.

QUARTILLA (*LATÍN*) CUARTA. Quantilla.

QUBILAH (*ÁRABE*) AGRADABLE.

QUEEN (*INGLÉS*) REYNA. Queena, Quenna.

QUENBY (*ESCANDINAVO*) FEMENINA.

QUERIDA (*ESPAÑOL*) AMADA.

QUESTA (*FRANCÉS*) INVESTIGADORA.

QUETA (*ESPAÑOL*) FORMA CORTA DE LOS NOMBRES QUE TERMINAN CON QUETA. Quetta, Keta.

QUINBY (*ESCANDINAVO*) ESTADO DE LA REINA.

QUINCY (*IRLANDÉS*) QUINTA. Quincey, Quinci, Quincia.

QUINELLA (*LATÍN*) FORMA ALTERNATIVA DE QUINTANA.

QUINTANA (*LATÍN*) QUINTA. (*INGLÉS*) CÉSPED REAL. Quinetta, Quinta, Quintara.

QUINTESSA (*LATÍN*) ESENCIA. Quintesa, Quintosha.

QUITERIE (*FRANCÉS*) TRANQUILA.

R

RABECCA (*HEBREO*) FORMA ALTERNATIVA DE REBECCA. Rebecka, Rabeca, Rabekah.

RABI (*ÁRABE*) BRISA. Rabia, Rabiah.

RACHEL (*HEBREO*) BORREGUITA. Racha, Rachael, Racha, Rachela, Ruchel.

RADELLA (*ALEMÁN*) CONSEJERA.

RADEYAH (*ÁRABE*) CONTENTA, SATISFECHA. Radiyah.

RADINKA (*ESLAVO*) LLENA DE VIDA, FELIZ, CONTENTA.

RADMILLA (*ESLAVO*) TRABAJA POR LA GENTE.

RADWA (*ÁRABE*) GEOGRAFÍA: MONTAÑA EN ARABIA SAUDITA.

RAE (*INGLÉS*) CONEJA. (*HEBREO*) FORMA CORTA DE RAQUEL. Raeh, Ray, Raye, Rey.

RAEDEN (*JAPONÉS*) MITOLOGÍA: DIOS DEL RAYO. Raeda.

RAFA (*ÁRABE*) FELIZ, PRÓSPERA.

RAFAELA (*HEBREO*) MANDADA POR DIOS. BIBLIA: RAFAEL ES UNO DE LOS CUATRO ARCÁNGELES. Rafaelia, Rafaella.

RAGNILD (*ESCANDINAVO*) MITOLOGÍA: DIOSA DE LA GUERRA. Ragna, Renilda.

RAHEEM (*PENJABO*) COMPASIÓN DE DIOS. Raheema, Rahima.

RAIDAH (*ÁRABE*) LÍDER.

RAINA (*ALEMÁN*) QUIEN PERMITE O PUEDE. Raena, Rain, Rainah.

RAINBOW (*INGLÉS*) ARCOIRIS. Rainbo.

RAJÁ (*ÁRABE*) ESPERANZA. Raia, Rajah.

RAKU (*JAPONÉS*) FAVORABLE.

RAMA (*HEBREO*) EXALTADA. (*HINDÚ*) COMO DIOS. RELIGIÓN: OTRO NOMBRE DADO A LA DIOSA SHIVA. Ramah.

RAMAN (*ESPAÑOL*) FORMA ALTERNATIVA DE RAMONA.

RAMLA (*SUAHILI*) AFORTUNADA. Ramlah.

RAMONA (*ESPAÑOL*) PODEROSA, SABIA. Raman, Ramonda, Romonda.

RAN (*JAPONÉS*) LILA ACUÁTICA. (*ESCANDINAVO*) DESTRUCTORA. MITOLOGÍA: DIOSA DEL MAR QUIEN DESTRUÍA.

RANA (*SÁNSCRITO*) REAL. (*ÁRABE*) GUAPA. Rahna, Rani.

RANAIT (*IRLANDÉS*) LLENA DE GRACIA, PRÓSPERA. Rane, Renny.

RANDALL (*INGLÉS*) PROTEGIDA. Randa, Randah, Randal, Randel, Randi.

RANE (*ESCANDINAVO*) REINA. Raine.

RANI (*SÁNSCRITO*) REINA. (*HEBREO*) ALEGRE. Rahni, Raney, Rania.

RANITA (*HEBREO*) CANCION, ALEGRÍA. Ranata, Ranit, Ronita.

RAPA (*HAWAIANO*) CLARO DE LUNA.

RAQUEL (*FRANCÉS*) BORREGUITA. BIBLIA: ESPOSA DE JACOB. Rakel, Rachel, Raquella, Riquel.

RASHA (*ÁRABE*) JOVEN GACELA. Rahshia, Rashi.

RASHIDA (*TURCO*) RECTA. Rashidah, Rashidi.

RASIA (*GRIGO*) ROSA.

RATANA (*TAILANDÉS*) CRISTAL. Ratania, Rattan, Rattana.

RATRI (*HINDÚ*) NOCHE.

RAULA (*FRANCÉS*) LOBA. FORMA FEMENINA DE RAÚL. Raoula, Raulla.

RAVEN (*INGLÉS*) CUERVO. Ravena, Ravenn, Ravin, Revena.

RAYA (*HEBREO*) AMIGO. Raia, Raiah, Ray, Rayah.

RAYNA (*ESCANDINAVO*) PODEROSA. (*JUDÍO*) PURA, LIMPIA. (*INGLÉS*) CONSEJERO DEL REY. Raynah, Rayne, Rayona, Reyna.

RAYYA (*ÁRABE*) CORTA.

RAZI (*ARAMEO*) SECRETA. Raz, Razia, Raziah.

RAZIYA (*SUAHILI*) AGRADABLE.

REA (*GRIEGO*) FLOR MASCOTA. Reah.

REBA (*HEBREO*) CUARTA EN NACER. Rabah, Rheba.

REBECA (*HEBREO*) AÑEJA, ANTIGUA, OBLIGADA. BIBLIA: ESPOSA DE ISAAC. Rebecca, Rebbeca, Rebecah, Reba, Rebecha, Rebecka.

REGINA (*LATÍN*) REINA. (*INGLÉS*) CONSEJERO DEL REY. Raina, Rega, Regena, Reginia, Reina.

REI (*JAPONÉS*) POLÍTICA, BIEN PORTADA, DE BUENA CONDUCTA. Reiko.

REINA (*ESPAÑOL*) ESPOSA DEL REY. Reinah, Reinna, Renia.

REKHA (*HINDÚ*) LÍNEA DELGADA. Reka, Rekia.

REMEDIOS (*ESPAÑOL*) REMEDIO.

REN (*JAPONÉS*) ORGANIZADA, FLOR DE LOTO.

RENA (*HEBREO*) CANCIÓN, JÚBILO. Renata, Rina, Rinnah.

RENATA (*FRANCÉS*) NACIDA OTRA VEZ. Ranata, Rena, Renada, Renatta, Renita, Rinata.

RESEDA (*ESPAÑOL*) FRAGANCIA.

RESI (*ALEMÁN*) FAMILIAR DE TERESA. Resia, Reza, Rezi.

RETA (*AFRICANO*) MOVIDA. Retta, Rheta.

REVA (*LATÍN*) REVIVIDA. (*HEBREO*) LLUVIA. Revia, Revida.

REXANNE (*AMERICANO*) REINA. Rexan, Rexana.

REYHAN (*TURCO*) DULCE AROMA DE FLORES.

REYNA (*GRIEGO*) PACÍFICA, TRANQUILA. Reina, Reynaya, Reyni.

REYNALDA (*ALEMÁN*) CONSEJERO DEL REY. FORMA FE-MENINA DE REYNALDO.

REZ (*GRIEGO*) DE CABELLO COLOR COBRIZO.

RHEA (*GRIEGO*) ARROYO, RÍO. MITOLOGÍA: LA MADRE DE ZEUS. Rhia.

RHODA (*GRIEGO*) ORIGINARIA DE RODAS. Roda, Rodi, Rodina.

RHONA (*ESCOCÉS*) PODEROSA.

RHONDA (*GALÉS*) IMPRESIONANTE, GRANDIOSA. Ronda.

RIA (*ESPAÑOL*) RÍO. Riah.

RICA (*ESPAÑOL*) FORMA CORTA DE ERICA, FEDERICA, SAN-DRICA. Ricca.

RICARDA (*ESPAÑOL*) RICA Y PODEROSA, QUIEN LLEVA EL MANDO. FORMA FEMENINA DE RICARDO. Rica, Richarda, Ricki.

RICHAEL (*IRLANDÉS*) SANTA.

RIDA (*ÁRABE*) FAVORECIDA POR DIOS.

RIHANA (*ÁRABE*) ALBAHACA DULCE. Rhiana, Riana, Rianna.

RIKA (*SUECO*) REGLA. Ricka.

RILEY (*IRLANDÉS*) VALIENTE. Rielly, Riely, Rilie.

RILLA (*ALEMÁN*) ARROYO PEQUEÑO.

RIMA (*ÁRABE*) ANTÍLOPE BLANCO. Rim, Ryma.

RIN (*JAPONÉS*) PARQUE. GEOGRAFÍA: VALLE EN EL JAPÓN. Rini, Rynn.

RINAH (*HEBREO*) ALEGRÍA. Rina.

RIONA (*IRLANDÉS*) SANTA.

RISA (*LATÍN*) RISUEÑA. Resa.

RISHA (*HINDÚ*) NACIDA BAJO EL MES LUNAR DE TAURO. Rishah, Rishay.

RISHONA (*HEBREO*) PRIMERA. Rishina, Rishon.

RITA (*SÁNSCRITO*) VALIENTE, HONESTA. (*GRIEGO*) FORMA CORTA DE MARGARITA.

RIVER (*LATÍN*) RÍO. Rivana, Rivers.

ROBERTA (*INGLÉS*) FAMOSA, BRILLANTE. FORMA FEMENINA DE ROBERTO. Roba, Robbi, Roben, Robina, Robinia, Robinta.

ROBIN (*INGLÉS*) PETIRROJO. Robbin, Roben, Robina, Robinta

ROCÍO (*ESPAÑOL*) GOTITA DE ROCÍO.

RODERICA (*ALEMÁN*) FAMOSA MANDATARIA. Rica, Rodericka, Rodrika.

ROHANA (*HINDÚ*) SÁNDALO. Rochana.

ROHINI (*HINDÚ*) MUJER.

ROLANDA (*ALEMÁN*) FAMOSA ALREDEDOR DE LA TIERRA. Rolonda.

ROMA (*LATÍN*) ORIGINARIA DE ROMA. Romah, Romal.

ROMY (*FRANCÉS*) ROSAMARÍA. Romi, Romie.

RORI (*IRLANDÉS*) FAMOSA, BRILLANTE. Rorie.

ROSA (*MEXICANO, ITALIANO, ESPAÑOL*) FLOR DE LA ROSA. Rose, Rosi, Rosina, Rosita, Roze.

ROSABEL (*FRANCÉS*) HERMOSA ROSA. Rosabelia, Rosabella.

ROSALBA (*LATÍN*) ROSA BLANCA. Rosalva, Roselba.

ROSALÍA (*INGLÉS*) ROSA PÁLIDA. Rosalea, Rosalie, Rosely, Rosie, Rozele.

ROSALINDA (*ESPAÑOL*) ROSA PÁLIDA. Rose, Rosalind, Rozland.

ROSANA (*INGLÉS*) COMBINACIÓN DE ROSA + ANA. Ranna, Rossanah, Rozana.

ROSARIO (*FILIPINO, ESPAÑOL*) ROSARIO. Rosarah, Rosaria, Rosaura.

ROSHAN (*SÁNSCRITO*) LUZ BRILLANTE.

ROSSALINA (*ESCOCÉS*) CABO. Rosylin, Rossalyn.

ROWAN (*INGLÉS*) ÁRBOL CON MORAS ROJAS. Rowana.

ROWENA (*GALÉS*) DE CABELLO PÁLIDO. (*INGLÉS*) AMIGA FAMOSA.

ROXANA (*PERSA*) AMANECER. Rocsana, Roxan, Roxanna, Roxanah, Roxy.

ROYANNA (*INGLÉS*) DE LA REINA, REAL. FORMA FEMENINA DE ROY. Roya.

RUANA (*HINDÚ*) INSTRUMENTO MUSICAL. Ruan, Ruon.

RUBÍ (*FRANCÉS*) PIEDRA PRECIOSA. Rubby, Rubey, Rubi.

RUCHI (*HINDÚ*) QUIEN DESEA CUMPLIR DESEOS.

RUE (*ALEMÁN*) FAMOSA. (*FRANCÉS*) CALLE. (*INGLÉS*) HIERBA DE OLOR.

RUFINA (*ITALIANO*) CABEZA ROJA. Ruffina, Ruphina.

RUI (*JAPONÉS*) AFICIONADA.

RUKAN (*ÁRABE*) CONFIDENTE.

RUNA (*NORUEGO*) SECRETO. Runna.

RUPINDER (*SÁNSCRITO*) HERMOSA.

RURI (*JAPONÉS*) ESMERALDA. Ruriko.

RUSALKA (*CHECO*) NINFA (*RUSO*) SIRENA.

RUTH (*HEBREO*) AMISTAD. BIBLIA: AMIGA DE NAOMI. Rutha, Ruthie.

RUTHANN (*AMERICANO*) COMBINACIÓN DE RUTH + ANA. Ruthan, Ruthana.

RUZA (*CHECO*) ROSA. Ruzena, Ruzenka, Ruzha.

RYBA (*CHECO*) PEZ.

RYO (*JAPONÉS*) DRAGÓN. Ryoko.

S

SAARAH (*ÁRABE*) PRINCESA.

SABA (*ÁRABE*) MAÑANA. Sabaah, Sabah, Sabba, Sabbah.

SABI (*ÁRABE*) JOVENCITA.

SABINA (*LATÍN*) HISTORIA: SABINA FUE UNA ANTIGUA TRIBU EN ITALIA. Sabin, Sabinka, Saby, Savina, Sebina.

SABIYA (*ÁRABE*) MAÑANA, VIENTO DEL ESTE. Saba, Sabiyah.

SABRA (*HEBREO*) CACTUS. Sabrah, Sabria.

SABRINA (*LATÍN*) LÍNEA FRONTERIZA, LÍMITE. (*INGLÉS*) PRINCESA. Sabrinas, Sabrinah, Sabrinia.

SACHI (*JAPONÉS*) BENDITA, SUERTUDA.

SADA (*JAPONÉS*) CASTA. Sadako.

SADHANA (*HINDÚ*) DEVOTA.

SADIRA (*PERSA*) ÁRBOL DE LOTO. (*ÁRABE*) ESTRELLA. Sadra.

SADIYA (*ÁRABE*) AFORTUNADO, SUERTUDO. Sadi, Sadia, Sadiyah.

SAFIRO (*ÁRABE*) PIEDRA PRECIOSA COLOR AZUL. Safron.

SAFIYA (*ÁRABE*) PURA, SERENA, MEJOR AMIGA. Safa, Safiyah.

SAGARA (*HINDÚ*) OCÉANO.

SAHARA (*ÁRABE*) DESIERTO, SALVAJE. Sahar, Saharah, Sahari.

SAI (*JAPONÉS*) TALENTOSA. Saiko.

SAKAE (*JAPONÉS*) PRÓSPERA.

SAKARI (*HINDÚ*) DULCE. Sakkara.

SAKI (*JAPONÉS*) MANTO, LICOR DE ARROZ.

SAKTI (*HINDÚ*) ENERGÉTICA.

SAKUNA (*AMERICANO NATIVO*) PÁJARO.

SAKURA (*JAPONÉS*) CEREZA, ADINERADA, PRÓSPERA.

SALAMA (*ÁRABE*) PACÍFICA.

SALIMA (*ÁRABE*) SEGURA, SANA. Salim, Salma.

SALINA (*FRANCÉS*) SOLEMNE, DIGNA. Salinah, Salin, Salinda.

SALLY (*INGLÉS*) PRINCESA. Sal, Salli, Sallie.

SALOMÉ (*HEBREO*) PACÍFICA, TRANQUILA. BIBLIA: LA HER-MANA DEL REY HERODES. Salomey, Salomi.

SALVADORA (*ESPAÑOL*) SALVADORA. FORMA FEMENINA DE SALVADOR.

SALVIA (*ESPAÑOL*) SALUD, SALVADA. Salviana, Salvina.

SAMALA (*HEBREO*) PEDIDA POR DIOS. Sammala.

SAMANTHA (*ARAMEO*) QUIEN ESCUCHA. (*HEBREO*) DICHO POR DIOS. Sam, Samanthia, Samanthah, Sami, Samy.

SAMARA (*LATÍN*) HOJA DE ÁRBOL O ARBUSTO. Samaira, Samar, Samarah, Samira.

SAMEH (*HEBREO*) LA QUE ESCUCHA. (*ÁRABE*) LA QUE PERDONA. Same.

SAMIRA (*ÁRABE*) LA QUE ENTRETIENE. Samirah, Samiria.

SAMUELA (*HEBREO*) A QUIEN DIOS ESCUCHA O DEMANDA. FORMA FEMENINA DE SAMUEL. Samala, Sami, Samuelle.

SANA (*ÁRABE*) CIMA DE LA MONTAÑA, ESPLÉNDIDA, BRILLANTE. Sanah.

SANCIA (*ESPAÑOL*) BENDITA, SAGRADA. Sachia, Sanzia.

SANDRA (*GRIEGO*) DEFENSORA DE LA HUMANIDAD. Sandira, Sandria, Sandy, Saundra.

SANTANA (*ESPAÑOL*) SANTA. Santa, Santena, Shantana.

SANTINA (*ESPAÑOL*) SANTITA. Santinia.

SANURA (*SUAHILI*) GATITA. Sanora.

SANYA (*SÁNSCRITO*) NACIDA EN SÁBADO. Sania.

SANYU (*AFRICANO*) FELICIDAD.

SAPATA (*AMERICANO NATIVO*) OSO DANZANTE.

SAPHIRO (*GRIEGO*) FORMA ALTERNATIVA DE SAFIRO. Saphira, Saphire.

SARAH (*ÁRABE*) PRINCESA. BIBLIA: ESPOSA DE ABRAHAM Y MADRE DE ISAAC. Sahra, Sara, Saraha, Sarahi, Sarana.

SARILA (*TURCO*) CASCADA.

SASHA (*RUSO*) DEFENSORA DE LA HUMANIDAD. Sacha, Sashah, Sashay, Sashi.

SASS (*IRLANDÉS*) SAXOFÓN. Sassy.

SATIN (*FRANCÉS*) SUAVE, TERSO, BRILLANTE. Satinder.

SATINKA (*AMERICANO NATIVO*) BAILARÍN SAGRADO.

SATO (*JAPONÉS*) AZÚCAR. Satu.

SAURA (*HINDÚ*) SOL ADORADO. ASTROLOGÍA: NACIDA BAJO EL SIGNO DE LEO.

SAYO (*JAPONÉS*) NACIDA EN LA NOCHE.

SCARLET (*INGLÉS*) FORMA ALTERNATIVA DE ESCARLATA, ROJO BRILLANTE. Scarlette, Escarlet, Escarlata.

SEBASTIANA (*GRIEGO*) VENERABLE, (*LATÍN*) VENERADA. (*FRANCÉS*) FORMA FEMENINA DE SEBASTIÁN. Sebastia.

SEBLE (*ETÍOPE*) OTOÑO.

SECUNDA (*LATÍN*) SEGUNDA.

SEDA (*ARMENIO*) VOCES PROVENIENTES DEL BOSQUE.

SEDNA (*ESQUIMAL*) BIEN ALIMENTADA. MITOLOGÍA: DIOSA DE LOS ANIMALES DEL OCÉANO.

SEKI (*JAPONÉS*) MARAVILLOSA. Seka.

SELAM (*ETÍOPE*) PACÍFICA.

SELDA (*ALEMÁN*) FORMA CORTA DE GRISELDA. (*JUDÍO*) FORMA ALTERNATIVA DE ZELDA. Seldah. Sellda, Selldah.

SELENA (*GRIEGO*) FORMA ALTERNATIVA DE SELENE. Selena, Sela, Selana, Selen, Selene, Seleneh, Celene.

SELENE (*GRIEGO*) LUNA. MITOLOGÍA: SELENE ERA LA DIOSA DE LA LUNA. Seleni, Selenie, Seleny.

SELIMÁ (*HEBREO*) PACÍFICA, TRANQUILA. FORMA FEMENINA DE SALOMÓN. Selema, Selemah.

SELMA (*ALEMÁN, ESCANDINAVO*) DIVINA PROTECTORA. (*IRLANDÉS*) JUSTA, HONESTA, RECTA (*ÁRABE*) SEGURA DE SÍ MISMA. FORMA FEMENINA DE ANSELMO.

SEMA (*TURCO*) CIELO, PRESAGIO DIVINO. Semaj.

SEN (*JAPONÉS*) MITOLOGÍA: BOSQUE MÁGICO.

SENALDA (*ESPAÑOL*) SEÑAL. Sena, Sendra, Senda.

SENECA (*IRAQUÍ*) NOMBRE DE UNA TRIBU. Senaka, Seneka, Senequa.

SÉPTIMA (*LATÍN*) SÉPTIMA.

SERAFINA (*MEXICANO*) ÁNGEL. (*HEBREO*) LLAMA AR-DIENTE. BIBLIA: SERAFÍN ES EL MÁS ALTO ORDEN DE LOS ÁNGELES. Sarafina, Seraphin, Seraphina, Serapia.

SERENA (*LATÍN*) PACÍFICA. Sarina, Serina.

SERENIDAD (*LATÍN*, *MEXICANO*) SERENA, TRANQUILA. Serenity.

SERILDA (*GRIEGO*) MUJER GUERRERA.

SEVILLA (*ESPAÑOL*) ORIGINARIA DE SEVILLA.

SHABA (*ESPAÑOL*) ROSA. Shabana.

SHADA (*AMERICANO NATIVO*) PELÍCANO. Shaida.

SHAFIRA (*SUAHILI*) DISGUSTADA. Shaffira.

SHAHAR (*ÁRABE*) LUZ DE LUNA. Shahara.

SHAHINA (*ÁRABE*) HALCÓN. Shahi, Shahin.

SHAHLA (*AFGANO*) OJOS HERMOSOS. Shaila, Shailah, Shalah.

SHAINA (*JUDÍO*) HERMOSA. Shainna, Sheina.

SHAKILA (*ÁRABE*) BONITA. Chakila, Shaka.

SHAKIRA (*ÁRABE*) AGRADECIDA. Shaakira, Shacora, Shakir, Shakirah, Shakirra, Shaquira, Shikira.

SHAMARA (*ÁRABE*) LISTA PARA LA BATALLA. Shamar, Shamarah, Shamari.

SHAMIRA (*HEBREO*) PIEDRA PRECIOSA. FORMA FEMENINA DE SHAMIR. Shamir, Shamiran.

SHANA (*HEBREO*) DIOS ES GRACIA. (*IRLANDÉS*) JUANA. Shanna, Shan, Shanna.

SHANI (*SUAHILI*) MARAVILLOSA.

SHANLEY (*IRLANDÉS*) PEQUEÑA HEROÍNA. Shanlie, Shanly.

SHANNON (*IRLANDÉS*) PEQUEÑA Y SABIA. Shanan, Shann, Shanon.

SHANTEL (*AMERICANO*) CANCIÓN. Shanta, Shantal, Shante, Shentel, Shontel.

SHANY (*SUAHILI*) MARAVILLOSA. Shanii, Shanya.

SHAPPA (*AMERICANO NATIVO*) RELÁMPAGO ROJO.

SHARAN (*HINDÚ*) PROTECTORA. Sharanda.

SHARI (*FRANCÉS*) AMADA, QUERIDA. (*HÚNGARO*) FORMA ALTERNATIVA DE SARAH. Shara, Sharia, Shariah, Sharian, Sharra.

SHARLOTTE (*AMERICANO*) FORMA DE CARLOTA. Sharlott, Sharlotta.

SHARON (*HEBREO*) DESIERTO. Shaaron, Shara, Sharan, Shari, Sharone, Sheren.

SHATARA (*HINDÚ*) SOMBRILLA. (*ÁRABE*) BUENA, TRABAJADORA. Shatari, Shataria, Shatera, Shateria.

SHAUNA (*HEBREO*) DIOS ES GRACIA. Shaunda, Shaunta, Shawnda.

SHEA (*IRLANDÉS*) PALACIO DE HADAS. Shay.

SHEENA (*HEBREO*) DIOS ES GRACIA. Sheina, Shena, Shiona.

SHEILA (*IRLANDÉS*) CECILIA. (*LATÍN*) CIEGA. Seila, Seia, Shaila, Sheilah, Sheilia, Shela.

SHERA (*ARAMEO*) LUZ. Sheera, Sherah, Sheray.

SHERIDAN (*IRLANDÉS*) SALVAJE. Sherida, Sheridian.

SHERIKA (*PENJABO*) PARIENTA. (*ÁRABE*) ORIENTAL.

SHERRY (*FRANCÉS*) LA MÁS AMADA O QUERIDA. Sherey, Sheri, Sherri.

SHERYL (*FRANCÉS*) AMADA. Sharel, Sheril, Sherril.

SHIFRA (*HEBREO*) HERMOSA. Schifra, Shrifah.

SHIKA (*JAPONÉS*) AMABLE CIERVO. Shi, Shikah, Shikhah.

SHILO (*HEBREO*) REGALO DE DIOS. GEOGRAFÍA: SITIO CERCANO A JERUSALEM. Shiloh.

SHIVANI (*HINDÚ*) VIDA Y MUERTE. Shiva, Shivana.

SHIZU (*JAPONÉS*) SILENCIOSA. Shizue.

SHOSHANA (*HEBREO*) LILA. FORMA ALTERNATIVA DE SUSANA. Shosha, Shoshanna, Sosha, Soshana.

SHU (*CHINO*) GENTIL, AMABLE.

SHULA (*ÁRABE*) BRILLANTE, FLAMANTE. Shulah.

SIDONIA (*HEBREO*) SEDUCTORA. Sydonia.

SIDRA (*LATÍN*) ESTRELLITA. Sidrah, Sidras.

SIERRA (*IRLANDÉS*) NEGRA. Seirra, Siara, Siera, Sierrah.

SIGFREDA (*ALEMÁN*) VICTORIOSA. Sigfrida.

SIGMUNDA (*ALEMÁN*) PROTECTORA, VICTORIOSA. Sigmonda.

SIGRID (*ESCANDINAVO*) VICTORIOSA, CONSEJERA. Sigrit.

SIHU (*AMERICANO NATIVO*) FLOR.

SIKO (*AFRICANO*) BEBÉ QUE LLORA.

SILVIA (*LATÍN*) BOSQUE. Silivia, Silva, Sylvia.

SIMCHA (*HEBREO*) ALEGRÍA.

SIMONA (*HEBREO*) LA QUE ESCUCHA. (*FRANCÉS*) FORMA FEMENINA DE SIMÓN. Simmona, Simonetta, Simonia.

SINCLAIRE (*FRANCÉS*) ORADORA. RELIGIÓN: NOMBRE EN HONOR A SANTA CLARA. Sinclair.

SIRENA (*GRIEGO*) HECHICERA. MITOLOGÍA: CRIATURAS MITAD MUJER MITAD PEZ QUE CON SU CANTO HECHIZABAN A LOS MARINEROS OCASIONANDO QUE CHOCARAN EN LAS ROCAS CERCANAS. Sirene, Sirine, Syrena.

SISIKA (*AMERICANO NATIVO*) CANCIÓN DE PÁJARO.

SKYE (*ÁRABE*) DONADORA DE AGUA.

SLOANA (*IRLANDÉS*) GUERRERA. Sloan, Sloanne.

SOCORRO (*ESPAÑOL, MEXICANO*) AYUDANTE.

SOFÍA (*GRIEGO*) SABIA. Sofi, Soficita, Sofya,

SOLANA (*ESPAÑOL*) BRILLO DE SOL. Solanna, Soley, So-
lina, Solinda.

SOLEDAD (*ESPAÑOL*) SOLITARIA. Sole, Soleda.

SOMA (*HINDÚ*) LUNAR. ASTROLOGÍA: NACIDA BAJO EL SIGNO
DE CÁNCER.

SOMMER (*INGLÉS*) VERANO. (*ÁRABE*) NEGRO. Somara,
Somer.

SOOK (*COREANO*) PURA.

SOPHEARY (*CAMBOYANO*) MUCHACHA HERMOSA.

SOPHÍA (*GRIEGO*) SABIA. Sophie.

SORA (*AMERICANO NATIVO*) CANCIÓN DE PÁJARO, PIAR.

SORAYA (*PERSA*) PRINCESA. Suraya.

SPRING (*INGLÉS*) PRIMAVERA. Spryng.

STACEY (*GRIEGO*) RESURRECCIÓN. Stace, Staicy, Stasey,
Staci.

STARLA (*INGLÉS*) ESTRELLA. Starrla.

STARLING (*INGLÉS*) PÁJARO.

STEPHANIE (*GRIEGO*) CORONADA. FORMA FEMENINA DE ESTEBAN. Stefani, Stefanie, Stefania, Stephany.

STERLING (*INGLÉS*) VALORADA, MONEDA DE PLATA.

SUCHIN (*TAILANDÉS*) HERMOSO PENSAMIENTO.

SUGAR (*AMERICANO*) DULCE COMO EL AZÚCAR. Shug.

SUGI (*JAPONÉS*) ÁRBOL DE CEDRO.

SUKE (*HAWAIANO*) FORMA ALTERNATIVA DE SUSANA.

SUKI (*JAPONÉS*) LA AMADA. Sukie.

SUMATI (*HINDÚ*) UNIDAD.

SUMI (*JAPONÉS*) ELEGANTE, REFINADA. Sumiko.

SUN (*COREANO*) OBEDIENTE. Sundi, Sunya.

SUNEE (*TAILANDÉS*) BUENO. Suni.

SUN-HI (*COREANO*) BUENA, ALEGRE.

SUNNY (*INGLÉS*) BRILLANTE, ALEGRE. Sunni, Sunnie.

SUNSHINE (*INGLÉS*) RAYO DE SOL.

SURATA (*PAKISTANÍ*) JÚBILO.

SURYA (*PAKISTANÍ*) MITOLOGÍA: DIOS DEL SOL. Suria, Surra.

SUSANA (*HEBREO*) LILA. Susanah, Susane.

SUSETTE (*FRANCÉS*) FORMA FAMILIAR DE SUSANA. Susetta.

SUZU (*JAPONÉS*) CAMPANITA. Suzue, Suzuco.

SUZUKI (*JAPONÉS*) ÁRBOL DE CAMPANAS.

SYA (*CHINO*) VERANO.

SYBIL (*GRIEGO*) PROFETA. MITOLOGÍA: LOS SYBILS ERAN ORÁCULOS QUIENES RELATABAN LOS MENSAJES DE LOS DIOSES. Sib, Sibbie, Sibbill, Sibel, Sibyl.

SYDNEY (*FRANCÉS*) ORIGINARIA DE DENIS FRANCIA. Cidney, Sy, Syd, Sydel.

SYING (*CHINO*) ESTRELLA.

SYLVANA (*LATÍN*) BOSQUE. Silvana, Silvanna, Sylva.

SYLVIA (*LATÍN*) BOSQUE. Silvia.

SYREETA (*HINDÚ*) BUENAS COSTUMBRES. Syrrita.

T

TABATHA (*GRIEGO, ARAMEO*) GACELA. Tabathia, Tabbatha.

TABIA (*SUAHILI*) TALENTOSA. Tabea.

TABINA (*ÁRABE*) SEGUIDORA DE MOHAMED.

TABITHA (*GRIEGO, ARAMEO*) GACELA. Tabatha, Tabbi, Tabbitha, Tabiatha, Tabithia, Tabtha.

TÁCITA (*LATÍN*) SILENCIOSA. Taci, Tacey, Tacia, Taciana.

TADITA (*AMERICANO NATIVO*) CORREDORA. Tadeta, Tadra.

TAFFY (*GALÉS*) AMADA. Taffia, Tafia, Tafisa, Tafoya.

TAHIRA (*ÁRABE*) VIRGINAL, PURA. Tahera, Tahiara, Tahirah.

TAIMA (*AMERICANO NATIVO*) RELÁMPAGO RUIDOSO. Taimi, Taimia, Taimy.

TAJA (*HINDÚ*) CORONA. Taija, Tajah, Tahai, Teja.

TAKA (*JAPONÉS*) HONORABLE.

TAKARA (*JAPONÉS*) TESORO. Takarah, Takaria, Takarra, Takra.

TAKAYLA (*AMERICANO*) COMBINACIÓN DE TA + KAYLA. Takeyli.

TAKENYA (*HEBREO*) CUERNO DE ANIMAL. Takenia.

TAKI (*JAPONÉS*) CASCADA. Tiki.

TAKIA (*ÁRABE*) ADORADORA, DEVOTA. Takiya, Takkia, Takya, Tikia, Tykia.

TALA (*AMERICANO NATIVO*) LOBO ACECHANTE.

TALÍA (*GRIEGO*) FLORECER (*HEBREO*) ROCÍO DEL CIELO (*LATÍN, FRANCÉS*) CUMPLEAÑOS. Tahlia, Taleh, Taliah, Taliatha, Taliyah, Tallia, Tallya.

TALINA (*AMERICANO*) COMBINACIÓN DE TALIA + LINA. Talin, Talinda, Talyn.

TALITHA (*ÁRABE*) MUCHACHITA. Taletha, Talethia, Taliatha, Talita, Tiletha.

TALLIS (*FRANCÉS, INGLÉS*) BOSQUE. Talice, Talisa, Talise, Tallys.

TALLULAH (*AMERICANO NATIVO*) AGUA. Talula.

TAM (*VIETNAMITA*) CORAZÓN.

TAMA (*JAPONÉS*) JOYA. Tamaa, Tamah, Tamaiah, Tamala, Tema.

TAMAKA (*JAPONÉS*) BRAZALETE. Tamaki, Tamako, Timaka.

TAMAR (*HEBREO*) FORMA CORTA DE TAMARA. HITORIA: REINA GEORGIANA DEL SIGLO XX. Tamer, Tamor, Tamour.

TAMARA (*HEBREO*) PALMERA. Tamar, Tamarah, Tamaria, Tamarin, Tamarla, Tamarra, Tamarria, Tamarsha, Tamary, Tamera, Tamira, Tamma, Tammara, Tamora, Tamra, Tamura, Tamyra, Thama, Thamara.

TAMASSA (*HEBREO*) FORMA ALTERNATIVA DE TERESA.

TAMEKA (*ARAMEO*) GEMELA. Tameca, Tamecia, Tamecka, Temeka, Timeka, Tomeka, Timeka, Tomeka.

TAMIKO (*JAPONÉS*) NIÑA DE LA GENTE. Tami, Tamika, Tamiqua, Tamiyo, Tamikko.

TAMMY (*INGLÉS*) GEMELA. Tamlyn, Tammey, Tammi, Tamy, Tamya.

TANA (*ESLAVO*) FORMA ALTERNATIVA DE TANIA. Taina, Tanah, Tanara,Tanaz, Tanna, Tannah.

TANDY (*INGLÉS*) EQUIPO. Tanda, Tandi, Tandie, Tandra, Tandria.

TANEYA (*RUSO, ESLAVO*) FORMA ALTERNATIVA DE TANIA. Tanea, Taneah, Taneia.

TANI (*JAPONÉS*) VALLE. (*ESLAVO*) HACIA LA GLORIA. DIMINUTIVO DE TANIA. Tahni, Taney, Tanie, Tany.

TANIA (*RUSO, ESLAVO*) REINA HADA. Tani, Taniah, Tanika, Tanis, Tannia, Tannis, Tarnia.

TANIEL (*AMERICANO*) COMBINACIÓN DE TANIA Y DANIEL. Tanielle, Teniel, Teniele.

TANITH (*FENICIO*) MITOLOGÍA: DIOSA DEL AMOR. Tanitha.

TANNER (*INGLÉS*) LÍDER DE LOS TRABAJADORES, CURTI-DORA. Tannor.

TANSY (*GRIEGO*) INMORTAL. (*LATÍN*) TENAZ, PERSISTENTE. Tancy, Tansey, Tanshay.

TANYA (*RUSO*, *ESLAVO*) REINA DE LAS HADAS. Tana, Tanaya, Tania, Tanis, Taniya, Tanka, Tannis, Tannya, Tanoya, Tany, Tanyia, Thanya.

TAO (*CHINO*, *VIETNAMITA*) DURAZNO.

TARA (*ARAMEO*) CARGA (*IRLANDÉS*) COLINA DE ROCAS, (*ÁRABE*) MEDIDA. Taira, Tairra, Tarah, Tarai.

TARANEH (*PERSA*) MELODÍA.

TAREE (*JAPONÉS*) RAMA TORCIDA O ENCURVADA. Tarea, Tareya, Tari, Taria.

TASARLA (*GITANO*) ATARDECER.

TASHA (*GRIEGO*) NACIDA EN EL DÍA DE NAVIDAD. (*RUSO*) DIMINUTIVO DE NATASHA. Tacha, Tachiana, Tashae, Tashana, Tashe,Tasia.

TASHI (*AFRICANO*) PÁJARO EN VUELO. Tashia, Tashie, Tashinka, Tashima.

TASSOS (*GRIEGO*) FORMA ALTERNATIVA DE TERESA.

TATIANA (*ESLAVO*) REINA DE LAS HADAS, JUSTA. Tata, Tatania, Tatanya, Tati, Tatia, Tatianna, Tatihana.

TAURA (*LATÍN*) TORO. ASTROLOGÍA: TAURO ES UN SIGNO DEL ZODIACO. Taurae, Tauria, Taurina.

TAVIA (*LATÍN*) FORMA CORTA DE OCTAVIA. Taiva, Tauvia, Tava, Tavah.

TAVIE (*ESCOCÉS*) GEMELA. Tavey, Tavi.

TAWIA (*AFRICANO*) NACIDA DESPUÉS DE GEMELOS.

TAWNY (*GITANO*) LA PEQUEÑA. (*INGLÉS*) CAFÉ AMARILLENTO, COBRE. Tany, Tauna, Taunisha, Tawnsha, Tawni.

TAYLOR (*INGLÉS*) SASTRE. Tailor, Taiylor, Talor, Talora, Tayla, Taylar, Tayler, Teylor.

TAZU (*JAPONÉS*) CIGÜEÑA. Taz, Tazi, Tazia.

TEAL (*INGLÉS*) PATO DE RÍO, AZUL VERDOSO. Teala, Tealia, Tealisha.

TEANNA (*AMERICANO*) COMBINACIÓN DE TE + ANNA. Teana, Teanah, Teann, Teannah.

TECA (*HÚNGARO*) FORMA ALTERNATIVA DE TERESA. Techa, Teka, Tica, Tika.

TECLA (*GRIEGO*) LA FAMA DE DIOS. Tekla.

TEDRA (*GRIEGO*) FORMA CORTA DE TEODORA. Teddra, Tedera, Teidra.

TEMIRA (*HEBREO*) ALTA. Temora, Timora.

TEMPESTA (*FRANCÉS*) TORMENTA. Tempest, Tempeste.

TEODORA (*CHECO*) REGALO DE DIOS. Teadora.

TEÓFILA (*MEXICANO*) AMADA POR DIOS. Theophila, Teo.

TEQUILA (*MEXICANO*) BEBIDA ALCOHÓLICA TÍPICA MEXICANA. Taquela, Taquila, Taquilla, Tequilia, Tiquila, Tiquilia.

TERA (*LATÍN*) TIERRA. (*JAPONÉS*) FLECHA RÁPIDA. Terah, Terai, Teria, Terrah.

TERESA (*GRIEGO*) CAMPESINA. Terasa, Terese, Teresea, Teresha, Teresia, Teresina, Teresita, Tereska, Teressa, Tereza, Terezia, Terezca, Terisa, Terisha, Teriza, Terrasa, Teruska.

TERI (*GRIEGO*) CAMPESINA. FORMA FAMILIAR DE TERESA. Terie.

TERRENE (*LATÍN*) DULCE, TIERNA. Tarena, Teran, Terena, Terencia, Terenia, Terentia, Terina, Terrina.

TERRI (*GRIEGO*) CAMPESINA. Terria, Terrie.

TERRIANNA (*AMERICANO*) COMBINACIÓN DE TERRI + ANNA. Teriana, Terianna, Terriana.

TERTIA (*LATÍN*) TERCERA. Tercia, Tercina, Tersia.

TESS (*GRIEGO*) FORMA CORTA DE TERESA. Tes, Tcse.

TESSA (*GRIEGO*) CAMPESINA. Tesa, Tesah, Tesha, Tesia, Tezia, Tessie.

TETSU (*JAPONÉS*) FURTE COMO EL ACERO.

TEVY (*CAMBOYANO*) ÁNGEL. Teva.

THADDEA (*GRIEGO*) MUJER CON CORAJE. FORMA FEMENINA DE TADEO. Thada.

THALASSA (*GRIEGO*) MAR, OCÉANO.

THALÍA (*GRIEGO*) MITOLOGÍA: MUSA DE LA COMEDIA.

THANA (*ÁRABE*) OCASIÓN FELIZ. Thaina, Thania,.

THANH (*VIETNAMITA*) BRILLO AZUL. (*PENJABO*) LUGAR DE BUENOS. Thanya.

THAO (*VIETNAMITA*) RESPETADA POR SUS PADRES.

THEA (*GRIEGO*) DIOSA. Theo.

THELMA (*GRIEGO*) ESPERANZA, BUEN FUTURO. Thelmalina.

THEMA (*AFRICANO*) REINA.

THEODORA (*GRIEGO*) REGALO DE DIOS. Teddi, Tedra, Teodora, Teodory, Theda, Thedorsa, Theodorina, Theodoria.

THEONE (*GRIEGO*) REGALO DE DIOS. Theo.

THEOPHANIA (*GRIEGO*) APARIENCIA DE DIOS. Theo, Theophanie.

THEOPHILA (*GRIEGO*) AMADA POR DIOS. Theo, Teo, Teofila.

THETIS (*GRIEGO*) DESHECHA. MITOLOGÍA: MADRE DE AQUILES.

THI (*VIETNAMITA*) POEMA. Thia, Thy, Thya.

THIRZA (*HEBREO*) COMPLACIENTE. Thirsa, Thirzah, Thyrza, Tirza.

THOMASINA (*HEBREO*) GEMELA. Thomasa, Thomasia, Thomasin, Toma, Tomasa, Tomina.

THORA (*ESCANDINAVO*) RELÁMPAGO. FORMA FEMENINA DE THOR. Thordia, Thordis, Thorri.

THUY (*VIETNAMITA*) AMABLE.

TIA (*GRIEGO*) PRINCESA. Tii, Tiia.

TIANA (*GRIEGO*) PRINCESA. Tiahna, Tianah.

TIARA (*LATÍN*) CORONADA. Tiari, Tyara.

TIBERIA (*LATÍN*) GEOGRAFÍA: EL RÍO TIBER EN ITALIA. Tib, Tibbie.

TIDA (*TAILANDÉS*) HIJA.

TIERNEY (*IRLANDÉS*) NOBLE. Tierny.

TIFFANY (*LATÍN*) TRINIDAD. Tifaney, Tifany, Tiffani, Tipahnie.

TIJUANA (*MEXICANO*) GEOGRAFÍA: CIUDAD FRONTERIZA AL NORTE DE MÉXICO.

TIMOTHEA (*INGLÉS*) HONORABLE A DIOS. FORMA FEMENINA DE TIMOTEO. Thea, Timi.

TINA (*ESPAÑOL, AMERICANO*) DIMINUTIVO DE AGUSTINA, MARTINA, CRISTINA, VALENTINA, ETC. Tinai, Tinia, Tinna, Tyna.

TIPHANIE (*LATÍN*) FORMA ALTERNATIVA DE TIFFANY. Tiphani, Tiphany.

TIPONYA (*AMERICANO NATIVO*) GRAN Y HONORABLE BÚHO.

TIPPER (*IRLANDÉS*) AGUA PURA.

TIRA (*HINDÚ*) FLECHA. Tirah, Tirena.

TIRTHA (*HINDÚ*) VADO DE RÍO.

TIRZA (*HEBREO*) COMPLACIENTE. Thirza, Tirsa, Tirzah.

TISA (*SUAHILI*) NOVENA EN NACER. Tisah, Tysa.

TISHA (*LATÍN*) GOZO, ALEGRÍA. FORMA CORTA DE LETICIA. Tieshia, Tish, Tishal, Tishia, Tyshia.

TITA (*GRIEGO*) GIGANTE. (*ESPAÑOL*) DIMINUTIVO DE LOS NOMBRES CON TERMINACIÓN TITA.

TITANIA (*GRIEGO*) GIGANTE. MITOLOGÍA: LOS TITANES ERAN UNA RAZA DE GIGANTES. Tania, Titanna, Titanya, Titiana, Tytania.

TIVONA (*HEBREO*) AMANTE NATURAL.

TIWA (*AMERICANO NATIVO*) CEBOLLA.

TOBI (*HEBREO*) DIOS ES BUENO. FORMA FEMENINA DE TOBÍAS. Tobey, Tobie, Tobit, Toby, Tovi.

TOKI (*JAPONÉS*) ESPERANZA. Toko, Tokoya, Tokyo.

TOMI (*JAPONÉS*) RICA, ADINERADA. Tomie.

TOMO (*JAPONÉS*) INTELIGENTE. Tomoko.

TONI (*GRIEGO*) FLUORECENTE. (*LATÍN*) DIGNO DE ALA-BANZA. DIMINUTIVO DE ANTONIA. Toney, Tonia.

TONYA (*ESLAVO*) REINA JUSTA. Tonia, Tonnya.

TOPACIO (*LATÍN*) GEMA COLOR AMARILLO ORO. Topaz.

TOPSY (*INGLÉS*) EN LA CIMA. Topsie.

TORA (*JAPONÉS*) TIGRE.

TORI (*JAPONÉS*) PÁJARO. Toria, Torie, Torri.

TORY (*LATÍN*) DIMINUTIVO DE VICTORIA. (*INGLÉS*) VICTO-RIOSA. Torey, Tori, Torry.

TOSHA (*PENJABO*) ARMAMENTO. Toshia, Tosia, Toska.

TOSHI (*JAPONÉS*) REFLEJO EN EL ESPEJO. Toshie, Toshiko, Toshikyo.

TOTSI (*AMERICANO NATIVO*) MOCASÍN.

TOVAH (*HEBREO*) DIOS. Tova, Tovia.

TRACEY (*LATÍN*) GUERRERA. Trace, Traci, Tracie, Tracy, Traice.

TRAVA (*CHECO*) PLANTITAS DE PRIMAVERA.

TREVINA (*IRLANDÉS*) PRUDENTE. Treva, Trevia, Trevin, Trevona.

TRIANA (*LATÍN*) PÁJARO. Tria, Triann, Trianna.

TRILBY (*INGLÉS*) SOMBRERO SUAVE. Tribi.

TRINA (*GRIEGO*) PURA. Triana, Trinia, Trind, Trinda.

TRINIDAD (*LATÍN*) TRÍO, TRINIDAD. RELIGIÓN: EL PADRE, EL HIJO Y EL ESPÍRITU SANTO. Trinita, Trinity.

TRISHA (*LATÍN*) MUJER DE LA NOBLEZA. FORMA FAMILIAR DE PATRICIA. (*HINDÚ*) SEDIENTA.

TRISTÁN (*LATÍN*) CALVA. Trista, Tristián, Tristiana.

TROYA (*IRLANDÉS*) SOLDADO PARADO. Troi, Troia, Troiana, Troy.

TRUDY (*ALEMÁN*) FORMA FAMILIAR DE GERTRUDIS. Truda, Trudey, Trudi, Trudie.

TRYNE (*ALEMÁN*) PURA. Trine.

TU (*CHINO*) JADE.

TULA (*HINDÚ*) NACIDA EN EL MES LUNAR DE CAPRICOR-NIO. (*MEXICANO*) CIUDAD EN EL ESTADO DE HIDALGO. Tulah, Tulla, Tullah, Tuula.

TULLIA (*IRLANDÉS*) PACÍFICA, QUIETA, Tulliah.

TULSI (*HINDÚ*) ALBAHACA, HIERBA SAGRADA DE LA INDIA. Tulsia.

TURQUESA (*FRANCÉS*) PIEDRA SEMIPRECIOSA COLOR AZUL VERDE ORIGINARIA DE TURQUÍA.

TUYEN (*VIETNAMITA*) ÁNGEL.

TUYET (*VIETNAMITA*) NIEVE.

TYLER (*INGLÉS*) CAMPESINA. Tyller, Tylor.

TYNE (*INGLÉS*) RÍO. Tine, Tyna.

TYRA (*ESCANDINAVO*) GUERRERA. MITOLOGÍA: TYR ERA EL DIOSDE LAS BATALLAS. Tyrah, Tyran.

U

U (*COREANO*) AMABLE.

UDELE (*INGLÉS*) PRÓSPERA. Uda, Udella.

ULA (*VASCO*) LA VIRGEN MARÍA. (*IRLANDÉS*) JOYA DE MAR. (*ESPAÑOL*) FORMA ALTERNATIVA DE EULALIA. (*ESCANDINAVO*) RICA, ADINERADA. Uli, Ulla.

ULANI (*POLINESO*) ALEGRÍA, GOZO. Ulana, Ulane.

ULIMA (*ÁRABE*) ASTUTA, SABIA. Ullima.

ULRICA (*ALEMÁN*) JEFE DE LOBOS, JEFE DE TODO. Ulka, Ullrica, Ullrika.

ÚLTIMA (*LATÍN*) LA ÚLTIMA, LA MÁS LEJANA.

ULULANI (*HAWAIANO*) INSPIRACION DEL CIELO.

ULVA (*ALEMÁN*) LOBA.

UMA (*HINDÚ*) MADRE. (*HINDÚ*) OTRO NOMBRE OTORGADO A LA DIOSA SHAKTI.

UMAY (*TURCO*) ESPERANZA. Umai.

UMEKO (*JAPONÉS*) CIRUELA, NIÑA CRECIENDO, PACIENTE. Ume, Umeyo.

UNA (*LATÍN*) UNA, UNIDAD, UNIDA. (*AMERICANO NATIVO*) BUENA MEMORIA. Unna, Uny.

UNDINE (*LATÍN*) OLA PEQUEÑA. MITOLOGÍA: LOS UNDINES O UNDINOS ERAN LOS ESPÍRITUS DEL AGUA. Undene.

UNIQUE (*LATÍN*) LA ÚNICA. Unika, Uniqua, Uniquia.

UNITY (*INGLÉS*) UNIDAD. Uinita, Unita.

UNN (*NORUEGO*) ELLA ES LA AMADA.

UNNA (*ALEMÁN*) MUJER.

URANIA (*GRIEGO*) CELESTIAL. MITOLOGÍA: LA MUSA DE LA ASTROLOGÍA. Urainia, Uranya.

URBANA (*LATÍN*) HABITANTE DE CIUDAD. Urbanah, Urbanna.

URIKA (*AMERICANO NATIVO*) SERVICIAL A TODOS. Ureka.

URIT (*HEBREO*) BRILLO. Urice.

URSA (*GRIEGO*) FORMA CORTA DE ÚRSULA. Ursi.

ÚRSULA (*GRIEGO*) OSITA. Ursa, Ursala, Ursel, Ursola, Urszula, Urzula.

USHA (*HINDÚ*) AMANECER.

USHI (*CHINO*) ASTROLOGÍA: SIGNO ZODIACAL.

UTA (*ALEMÁN*) RICA, ADINERADA. (*JAPONÉS*) POEMA. Utako.

UTINA (*AMERICANO NATIVO*) MUJER DE MI PAÍS. Utahna, Utona, Utonna.

V

VAIL (*INGLÉS*) VALLE. Vale, Vayle.

VAL (*LATÍN*) FORMA CORTA DE VALENTINA, VALERIA.

VALDA (*ALEMÁN*) DIRIGENTE FAMOSA. FORMA FEMENINA DE VALDO. Valida, Velda.

VALENCIA (*ESPAÑOL*) FUERTE. GEOGRAFÍA: REGIÓN AL ESTE DE ESPAÑA. Valecia, Valenzia.

VALENTINA (*LATÍN*) MUJER FUERTE. HISTORIA: VALENTINA TERESHKOVA FUE LA PRIMER MUJER QUE VIAJÓ AL ESPACIO. Val, Valantina, Valentena, Valentín.

VALERIA (*LATÍN*) FUERTE. Valaria, Veleriana, Valerie.

VALESKA (*ESLAVO*) GLORIOSA, JEFA. Valesca, Valeshia, Valezka.

VALMA (*FINLANDÉS*) LEAL DEFENSORA.

VALONIA (*LATÍN*) VALLE DE SOMBRAS. Vallon, Valona.

VANESSA (*GRIEGO*) MARIPOSA. Van, Vanassa, Vanesa, Vaneshia, Vanessia, Vannesa, Vannessa, Vanni.

VANIA (*RUSO*) ANA. Vanina, Vanja, Vanka, Vannia.

VANITY (*INGLÉS*) VANIDAD. Vaniti.

VANNA (*CAMBOYANO*) ORO. Vana, Vannah.

VANORA (*GALÉS*) OLA BLANCA. Vannora.

VARDA (*HEBREO*) ROSA. Vadit, Vardia, Vardina.

VARVARA (*LATÍN*) EXTRANJERA. Vara, Vavka.

VASHTI (*PERSA*) ADORABLE. BIBLIA: ESPOSA DEL REY DE PERSIA. Vashtie, Vashty.

VEDA (*SÁNSCRITO*) SABIA. RELIGIÓN: LOS VEDAS ES EL LIBRO SAGRADO DEL HINDUÍSMO. Vedad, Vedis, Vida.

VEDETTE (*ITALIANO*) CENTINELA. (*FRANCÉS*) ARTISTA DE CINE. Vedetta.

VEGA (*ÁRABE*) ESTRELLA QUE CAE.

VELIKA (*ESLAVO*) GRANDIOSA.

VELVET (*INGLÉS*) TERCIOPELO.

VENUS (*LATÍN*) AMOR. MITOLOGÍA: DIOSA DEL AMOR Y LA BELLEZA.

VERA (*LATÍN*) VERDAD. (*ESLÁVICO*) FE. Vara, Veira, Veradis, Verla, Vira, Verena.

VERBENA (*LATÍN*) PLANTAS SAGRADAS QUE INCLUYEN: OLIVO, LAUREL Y MIRRA. Verbina.

VERDA (*LATÍN*) JOVEN, FRESCA. Verdi, Viridiana, Viridis.

VERDAD (*ESPAÑOL*) VERDADERA.

VERNA (*LATÍN*) TIEMPO DE PRIMAVERA. Verasha, Verla, Vernia, Virna.

VERÓNICA (*LATÍN*) IMAGEN VERDADERA. Varónica, Vera, Verhonica, Veron, Veronika, Vironica.

VESPERA (*LATÍN*) ESTRELLA DEL ATARDECER.

VESTA (*ESLAVO*) GUARDIANA DEL HOGAR. MITOLOGÍA: DIOSA DEL HOGAR. Vest, Vesteria.

VI (*LATÍN*, *FRANCÉS*) DIMINUTIVO DE VIOLA, VIOLETA, SILVIA. Vye.

VIANCA (*ESPAÑOL*) FORMA ALTERNATIVA DE BIANCA. Vianica.

VICENTA (*MEXICANO*) VICTORIOSA. FORMA FEMENINA DE VICENTE.

VICKY (*LATÍN*) DIMINUTIVO DE VICTORIA, VIRGINIA. Vickie, Viky, Vicki.

VICTORIA (*LATÍN*) VICTORIOSA. Vicki, Vicky, Victoriana, Victorianna, Victorina, Victorria, Viktoria, Vitoria.

VIDA (*ESPAÑOL*) VIDA.

VIDONIA (*PORTUGUÉS*) RAMITA DE VIÑEDO. Vedonia.

VIENNA (*LATÍN*) GEOGRAFÍA: CAPITAL DE AUSTRIA. Vena, Venna, Vina.

VILMA (*ALEMÁN*) GUARDIANA. Bilma.

VINA (*HINDÚ*) MITOLOGÍA: INSTRUMENTO MUSICAL TOCADO POR LA DIOSA DE LA SABIDURÍA. (*ESPAÑOL*) VIÑEDO. (*INGLÉS*) DIMINUTIVO DE ALVINA. Viña, Vinesha, Vinia, Vinna, Vyna.

VIOLA (*LATÍN*) VIOLETA; INSTRUMENTO DE CUERDAS DE LA FAMILIA DEL VIOLÍN. Vi, Violanta, Viole.

VIOLETA (*FRANCÉS*) BOTÁNICA: PLANTA CON FLORES AZUL PÚRPURA. Vi, Violet, Vyoleta, Vyolet.

VIRGILIA (*LATÍN*) QUIEN MANEJA LA CUERDA . FORMA FEMENINA DE VIRGILIO. Virgillia.

VIRGINIA (*LATÍN*) PURA, VIRGINAL, LITERATURA: VIRGINIA WOLF FUE UNA MUY RECONOCIDA ESCRITORA. Verginia, Virge, Virgen, Virgie, Virginie, Virginnia.

VIRIDIANA (*LATÍN*) VERDE, JOVEN.

VIRIDIS (*LATÍN*) VERDE. Virdis, Virida, Viridia, Viridiana.

VIRTUD (*LATÍN*) VIRTUOSA.

VITA (*LATÍN*) VIDA. Veta, Vitaliana, Vitel, Vitka.

VITORIA (*ESPAÑOL*) FORMA ALTERNATIVA DE VICTORIA. Vittoria.

VIVI (*LATÍN*) DIMINUTIVO DE VIVIANA, SILVIA.

VIVIANA (*LATÍN*) LLENA DE VIDA. Viv, Viva, Vivi, Vivia, Vivian, Vivina, Vivion.

VONDRA (*CHECO*) MUJER QUE AMA MUCHO. Vonda, Vondrea.

VOLSILA (*GRIEGO*) FORMA ALTERNATIVA DE ÚRSULA.

W

WADD (*ÁRABE*) AMADA.

WAHEEDA (*ÁRABE*) UNA Y LA ÚNICA.

WINANI (*HAWAIANO*) AGUA HERMOSA.

WAKANA (*JAPONÉS*) PLANTA.

WAKANDA (*DAKOTA*) PODER MÁGICO.

WALAD (*ÁRABE*) RECIÉN NACIDA. Walidah.

WALDA (*ALEMÁN*) PODEROSA, FAMOSA. FORMA FEMENINA DE WALDO. Walidina, Walida, Wallda, Welda.

WALERIA (*POLACO*) VALERIA. Wala.

WALLIS (*INGLÉS*) PROVENIENTE DE GALÉS. FORMA FEMENINA DE WALLACE. Wallie, Walliss, Wally.

WANDA (*ALEMÁN*) DEAMBULANTE. Vanda, Wahnda, Wandah, Wonda, Wonnda.

WANTTA (*INGLÉS*) CARA PÁLIDA. Wanetta.

WANIKA (*HAWAIANO*) JUANITA.

WARDA (*ALEMÁN*) GUARDIÁN. Wardah, Wardia.

WASHI (*JAPONÉS*) ÁGUILA.

WATTAN (*JAPONÉS*) PATRIA.

WAVA (*ESLAVO*) BÁRBARA.

WEEKO (*DAKOTA*) NIÑA BONITA.

WEHILANI (*HAWAIANO*) ADORNO CELESTIAL.

WENDY (*GALÉS*) BLANCA, DE PIEL CLARA. Wenda, Wendi, Wuendi.

WERONIKA (*POLACO*) FORMA ALTERNATIVA DE VERÓNICA.

WESISA (*AMERICANO NATIVO*) TONTA.

WHITNEY (*INGLÉS*) ISLA BLANCA. Whiteney, Whitnie.

WHOOPI (*INGLÉS*) FELIZ, EXALTADA. Whoopie, Whoopy.

WILDA (*ALEMÁN*) INDOMABLE. (*INGLÉS*) SAUCE. Willda.

WILLOW (*INGLÉS*) SAUCE.

WILMA (*ALEMÁN*) GUARDIANA. Vilma, Wylma.

WILONA (*INGLÉS*) DESEADA. Willona.

WINDA (*SUAHILI*) CAZADORA.

WINE (*INGLÉS*) VINO.

WINNA (*AFRICANO*) AMIGA. Winnah.

WINOLA (*ALEMÁN*) AMIGA ENCANTADORA. Wynola.

WINONA (*DAKOTA*) LA HIJA MÁS VIEJA. Wanona, Wenona, Winnie.

WINTER (*INGLÉS*) INVIERNO.

WIRA (*POLACO*) ELVIRA. Wiria.

WISIA (*POLACO*) VICTORIA.

WREN (*INGLÉS*) REYEZUELA.

X

XANDRA (*GRIEGO*) FORMA ALTERNATIVA DE SANDRA. (*ESPAÑOL*) FORMA CORTA DE ALEXANDRA. Xander, Xandria.

XANTHE (*GRIEGO*) AMARILLA, RUBIA. Xanne, Xantha, Xanthia.

XAVIERA (*VASCO*) DUEÑA DE UNA NUEVA CASA. (*ÁRABE*) BRILLO. FORMA FEMENINA DE XAVIER. Xavia, Javiera.

XELA (*QUICHÉ*) MI HOGAR EN LA MONTAÑA.

XENA (*GRIEGO*) FORMA ALTERNATIVA DE XENIA.

XENIA (*GRIEGO*) HOSPITALARIA. Xeena, Xena, Xenea, Xinia.

XIANG (*CHINO*) FRAGANCIA.

XIOMARA (*TEUTÓN*) BOSQUE GLORIOSO. Xomaris.

XIU MEI (*CHINO*) CIRUELA HERMOSA.

XÓCHITL (*AZTECA*) LUGAR DE MUCHAS FLORES. Xochil, Xochilt, Xochiti.

XUAN (*VIETNAMITA*) PRIMAVERA.

XUXA (*PORTUGUÉS*) FORMA FAMILIAR DE SUSANA.

XYLIA (*GRIEGO*) SILVIA. Xyliona.

Y

YACHNE (*HEBREO*) HOSPITALARIA.

YADIRA (*HEBREO*) AMIGA. Yadirah, Yadirha.

YAEL (*HEBREO*) FUERZA DE DIOS. Yaeli, Jael.

YAFFA (*HEBREO*) HERMOSA. Yafitt, Jaffa.

YAHAIRA (*HEBREO*) PRECIOSA. Yahara, Yahayra, Yahira, Yahaira.

YAKIRA (*HEBREO*) PRECIOSA, QUERIDA.

YALENA (*RUSO*) FORMA ALTERNATIVA DE HELENA.

YAMARY (*AMERICANO*) COMBINACIÓN DE YA + MARY. Yamairy, Yamaris, Yamayra.

YAMELIA (*AMERICANO*) FORMA ALTERNATIVA DE AMELIA.

YAMINAH (*ÁRABE*) RECTA, PROPIA. Yamina, Yamini, Yemina, Yeminah.

YAMKA (*AMERICANO NATIVO*) FLOR.

YAMUNA (*HINDÚ*) RÍO SAGRADO.

YANABA (*NAVAJO*) VALIENTE.

YANELI (*AMERICANO*) COMBINACIÓN DE YA + NELLIE. Yanela, Yanelis, Yanelli, Yanely.

YANG (*CHINO*) SOL.

YARELI (*AMERICANO*) FORMA ALTERNATIVA DE ORALIA. Yarely.

YARINA (*ESLAVO*) FORMA ALTERNATIVA DE IRENE. Yaryna.

YARKONA (*HEBREO*) VERDE.

YARMILLA (*ESLAVO*) MARCAHANTA.

YASHIRA (*AFGANO*) LO TOMA CON CALMA. (*ÁRABE*) RICA.

YASMÍN (*PERSA*) FLOR DE JASMÍN. Yashmine, Yasiman, Yasma, Yasmain, Yasmina, Yasminda, Yasmon, Yazmin.

YASU (*JAPONÉS*) CALMADA. Yasuko, Yasuyo.

YEHUDIT (*HEBREO*) FORMA ALTERNATIVA DE JUDITH. Yudit, Yudita, Yuta.

YEI (*JAPONÉS*) FLORECIENTE.

YEIRA (*HEBREO*) LUZ.

YEMENA (*ÁRABE*) ORIGINARIA DE YEMEN. Yemina.

YEN (*CHINO*) DESEO. Yeni, Yenih, Yenny.

YEO (*COREANO*) AGRADABLE, DULCE, APACIBLE.

YEPA (*AMERICANO NATIVO*) NIÑA DE LA NIEVE.

YESENIA (*ÁRABE*) FLOR. Yecenia, Yesisia, Yessenia.

YEVA (*UCRANIANO*) EVA.

YIN (*CHINO*) PLATA.

YNEZ (*ESPAÑOL*) FORMA ALTERNATIVA DE INÉS. Ynés.

YOI (*JAPONÉS*) NACIDA POR LA TARDE.

YOKI (*AMERICANO NATIVO*) PÁJARO AZUL. Yokie.

YOLANDA (*GRIEGO*) FLOR DE VIOLETA. Yalanda, Yolie, Yolana, Yoland, Yolanna, Yolantha.

YOLUTA (*AMERICANO NATIVO*) FLOR DE VERANO.

YON (*BIRMANO*) CONEJO. (*COREANO*) FLOR DE LOTO. Yona, Yonna.

YONE (*JAPONÉS*) RICA.

YOOMEE (*AMERICANO NATIVO*) ESTRELLA. Yoome.

YORDANA (*VASCO*) DESCENDIENTE.

YORI (*JAPONÉS*) FIABLE. Yoriko, Yoriyo.

YOSHI (*JAPONÉS*) BUENA, RESPETABLE.

YOVELA (*HEBREO*) CORAZÓN ALEGRE, REGOCIJO.

YSEULT (*ALEMÁN*) CUBO DE HIELO. (*IRLANDÉS*) DE PIEL BLANCA. Ysolt.

YUANA (*ESPAÑOL*) JUANA. Yuan.

YUKI (*JAPONÉS*) NIEVE.

YULIA (*RUSO*) JULIA. Yula, Yulenka.

YURI (*JAPONÉS*) LIRIO. Yuriko.

YVETTE (*FRANCÉS*) JOVEN. Yvet, Yvett.

YVONNE (*FRANCÉS*) JOVEN CAZADORA. (*ESCANDINAVO*) TEJA DE MADERA. Ivonne, Yvon, Yvone.

Z

ZABRINA (*AMERICANO*) FORMA ALTERNATIVA DE SABRINA. Zabrinia, Zabrinna.

ZACARY (*HEBREO*) DIOS RECORDÓ. FORMA FEMENINA DE ZACARÍAS. Zacari.

ZADA (*ÁRABE*) AFORTUNADA, PRÓSPERA. Zaida, Zayda.

ZAFINA (*ÁRABE*) VICTORIA.

ZAFIRAH (*ÁRABE*) ÉXITO, VICTORIA.

ZAHAR (*HEBREO*) ATARDECER.

ZAHAVAH (*HEBREO*) ORO.

ZARAH (*SUAHILI*) FLOR. (*ÁRABE*) BLANCA. Zahara, Zahria.

ZAKIA (*SUAHILI*) INTELIGENTE. (*ÁRABE*) CASTA. Zakea, Zakiah.

ZAKILA (*SUAHILI*) NACIDA EN LA REALEZA.

ZALTANA (*AMERICANO NATIVO*) MONTAÑA ALTA.

ZANDRA (*GRIEGO*) FORMA ALTERNATIVA DE SANDRA. Zandria, Zondra.

ZARA (*HEBREO*) FORMA ALTERNATIVA DE SARA. Zaira, Zarah, Zareh, Zari, Zaria.

ZARIFA (*ÁRABE*) ÉXITO.

ZAWATI (*SUAHILI*) REGALO.

ZAYIT (*HEBREO*) OLIVO.

ZAYNAH (*ÁRABE*) HERMOSA.

ZEA (*LATÍN*) SEMILLA.

ZELDA (*JUDÍO*) CANOSA. Zella, Zellda.

ZELENE (*INGLÉS*) BRILLO DE SOL. Zelena, Zeline.

ZELIA (*ESPAÑOL*) BRILLO DE SOL. Zelina.

ZELIZI (*VASCO*) SHEILA.

ZEMIRAH (*HEBREO*) CANCIÓN DE GOZO.

ZENA (*ETÍOPE*) NUEVA. (*PERSA*) MUJER. Zanah, Zein.

ZENAIDA (*GRIEGO*) MITOLOGÍA: LA HIJA DE ZEUS. Zenayda.

ZENDA (*PERSA*) FEMENINA.

ZENOBIA (*GRIEGO*) SEÑAL, SÍMBOLO. HISTORIA: REINA QUE GOBERNÓ LA CUIDAD DE PALMIRA EN EL DESIERTO ÁRABE. Zenovia.

ZEPHYR (*GRIEGO*) VIENTO DEL OESTE. Zephra, Zephira.

ZERA (*HEBREO*) SEMILLAS. Zerah, Zeriah.

ZERDALI (*TURCO*) CHABACANO.

ZERLINA (*LATÍN*) HERMOSO ATARDECER.

ZERRIN (*TURCO*) ORO.

ZETA (*INGLÉS*) ROSA. Zetta.

ZETTA (*PORTUGUÉS*) ROSA.

ZHEN (*CHINO*) CASTA.

ZIA (*LATÍN*) GRANO. (*ÁRABE*) LUZ. Zea.

ZIGANA (*HÚNGARO*) GITANA.

ZILLA (*HEBREO*) SOMBRA.

ZALPAH (*HEBREO*) DIGNA. BIBLIA: ESPOSA DE JACOB. Zilpha.

ZIMRA (*HEBREO*) CANCIÓN COMO PREMIO.

ZOE (*GRIEGO*) VIDA. Zoi.

ZOHAR (*HEBREO*) BRILLANTE, LLENA DE LUZ.

ZOHRA (*HEBREO*) FLOR.

ZOHREH (*PERSA*) FELIZ. Zahreh.

ZOLA (*ITALIANO*) PEDAZO DE TIERRA.

ZORA (*ESLAVO*) AURORA, ATARDECER. Zorah.

ZORINA (*ESLAVO*) ORO. Zorana, Zori, Zorna.

ZUDORA (*SÁNSCRITO*) TRABAJADORA.

ZULEIKA (*ÁRABE*) BRILLANTE. Zul.

ZURAFA (*ÁRABE*) ADORABLE. Ziraf.

ZURI (*VASCO*) BLANCA, DE PIEL CLARA. Zuria, Zury.

ZUWENA (*SUAHILI*) BUENA. Zwena.

ZYTKA (*POLACO*) ROSA.

Nombres de hombre

A

AARÓN (*HEBREO*) LLENO DE LUZ. (*ÁRABE*) MENSAJERO. BIBLIA: HERMANO DE MOISÉS Y EL PRIMER GRAN SACERDOTE DE LOS JUDÍOS. Aaran, Aaren, Aareon, Aaronn, Aron, Aronos.

ABAN (*PERSA*) MITOLOGÍA: FIGURA ASOCIADA CON EL AGUA Y LAS ARTES.

ABASI (*SUAHILI*) SEVERO, DURO.

ABBOTT (*HEBREO*) PADRE, ABAD. Ab, Abba, Abbah, Abban, Abbe, Abbot.

ABBUD (*ÁRABE*) DEVOTO.

ABDUL (*ÁRABE*) SIRVIENTE. Abdal, Abdel, Abul.

ABDULLAH (*ÁRABE*) SIRVIENTE O SIERVO DE ALÁ. Abdalah, Abdalla, Abdallah, Abduala, Abdulah.

ABE (*HEBREO*) FORMA CORTA DE ABEL O ABRAHAM.

ABEL (*HEBREO*) SUSPIRO. (*ALEMÁN*) FORMA CORTA DE ABELARDO. BIBLIA: SEGUNDO HIJO DE ADÁN Y EVA. Abe, Abele, Able, Avel.

ABELARDO (*ALEMÁN*) NOBLE, DETERMINADO. Ab, Abel, Abilardo.

ABI (*TURCO*) EL HERMANO MAYOR.

ABIAH (*HEBREO*) DIOS ES MI PADRE. Abia, Abiel, Abijah, Abisha.

ABIR (*HEBREO*) FUERTE.

ABISHA (*HEBREO*) REGALO DE DIOS. Abishai.

ABNER (*HEBREO*) PADRE DE LA LUZ. BILIA: COMANDANTE DE LA ARMADA DEL REY SAÚL. Ab, Avner, Ebner.

ABRAHAM (*HEBREO*) PADRE DE MUCHAS NACIONES. BIBLIA: EL PRIMER PATRIARCA. Abey, Abrahaim, Abran, Abrahem, Abram.

ABRAM (*HEBREO*) FORMA CORTA DE ABRAHAM. Abramo, Abrams, Avram, Bram.

ABSALOM (*HEBREO*) PADRE DE LA PAZ. BIBLIA: HIJO DEL REY DAVID. Absalon, Abselon, Absolum.

ACAR (*TURCO*) BRILLO.

ACE (*LATÍN*) UNIDAD. Hacer, Acey, Acie.

ACHILLES (*GRIEGO*) FORMA ALTERNATIVA DE AQUILES. Acuill, Achille, Achillios, Akiles, Aquiles.

ACTON (*INGLÉS*) ÁRBOL DE ROBLE. ACUERDO.

ADAHY (*CHEROKE*) DE LOS BOSQUES.

ADAIR (*ESCOCÉS*) VADO DEL ÁRBOL DE ROBLE. Adaire, Adare.

ADAM (*FENICIO*) HOMBRE, HUMANIDAD. (*HEBREO*) TIERRA. HOMBRE DE TIERRA ROJA. Ad, Adama, Adamec, Adamo, Addam, Adham, Adomas.

ADAMSON (*HEBREO*) HIJO DE ADÁN. ADAMS.

ADÁN (*HEBREO*, *IRLANDÉS*) BIBLIA: PRIMER HOMBRE CREADO POR DIOS. Aden, Adin.

ADAR (*SIRIO*) EMBAJADOR, PRÍNCIPE. (*HEBREO*) NOBLE, QUIEN RESALTA. Addar.

ADE (*AFRICANO*) REAL.

ADELARDO (*ALEMÁN*) NOBLE, CON CORAJE. Adal, Adel, Adelar.

ADEN (*ÁRABE*) GEOGRAFÍA: REGIÓN AL SUR DE YEMEN.

ADHAM (*ÁRABE*) NEGRO.

ADIL (*ÁRABE*) JUSTO, SABIO. Adli.

ADIN (*HEBREO*) COMPLACIENTE.

ADIR (*HEBREO*) MAJESTUOSO, NOBLE.

ADIV (*HEBREO*) COMPLACIENTE, AMABLE.

ADLAI (*HEBREO*) MI ORNAMENTO. Ad, Adley.

ADLER (*ALEMÁN*) ÁGUILA.

ADMON (*HEBREO*) PEONÍA.

ADNAN (*ÁRABE*) COMPLACIENTE.

ADNEX (*INGLÉS*) ISLA DE NOBLES. Adny.

ADOLFO (*ESPAÑOL*) LOBO NOBLE. Ad, Adolpho.

ADOM (*AFRICANO*) AYUDANTE DE DIOS.

ADONIS (*GRIEGO*) MUY ATRACTIVO. MITOLOGÍA: JOVEN ATRACTIVO A QUIEN AMABA AFRODITA. Adon, Adonnis, Adonys.

ADRI (*INDO–PAQUISTANÍ*) ROCA. (*HINDÚ*) RELIGIÓN: DIOS DE GRADO MENOR. Adrey.

ADRIÁN (*GRIEGO*) RICO. (*LATÍN*) OSCURO. Adarian, Ade, Adrain, Adreyan, Adri, Adriann, Adriano, Adrik, Adrion, Adron.

ADRIEL (*HEBREO*) MIEMBRO DEL REBAÑO DE DIOS. Adrial.

ADRIK (*RUSO*) ADRIÁN. Adric.

AENEAS (*GRIEGO*) ALABADO. LITERATURA: HÉROE DE TROYA EN LA ÉPICA DE VIRGILIO LA ENEIDA. Eneas.

AFRAM (*AFRICANO*) GEOGRAFÍA: RÍO DE GHANA EN ÁFRICA.

AGAMEMNÓN (*GRIEGO*) FIRME, DETERMINADO. MITOLOGÍA: REY QUE GUIÓ A LOS GRIEGOS EN LA GUERRA DE TROYA.

AGNI (*HINDÚ*) RELIGIÓN: DIOS HINDÚ DEL FUEGO.

AGU (*AFRICANO*) LEOPARDO.

AGUSTÍN (*LATÍN*) MAJESTUOSO. Agostin, Agustino, Agoston, Agustis, Agusto.

AHAB (*HEBREO*) EL HERMANO DEL PADRE.

AHANU (*AMERICANO NATIVO*) QUIEN SE RÍE.

AHDIK (*AMERICANO NATIVO*) RENO.

AHEARN (*ESCOCÉS*) SEÑOR DE LOS CABALLOS. (*INGLÉS*) HÉROE. Aherin, Ahern, Hearn.

AHIR (*TURCO*) ÚLTIMO.

AHMAD (*ÁRABE*) EL MÁS ALABADO. Acmad, Ahamad, Ahamed, Amad, Amed.

AHMED (*SUAHILI*) DIGNO DE ALABANZA.

AHSAN (*ÁRABE*) CARITATIVO.

AIDAN (*IRLANDÉS*) FOGOSO. Adan, Aden, Aiden, Aydan.

AIKEN (*INGLÉS*) HECHO DE ROBLE. Aicken, Ayken.

AIMON (*FRANCÉS*) CASA.

AIZIK (*RUSO*) FORMA ALTERNATIVA DE ISAAC.

AJALA (*AFRICANO*) ALFARERO.

AJAY (*PENJABO*) VICTORIOSO, INDERROTABLE. Aj, Aja, Ajai, Ajaz, Aje.

AJIT (*SÁNSCRITO*) INCONQUISTABLE.

AKAR (*TURCO*) RÍO FLUYENTE. Akara.

AKASH (*HINDÚ*) CIELO. Akasha.

AKBAR (*ÁRABE*) GRANDIOSO.

AKEMI (*JAPONÉS*) ATARDECER.

AKIL (*ÁRABE*) INTELIGENTE. GEOGRAFÍA: RÍO DE LA RE-GIÓN VASCA. Akeli, Akila, Akilah, Akill.

AKINS (*AFRICANO*) VALIENTE.

AKIRA (*JAPONÉS*) INTELIGENTE. Akio, Akiyo.

AKMAL (*ÁRABE*) PERFECTO.

AKSEL (*NORUEGO*) PADRE DE LA PAZ. Aksell, Axel.

ALADIN (*ÁRABE*) LLENO DE FE. LITERATURA: HÉROE DE LAS MIL Y UNA NOCHES. Ala, Aladdin, Aladino.

ALAIN (*FRANCÉS*) FORMA ALTERNATIVA DE ALAN. Alainn, Alayn.

ALAIRE (*FRANCÉS*) ALEGRE.

ALAM (*ÁRABE*) UNIVERSO.

ALAN (*IRLANDÉS*) GUAPO, PACÍFICO. Ailan, Al, Alaan, Aland, Alando, Alani, Alann, Alano, Allan, Alun.

ALBAN (*LATÍN*) ORIGINARIO DE ALBA, ITALIA, CIUDAD DE LA COLINA BLANCA. Albain, Alby.

ALBERN (*ALEMÁN*) NOBLE, CON CORAJE.

ALBERTO (*ITALIANO*) NOBLE Y BRILLANTE. Al, Alberts, Alverto, Alvertos.

ALBION (*LATÍN*) RISCO BLANCO. GEOGRAFÍA: CON REFE-RENCIA A LOS RISCOS BLANCOS EN DOVER, INGLATERRA.

ALCANDOR (*GRIEGO*) VARONIL, FUERTE.

ALDEN (*INGLÉS*) VIEJO, SABIO, PROTECTOR. Aldan, Aldin, Aldous, Elen.

ALDO (*ITALIANO*) VIEJO, MAYOR.

ALDRED (*INGLÉS*) VIEJO, SABIO, CONSEJERO.

ALDWIN (*INGLÉS*) VIEJO AMIGO. Aldwyn, Eldwin.

ALEC (*GRIEGO*) FORMA CORTA DE ALEXANDER. Aleck, Alek, Alekko.

ALEJANDRO (*ESPAÑOL*) DEFENSOR DE LA HUMANIDAD. HISTORIA: ALEJANDRO EL GRANDE FUE EL CONQUIS-TADOR DEL IMPERIO ROMANO. Alejo, Alexandro.

ALEM (*ÁRABE*) SABIO.

ALERON (*LATÍN*) CON ALAS.

ALEX (*GRIEGO*) DIMINUTIVO DE ALEJANDRO. Alax, Alix, Allex, Elek.

ALEXANDER (*GRIEGO*) DEFENSOR DE LA HUMANIDAD. Al, Ale, Alec, Aleksander, Alekzander, Alex, Alexandro, Alexi, Alexis, Alexxander, Alexzander, Alixander.

ALEXIS (*GRIEGO*) FORMA CORTA DE ALEXANDER. Alexei, Alexes, Alexsis, Alexus.

ALFONSO (*ITALIANO*, *ESPAÑOL*) NOBLE Y ENTUSIASTA. Affonso, Alfons, Alfonzo, Alphonso.

ALFRED (*INGLÉS*) QUIEN SE ACONSEJA A SÍ MISMO, SABIO CONSEJERO. Alf, Alfeo, Alfrido.

ALI (*ÁRABE*) GRANDIOSO. (*SUAHILI*) SOBRESALIENTE. Aly.

ALIM (*ÁRABE*) ESCOLAR.

ALMON (*HEBREO*) VIUDO.

ALOISIO (*ALEMÁN*) FORMA ALTERNATIVA DE LUIS.

ALOK (*SÁNSCRITO*) LLANTO DE VICTORIA.

ALON (*HEBREO*) ROBLE.

ALONSO (*ESPAÑOL*) NOBLE, FORMA ALTERNATIVA DE ALFONSO. Alanzo, Alon, Lon, Lonso, Lonzo.

ALPIN (*IRLANDÉS*) ATRACTIVO. Alpine.

ALROY (*ESPAÑOL*) REY.

ALTMAN (*ALEMÁN*) HOMBRE VIEJO. Atman.

ALTON (*INGLÉS*) PUEBLO VIEJO. Alten.

ALVA (*HEBREO*) SUBLIME. Alvah.

ÁLVARO (*ESPAÑOL*) JUSTO, SABIO.

ALVERN (*LATÍN*) PRIMAVERA.

ALVIN (*LATÍN*) BLANCO, DE CARA BRILLANTE. (*ALEMÁN*) AMIGO DE TODOS, AMIGO NOBLE, AMIGO DE SÍ MISMO. Albin, Alvino, Alvy, Alvin, Alwin.

ALVIS (*ESCANDINAVO*) CONOCIDO POR TODOS.

AMADEO (*ITALIANO*) FORMA ALTERNATIVA DE AMADEUS.

AMADEUS (*LATÍN*) QUE AMA A DIOS. MÚSICA: WOLFGANG AMADEUS MOZART FUE UN FAMOSO COMPOSITOR AUS-TRIACO DEL SIGLO XIII. Amad, Amadeaus, Amadis, Amado, Amador, Amando.

AMAL (*HEBREO*) TRABAJADOR. (*ÁRABE*) LLENO DE ESPE-RANZA.

AMANI (*ÁRABE*) CREYENTE.

AMAR (*PENJABO*) INMORTAL. (*ÁRABE*) TRABAJADOR. Amari, Amario, Amaro.

AMATO (*FRANCÉS*) AMADO.

AMBAR (*SÁNSCRITO*) CIELO. Amber.

AMBROSIO (*GRIEGO*) INMORTAL. Ambros, Ambrosi.

AMÉRICO (*TEUTÓN*) TRABAJADOR, INVESTIGADOR. HIS-TORIA: AMÉRICO VESPUCIO FUE UN GRAN EXPLORADOR POR QUIEN ES LLAMADA AMÉRICA. Amérigo.

AMIEL (*HEBREO*) DIOS DE MI GENTE.

AMIN (*HEBREO*, *ÁRABE*) DIGNO DE CONFIANZA, HONESTO. (*HINDÚ*) LLENO DE FE. Amine.

AMIR (*HEBREO*) PROCLAMADO. (*PENJABO*) ADINERADO, MINISTRO DEL REY. (*ÁRABE*) PRÍNCIPE. Aamir, Amiri.

AMISH (*SÁNSCRITO*) HONESTO.

AMOL (*HINDÚ*) VALUABLE. Amul.

AMON (*HEBREO*) DIGNO DE CONFIANZA, LLENO DE FE.

AMOS (*HEBREO*) ARDIENTE, TURBULANTO. BIBLIA: PROFETA DEL ANTIGUO TESTAMENTO.

AN (*CHINO*, *VIETNAMITA*) PACÍFICO.

ANASTASIO (*GRIEGO*) RESURRECCIÓN. Anas, Anastacio, Anastasi.

ANDERSON (*SUECO*) HIJO DE ANDRÉS.

ANDONIOS (*GRIEGO*) FORMA ALTERNATIVA DE ANTONIO. Andoni, Andonis, Andonio.

ANDREA (*GRIEGO*) FORMA ALTERNATIVA DE ANDRÉS. Andrian.

ANDREI (*BÚLGARO*, *RUMANO*, *RUSO*) ANDRÉS. Andrej, Andrey.

ANDRÉS (*ESPAÑOL*) FUERTE, VARONIL, CON CORAJE. BIBLIA: UNO DE LOS DOCE APÓSTOLES. Andrez, Andrew, Andreas, Andre, Andor.

ANDROS (*POLACO*) MAR. MITOLOGÍA: DIOS DEL MAR. Andris, Andrus.

ANEURIN (*GALES*) HONORABLE, ORO. Aneirin.

ÁNGEL (*GRIEGO*) ÁNGEL. (*LATÍN*) MENSAJERO. Angell, Angelo, Angello, Anglo.

ANGUS (*ESCOCÉS*) EXCEPCIONAL, FUERA DE SERIE. MITOLOGÍA; ANGUS OG FUE EL DIOS CÉLTICO DE LA RISA, EL AMOR Y LA SABIDURÍA. Gus.

ANH (*VIETNAMITA*) PAZ, SALVACIÓN.

ANÍBAL (*FENICIO*) GRACIA DE DIOS. Hannibal.

ANIL (*HINDÚ*) VIENTO DE DIOS. Anel, Aniel.

ANKA (*TURCO*) FÉNIX.

ANOKI (*AMERICANO NATIVO*) ACTOR.

ANSEL (*FRANCÉS*) SEGUIDOR DEL HOMBRE NOBLE. Ansa, Ansell.

ANSELMO (*MEXICANO*) DIVINO PROTECTOR. Anse, Anselmi, Anselm.

ANSON (*ALEMÁN*) DIVINO. (*INGLÉS*) HIJO DE ANA.

ANTARES (GRIEGO) GIGANTE, ESTRELLA ROJA. ASTRONOMÍA: LA ESTRELLA MÁS BRILLANTE EN LA CONSTELACIÓN DE ESCORPIÓN. Antar, Antario.

ANTJUAN (*ESPAÑOL*) FORMA ALTERNATIVA DE ANTONIO. Antajuan, Antuan.

ANTOAN (*VIETNAMITA*) SALVO, SEGURO.

ANTONIO DIGNO DE ALABANZA. Anthonio, Antinio, Antoino, Antonino, Antonyo, Anthony.

ANTTI (*FINLANDÉS*) VARONIL, MASCULINO. Anthi.

ANUAR (*ÁRABE*) LUMINOSO. Anouar, Anwar.

APOLLO (*GRIEGO*) MASCULINO. MITOLOGÍA: DIOS DE LA PROFECÍA, LA CURA, MÚSICA, POESÍA, VERDAD Y DEL SOL. Apolinar, Apolinario, Apolo, Apolonio.

AQUILES (*LATÍN, ESPAÑOL*) ÁGUILA. Aquil, Aquilas, Aquileo, Aquilino, Aquilla, Aquille, Aquila.

ARAM (*SIRIO*) ALTO, SOBRESALIENTE. Ara, Aramia, Arram.

ARAMIS (*FRANCÉS*) LITERATURA: NOMBRE DE UNO DE LOS TRES MOSQUETEROS. Airamis, Aramys.

ARAN (*TAILANDÉS*) BOSQUE.

ARCHER (*INGLÉS*) ARQUERO. Archie.

ARCHIBALDO (*ALEMÁN*) ATREVIDO. Arch.

ARDEN (*LATÍN*) ARDIENTE, FIERA. Ardan, Ardin.

ARDON (*HEBREO*) BRONCEADO.

AREN (*DANÉS*) ÁGUILA, JEFE.

ARETINO (*GRIEGO, ITALIANO*) VICTORIOSO.

ARGUS (*DANÉS*) ALMIRANTE, VIGILANTE. Agos.

ARI (*GRIEGO*) DIMINUTIVO DE ARISTÓTELES. Aria, Arias, Arie, Arieh.

ARIEL (*HEBREO*) LEÓN DE DIOS. BIBLIA: OTRO NOMBRE DADO A JERUSALÉN. LITERATURA: NOMBRE DEL ESPÍRITU DE LA OBRA DE SHAKESPEARE *LA TEMPESTAD*. Airel, Arel, Areli, Ari.

ARIES (*GRIEGO*) MITOLOGÍA: ARES ERA EL DIOS DE LA GUERRA. (*LATÍN*) CARNERO. Ares, Arie, Ariez.

ARIF (*ÁRABE*) CONOCEDOR, CON CONOCIMIENTO.

ARION (*GRIEGO*) ENCANTADO. MITOLOGÍA: CABALLO MÁGICO. (*HEBREO*) MELODIOSO. Arian, Arien, Ario.

ARÍSTIDES (*GRIEGO*) HIJO DEL MEJOR. Aris, Aristedes, Aristide.

ARISTÓTELES (*GRIEGO*) EL MEJOR, EL SABIO. HISTORIA: FILÓSOFO DEL SIGLO III A.C. QUIEN FUE FUTOR DE ALEJANDRO EL GRANDE. Ari, Aris, Aristito, Aristo, Aristotelis.

ARJUN (*HINDÚ*) BLANCO, DE COLOR LECHE. Arju, Arjuna.

ARKIN (*NORUEGO*) HIJO DEL ETERNO REY. Arcin, Arkyn.

ARLEN (*IRLANDÉS*) GARANTÍA. Arlan, Arland, Arlin.

ARLO (*ALEMÁN*) FORMA ALTERNATIVA DE CARLOS. (*INGLÉS*) COLINA CERCADA.

ARMAN (*PERSA*) DESEO, META. Armanh.

ARMANDO (*LATÍN*) NOBLE. (*ALEMÁN*) SOLDADO. Armad, Arman, Armanda, Armand, Armond.

ARMANI (*HEBREO*) FORTALEZA. Arman, Armann, Armoni, Armonio, Armony.

ARMSTRONG (*INGLÉS*) BRAZO FUERTE.

ARNO (*ALEMÁN*) LOBO ÁGUILA. (*CHECO*) FORMA CORTA DE ERNESTO. Arnoux.

ARNOLDO (*ALEMÁN*) JEFE ÁGUILA. Arnaldo, Arnol, Arnold.

ARNON (*HEBREO*) RÍO RÁPIDO. Arnan.

AROON (*TAILANDÉS*) ATARDECER. Aarón.

ARRIO (*ESPAÑOL*) DE LA GUERRA. Ario, Aryo.

ARSENIO (*MEXICANO*) MASCULINO, (*GRIEGO*) VIRIL. HISTORIA: SAN ARSENIO FUE MAESTRO EN EL IMPERIO ROMANO. Arsen, Arsinio.

ARSHA (*PERSA*) VENERABLE.

ARTEMIO (*GRIEGO*) REGALO DE ARTEMIS. MITOLOGÍA: ARTEMIS ERA LA DIOSA DE LA CAZA Y LA LUNA. Artemas, Artemio, Artemis, Artimas, Artimus.

ARTURO (*IRLANDÉS*) NOBLE, COLINA BONITA. (*ESCOCÉS*) OSO. (*INGLÉS*) ROCA. (*ISLANDÉS*) SEGUIDOR DE THOR. Arthuro, Arthur.

ARUN (*CAMBOYANO, HINDÚ*) SOL. Arnus.

ARVIN (*ALEMÁN*) AMIGO DE LA GENTE, AMIGO DE LA ARMADA. Arv, Arvie, Arvind, Arvinder, Arvon.

ARYEH (*HEBREO*) LEÓN.

ASA (*HEBREO*) FÍSICO, CURANDERO. (*YORUBA*) HALCÓN. Ase.

ASAD (*ÁRABE*) LEÓN. Asid, Azad.

ASADEL (*ÁRABE*) PRÓSPERO. Asael.

ASCOT (*INGLÉS*) CABAÑA AL ESTE. ESTILO DE CORBATA.

ASH (*HEBREO*) ÁRBOL DE FRESNO. Ashby.

ASHER (*HEBREO*) FELIZ, BENDITO. Ashar, Ashor, Ashur.

ASHON (*SUAHILI*) SÉPTIMO EN NACER.

ASHUR (*SUAHILI*) MITOLOGÍA: PRINCIPAL DEIDAD DE ASSIRAN.

ASHWIN (*HINDÚ*) ESTRELLA.

ASIEL (*HEBREO*) CREADO POR DIOS.

ASKER (*TURCO*) SOLDADO.

ASPEN (*INGLÉS*) ÁRBOL DE ASPEN.

ASWAD (*ÁRABE*) DE PIEL OSCURA, NEGRO.

ATA (*AFRICANO*) GEMELO.

ATHAN (*GRIEGO*) INMORTAL.

ATHERON (*INGLÉS*) PUEBLO DE PRIMAVERA.

ATID (*TAILANDÉS*) SOL.

ATIF (*ÁRABE*) CUIDADOR, CARITATIVO.

ATLAS (*GRIEGO*) QUIEN LEVANTA O CARGA. MITOLOGÍA: ATLAS FUE FORZADO A CARGAR EL MUNDO EN SUS HOMBROS COMO CASTIGO POR CONTRARIAR Y DISPUTAR CON ZEUS.

ATLEY (*INGLÉS*) PRADO. Atlea.

ATTILA (*GÓTICO*) PEQUEÑO PADRE. HISTORIA: LÍDER QUE CONQUISTÓ A LOS GODOS. Atila, Atilla.

AUBURN (*LATÍN*) CAFÉ ROJIZO.

AUDEN (*INGLÉS*) VIEJO AMIGO.

AUDON (*FRANCÉS*) VIEJO, RICO. Audelon.

AUDRIC (*INGLÉS*) SABIO MAESTRO. Audrick, Audrik.

AUDUN (*ESCANDINAVO*) DESÉRTICO, DESOLADO.

AUGUSTINO (*LATÍN*) MAJESTUOSO. RELIGIÓN: SAN AGUSTÍN FUE EL PRIMER ARZOBISPO DE CANTERBURRY. Augusto, Agustín, Augustin, Augustinas, Austin.

AUGUSTO (*LATÍN*) MAJESTUOSO, VENERABLE. HISTORIA: NOMBRE DE UN EMPERADOR ROMANO LLAMADO CÉSAR AUGUSTO. Agusto.

AUKAI (*HAWAIANO*) MARINERO.

AUREK (*POLACO*) DE CABELLO DORADO.

AURELIO (*LATÍN*) ORO. HISTORIA: MARCO AURELIO FUE FILÓSOFO Y EMPERADOR ROMANO EN EL SIGLO II D.C.

AURICK (*ALEMÁN*) LÍDER PROTECTOR. Auric.

AUSTIN (*LATÍN*) FORMA CORTA DE AGUSTÍN. Astin, Ostin.

AVEL (*GRIEGO*) SUSPIRO.

AVENT (*FRANCÉS*) NACIDO DURANTE EL ADVIENTO. Aventin.

AVI (*HEBREO*) DIOS ES MI PADRE. Avian, Avidan, Avien.

AVIV (*HEBREO*) JOVEN, TEMPORADA DE PRIMAVERA.

AWAN (*AMERICANO NATIVO*) ALGUIEN.

AXEL (*LATÍN*) HACHA. (*ALEMÁN*) PEQUEÑO ÁRBOL DE ROBLE, RECURSO DE VIDA. Aksel, Ax, Axe, Axell, Axil, Axill, Axl.

AYDIN (*TURCO*) INTELIGENTE.

AYMIL (*GRIEGO*) FORMA ALTERNATIVA DE EMILIO.

AYO (*AFRICANO*) FELICIDAD.

AZAD (*TURCO*) LIBRE.

AZI (*NIGERIANO*) JOVEN.

AZIM (*ÁRABE*) DEFENSOR.

AZIZ (*ÁRABE*) FUERTE.

AZIZI (*SUAHILI*) PRECIOSO.

AZRIEL (*HEBREO*) DIOS ES MI SALVADOR.

AZURIAH (*HEBREO*) SALVADO POR DIOS. Azaria, Azariah, Azuria.

B

BADEN (*ALEMÁN*) EL QUE BAÑA. Baydon.

BAHIR (*ÁRABE*) BRILLANTE.

BAHRAM (*PERSA*) REY ANTIGUO.

BAKARI (*SUAHILI*) NOBLE PROMESA. Bacari, Baccari.

BAKER (*INGLÉS*) PANADERO. Bakir, Bakr.

BAL (*SÁNSCRITO*) NIÑO QUE NACIÓ CON MUCHO PELO.

BALASI (*VASCO*) CON PIE PLANO.

BALBO (*LATÍN*) TARTAMUDO. Balbi, Ballbo.

BALDEMAR (*ALEMÁN*) ATREVIDO, FAMOSO. Baldomero.

BALDER (*ESCANDINAVO*) CALVO. MITOLOGÍA: DIOS DE LA LUZ, DEL VERANO Y LA INOCENCIA. Baldier, Baldur.

BALDRIC (*ALEMÁN*) LÍDER VALIENTE. Baldrick.

BALDWIN (*ALEMÁN*) GRAN AMIGO. Bald, Baldovino, Balduin.

BALIN (*HINDÚ*) PODEROSO SOLDADO. Bali, Valin.

BALTAZAR (*GRIEGO*) DIOS SALVE AL REY. Baltasar, Balthasar, Balthazar.

BARAK (*HEBREO*) PERNO BRILLANTE. BIBLIA: VALIENTE GUERRERO QUE AYUDÓ A DEBORAH. Barrak.

BARDOLFO (*ALEMÁN*) LOBO BRILLANTE. Bardo, Bardolpho, Bardulfo.

BARIS (*TURCO*) LLENO DE PAZ.

BARLOW (*INGLÉS*) COLINA DESCUBIERTA. Barrlow.

BARNABAS (*GRIEGO*, *HEBREO*, *ARAMEO*, *LATÍN*) EL HIJO DEL MISIONERO. BIBLIA: DISCÍPULO DE PABLO.

BERNES (*INGLÉS*) OSO.

BARNETT (*INGLÉS*) HOMBRE DE NOBLEZA, LÍDER. Barn, Barnet, Baronet.

BARNEY (*INGLÉS*) FORMA FAMILIAR DE BARNABAS. Barnie, Barny.

BARNUM (*ALEMÁN*) ESTABLO. (*INGLÉS*) LA CASA DEL VARÓN.

BARÓN (*ALEMÁN*, *INGLÉS*) HOMBRE NOBLE. Barion, Barrón.

BARRIC (*INGLÉS*) GRANJA DE GRANOS. Barrick, Beric.

BART (*HEBREO*) FORMA CORTA DE BARTOLOMEO. Barrt, Barty.

BARTOLOMEO (*HEBREO*) HIJO DE TAMAI. BIBLIA: UNO DE LOS DOCE APÓSTOLES. Bart, Barth, Bartho, Barto, Bartolome, Bartolomeo.

BARTON (*INGLÉS*) GRANJA DE CEBADA, EL PUEBLO DE BARTOLOMEO. Bart.

BARUCH (*HEBREO*) BENDITO. Boruch

BASAM (*ÁRABE*) SONRIENTE. Basim, Bassam.

BASIL (*GRIEGO*, *LATÍN*) REAL, DEL REINO. RELIGIÓN: LÍDER Y SANTO INICIADOR DE LA IGLESIA CRISTIANA.

BASIR (*TURCO*) INTELIGENTE, DISCERNIENTE. Bashar, Bashir.

BAUL (*GITANO*) CARACOL.

BAVOL (*GITANO*) VIENTO, AIRE.

BAXTER (*INGLÉS*) PANADERO. Bax, Baxie, Baxy.

BAY (*VIETNAMITA*) SÉPTIMO HIJO. (*FRANCÉS*) COLOR CASTAÑO, COLOR VERDE HOJA. (*INGLÉS*) AULLANTE.

BEAU (*FRANCÉS*) GUAPO. Bo.

BEAUFORT (*FRANCÉS*) HERMOSA FORTALEZA.

BEBE (*ESPAÑOL*) BEBECITO.

BECK (*INGLÉS*, *ESCANDINAVO*) ARROYO.

BELDEN (*FRANCÉS*, *INGLÉS*) VALLE BONITO. Beldin, Beldon.

BELÉN (*GRIEGO*) FLECHA.

BELL (*FRANCÉS*) GUAPO. (*INGLÉS*) CAMPANA.

BELLO (*AFRICANO*) AYUDANTE O PROMOTOR DEL ISLAMISMO.

BELMIRO (*PORTUGUÉS*) DE BUEN VER, ATRACTIVO.

BEM (*AFRICANO*) PAZ. Behm.

BEN (*HEBREO*) DIMINUTIVO DE BENJAMÍN. Behn, Benio, Benn, Benno.

BEN AMI (*HEBREO*) HIJO DE MI GENTE. Barami.

BENEDICTO (*LATÍN*) BENDITO. Benedick, Benito.

BENITO (*ITALIANO*) FORMA ALTERNATIVA DE BENEDICTO. HISTORIA: BENITO MUSSOLINI FUE UN LÍDER ITALIANO DURANTE LA SEGUNDA GUERRA MUNDIAL. Benedo, Benino, Beno, Beto.

BENJAMÍN (*HEBREO*) HIJO DE MI MANO DERECHA. Bejamin, Begamin, Benjam, Benja, Benjahmin, Benjam, Benji.

BENJIRO (*JAPONÉS*) QUIEN DISFRUTA LA PAZ.

BENNY (*HEBREO*) FORMA FAMILIAR DE BENJAMÍN. Bennie.

BENO (*HEBREO*) HIJO.

BENOIT (*FRANCÉS*) FORMA ALTERNATIVA DE BENEDICTO. (*INGLÉS*) PLANTA CON FLORES AMARILLAS Y ROSAS. Benott.

BENSON (*HEBREO*) HIJO DE BEN. Bensan.

BENTON (*INGLÉS*) EL PUEBLO DE BEN. PUEBLO DE AMA-RRAS. Bent.

BEN ZOIN (*HEBREO*) HIJO DE ZION. Benzi.

BER (*INGLÉS*) HOMBRE CON DIRECCIÓN. (*JUDÍO*) OSO.

BERG (*ALEMÁN*) MONTAÑA. Berge, Bergh.

BERGEN (*ALEMÁN, ESCANDINAVO*) HABITANTE DE LA CO-LINA. Bergin.

BERGER (*FRANCÉS*) PASTOR.

BERGREN (*ESCANDINAVO*) RÍO DE MONTAÑA. Berg.

BERK (*TURCO*) SÓLIDO.

BERN (*ALEMÁN*) FORMA CORTA DE BERNARDO. Berne, Berna.

BERNAL (*ALEMÁN*) FUERTE COMO UN OSO. Bernald, Ber-naldo, Bernel, Bernold.

BERNARDO (*ESPAÑOL*) VALIENTE COMO UN OSO. Bar-nardo, Bern, Bernabe, Bernat, Bernal, Bernie.

BERRY (*INGLÉS*) UVA. Berrie.

BERSH (*GITANO*) UN AÑO.

BERT (*ALEMÁN, INGLÉS*) BRILLO, RESPLANDOR. Berton, Birt.

BERTÍN (*ESPAÑOL*) AMIGO DISTINGUIDO. Berti.

BERTO (*ESPAÑOL*) FORMA CORTA DE ALBERTO.

BEVAN (*GALÉS*) HIJO DE EVAN. Bev, Bevin, Bevon.

BEVERLY (*INGLÉS*) CASTOR DEL PRADO.

BEVIS (*FRANCÉS*) ORIGINARIO DE BEAUVAIS, FRANCIA. TORO. Bevys.

BIENVENIDO (*FILIPINO*) BIENVENIDO.

BIJAN (*PERSA*) HÉROE ANTIGUO. Bijhan, Bijon.

BILAL (*ÁRABE*) ELEGIDO. Bila, Billal.

BILL (*ALEMÁN*) DIMINUTIVO DE WILLIAM. Bil, Will.

BINAH (*HEBREO*) ENTENDEDOR, SABIO. Bina.

BINKENTIOS (*GRIEGO*) VICENTE.

BIRGER (*NORUEGO*) RESCATADO.

BISHOP (*INGLÉS*) OBISPO. Bish.

BJORN (*ESCANDINAVO*) BERNARDO.

BLADIMIR (*RUSO*) PRÍNCIPE FAMOSO. Vladimir.

BLAIR (*IRLANDÉS*) CAMPO. (*GALÉS*) LUGAR. Blayr.

BLANCO (*ESPAÑOL*) CARA ILUMINADA, BLANCO, RUBIO.

BOAZ (*HEBREO*) FUERTE. Bo, Bos, Boz.

BOB (*INGLÉS*) DIMINUTIVO DE ROBERTO.

BODIL (*NORUEGO*) LÍDER PODEROSO.

BODUA (*AFRICANO*) COLA DE ANIMAL.

BOGART (*ALEMÁN*) FUERTE COMO PROA. Bo, Bog, Bogie, Bogy.

BONARO (*ITALIANO*) AMIGO. Bona, Bonar.

BONIFACIO (*MEXICANO*) EL QUE HACE EL BIEN.

BORAK (*ÁRABE*) ILUMINADO. MITOLOGÍA: CABALLO QUE LLEVÓ A MUHAMMED AL SÉPTIMO CIELO.

BORG (*ESCANDINAVO*) CASTILLO.

BORIS (*ESLAVO*) COMBATIENTE, GUERRERO. RELIGIÓN: SANTO PATRON DE MOSCÚ. Borris, Borja, Boriss.

BORKA (*RUSO*) PELEADOR.

BOSEDA (*AFRICANO*) NACIDO EN SÁBADO.

BOUREY (*CAMBOYANO*) PAÍS.

BOWEN (*GALÉS*) HIJO DE OWEN. Bow, Bowe, Bowie.

BOWIE (*IRLANDÉS*) DE CABELLO AMARILLO. HISTORIA: EL CORONEL JAMES BOWIE FUE UN RECONOCIDO EXPLORADOR AMERICANO.

BOYD (*ESCOCÉS*) DE CABELLO AMARILLO. Boid.

BRAD (*INGLÉS*) FORMA CORTA DE BRADFORD. Bradd.

BRADEN (*INGLÉS*) VALLE EXTENSO O ANCHO. Bradan, Bradin, Bradyn, Bredan.

BRADON (*INGLÉS*) COLINA.

BRADY (*IRLANDÉS*) ESPIRITUAL. (*INGLÉS*) ORILLA DE LA ISLA. Braidy.

BRAGI (*ESCANDINAVO*) POETA. MITOLOGÍA: DIOS DE LA POESÍA Y LA MÚSICA. Brage.

BRAHAM (*HINDÚ*) CREADOR. Brahein, Brahima.

BRAINARD (*INGLÉS*) ATREVIDO, CUERVO, PRÍNCIPE.

BRANDON (*INGLÉS*) COLINA ALUMBRADA. Bran, Brand, Brandan.

BRANDY (*HOLANDÉS*) BRANDY, LICOR. Brandi, Brandey.

BRANT (*INGLÉS*) PRUDENTE. Brandt, Branton.

BRAULIO (*ITALIANO*) ARROYO DE LA COLINA. Brauli, Brauliou.

BRAYAN (*IRLANDÉS, ESCOCÉS*) FUERTE. FORMA ALTERNATIVA DE BRIAN. Brayn, Brayon.

BREDE (*ESCANDINAVO*) GLACIAR, ICEBERG.

BRENDAN (*IRLANDÉS*) CUERVO PEQUEÑO. (*INGLÉS*) ESPADA. Bren, Brenden, Brendis, Brennan.

BRENDON (*INGLÉS*) FORMA ALTERNATIVA DE BRANDON.

BRENTON (*INGLÉS*) GRAN COLINA. Brent, Brentan, Brentin.

BRIAN (*IRLANDÉS, ESCOCÉS*) FUERTE, VIRTUOSO, HONO-RABLE. HISTORIA: BRIAN BORU HA SIDO EL REY MÁS FAMOSO DE IRLANDA. Brayan, Briana, Briann, Briano, Briayan, Bryan.

BRICK (*INGLÉS*) PUENTE. Brik.

BRIGHTON (*INGLÉS*) PUEBLO DE LUZ. Bright, Bryton.

BRITTON (*ESCOCÉS*) ORIGINARIO DE GRAN BRETAÑA. Britain, Britin, Briton.

BRODY (*IRLANDÉS*) ZANJA. Brodey.

BROGAN (*IRLANDÉS*) HERRADURA. Brogen.

BRON (*AFRICANO*) RECURSO.

BRONISLAW (*POLACO*) ARMA DE GLORIA.

BRONSON (*INGLÉS*) HIJO DE BROWN. Branson.

BROOK (*INGLÉS*) ARROYO, RÍO. Brooke, Brooker.

BROWN (*INGLÉS*) COLOR CAFÉ, OSO.

BRUCE (*FRANCÉS*) MADERAS. Brucy.

BRUNO (*ALEMÁN, ITALIANO*) DE CABELLO CAFÉ, MORENO. Brunon.

BRYAN (*IRLANDÉS*) FUERTE, VICTORIOSO, HONORABLE. Brayan.

BUBBA (*ALEMÁN*) MUCHACHITO. Babba.

BUCK (*ALEMÁN, INGLÉS*) CIERVO MACHO. Bucko.

BUD (*INGLÉS*) HERALDO, MENSAJERO. Budd, Buddy.

BUELL (*ALEMÁN*) HABITANTE DE LA COLINA. (*INGLÉS*) TORO.

BUFORD (*INGLÉS*) VADO CERCANO AL CASTILLO.

BURGESS (*INGLÉS*) PUEBLERINO. Burg, Burgh, Burr.

BURNEY (*INGLÉS*) ISLA CON UN ARROYO O RÍO.

BURR (*SUECO*) JOVEN. (*INGLÉS*) PLANTA.

BURRIS (*INGLÉS*) PUEBLERINO.

BURTON (*INGLÉS*) FORTALEZA.

BUSTER (*AMERICANO*) GOLPEADOR, BOXEADOR.

BUZZ (*ESCOCÉS*) CASCO DE MILITAR. Buzzy.

BYRAM (*INGLÉS*) CERCA DE GANADO.

BYRON (*FRANCÉS*) CABAÑA. (*INGLÉS*) PAJAR. Beyron, Biren, Biron, Buiron, Byrom.

C

CABLE (*FRANCÉS, INGLÉS*) EL QUE HACE CUERDAS.

CADAO (*VIETNAMITA*) CANCIÓN FOLKLÓRICA.

CADBY (*INGLÉS*) ACUERDO DE GUERREROS.

CADELL (*GALÉS*) GUERRERO. Cade, Cadel, Cedell.

CADMUS (*GRIEGO*) ORIGINARIO DEL ESTE. MITOLOGÍA: FUNDADOR DE LA CIUDAD DE TEBAS.

CAHIL (*TURCO*) JOVEN.

CAÍN (*HEBREO*) BROTE, GANADOR. BIBLIA: PRIMER HIJO DE ADÁN Y EVA. Cayn.

CAIRO (*ÁRABE*) GEOGRAFÍA: CAPITAL DE EGIPTO. Kairo.

CALEB (*HEBREO*) PURO, FIEL. (*ÁRABE*) ATREVIDO, VALIENTE. BIBLIA: ACOMPAÑANTE DE MOISÉS Y JOSHUA. Calab, Cale, Caley, Calob.

CALLUM (*IRLANDÉS*) PALOMA. Callam, Calum.

CALVIN (*LATÍN*) CALVO. Cal, Calv, Calvon, Calvyn.

CAM (*GITANO*) AMADO. (*ESCOCÉS*) FORMA ALTERNATIVA DE CAMERON. Camar, Camari.

CAMERON (*ESCOCÉS*) NARIZ TORCIDA. Cam, Camerin, Camerson, Camron, Kameron.

CAMILO (*FRANCÉS*) NIÑO NACIDO PARA SER LIBRE, NOBLE. Camil, Camillo.

CANAAN (*FRANCÉS*) HISTORIA: ANTIGUA REGIÓN UBICADA EN MEDIO DEL RÍO JORDÁN Y EL MAR MEDITERRÁNEO. Canan.

CANNON (*FRANCÉS*) IGLESIA OFICIAL. Canon.

CANUTO (*LATÍN*) DE CABELLOS BLANCOS. (*ESCANDINAVO*) NUDO. Cnuto.

CAPPI (*GITANO*) BUENA FORTUNA.

CAREY (*GRIEGO*) PURO. (*GALÉS*) CASTILLO, ISLA DE ROCAS. Cari, Cary.

CARLIN (*IRLANDÉS*) PEQUEÑO CAMPEÓN. Carlino, Carly.

CARLO (*ITALIANO*) GRANJERO, FORMA ALTERNATIVA DE CARLOS. Carolo.

CARLOS (*ESPAÑOL*) GRANJERO, VARONIL. Carlitos, Carlo, Charlie.

CARMINO (*LATÍN*) CANCIÓN. Carmon.

CARTER (*INGLÉS*) CONDUCTOR DE AUTO. Cart.

CASIMIRO (*MEXICANO*) QUIEN HACE LA PAZ. Cachi, Casimir, Kasimiro, Kasimir.

CASTLE (*LATÍN*) CASTILLO.

CASTOR (*GRIEGO*) CASTOR DE RÍO. ASTROLOGÍA: UNO DE LOS GEMELOS DE LA CONSTELACIÓN DE GÉMINIS. MITOLOGÍA: SANTO PATRONO DE LOS MARINEROS. Caston.

CATO (*LATÍN*) CON MUCHO CONOCIMIENTO, SABIO. Catón.

CAVAN (*IRLANDÉS*) GUAPO. Cavin, Cawan.

CECIL (*LATÍN*) CIEGO. Cicilio, Celio.

CEDRIC (*INGLÉS*) CAPITÁN DE COMBATE. Ced, Cederic, Sedric.

CEMAL (*ÁRABE*) ATRACTIVO.

CEPHAS (*LATÍN*) PIEDRA PEQUEÑA. BIBLIA: TÉRMINO UTILIZADO POR JESÚS PARA NOMBRAR A PEDRO. Cephus.

CERDIC (*GALÉS*) AMADO. Ceretic.

CÉSAR (*ESPAÑOL*) DE CABELLO LARGO. HISTORIA: TÍTULO DE EMPERADOR ROMANO. Caesar, Casar, Cesare, Cesario, Cesaro, Cezar.

CESTMIR (*CHECO*) FORTALEZA.

CHAD (*INGLÉS*) GUERRERO. GEOGRAFÍA: PAÍS AL NORTE DE ÁFRICA. Chadd, Chado, Chady.

CHAGO (*ESPAÑOL*) FORMA ALTERNATIVA DE JACOB. Chango, Chanti.

CHAIM (*HEBREO*) VIDA. Chai, Chiam.

CHAL (*GITANO*) MUCHACHO, HIJO. Chalin.

CHAM (*VIETNAMITA*) QUIEN TRABAJA DURO. Chams.

CHAN (*SÁNSCRITO*) RESPLANDOR. (*ESPAÑOL*) FORMA ALTERNATIVA DE JUAN. Chann, Chano.

CHANAN (*HEBREO*) NUBE.

CHANDLER (*INGLÉS*) FABRICANTE DE VELAS. Chandian.

CHANTE (*FRANCÉS*) CANTANTE. Chant, Chantra.

CHAPMAN (*INGLÉS*) MERCADER. Chap, Chappy.

CHARLES (*ALEMÁN*) GRANJERO. (*INGLÉS*) FUERTE Y MASCULINO. (*ESPAÑOL*) CARLOS. Carlo, Carlos, Charl, Charlie, Chuck.

CHARRO (*ESPAÑOL*) VAQUERO.

CHASKA (*SIUX*) PRIMOGÉNITO.

CHE (*ESPAÑOL*) APODO DE JOSÉ. Chay.

CHECHE (*ESPAÑOL*) APODO DE JOSÉ.

CHEN (*CHINO*) GRANDIOSO, TREMENDO.

CHENCHO (*MEXICANO*) CORONADO, FLOJO. APODO DE CRECENCIO.

CHEPE (*ESPAÑOL*) FORMA ALTERNATIVA DE JOSÉ.

CHEROKE (*CHEROKE*) GENTE DE DIFERENTE DIALECTO O LENGUAJE.

CHESMU (*AMERICANO NATIVO*) RECHINIDO.

CHESTER (*INGLÉS*) FORMA CORTA DE ROCHESTER. Ches, Chet.

CHEUNG (*CHINO*) BUENA SUERTE.

CHI (*CHINO*) GENERACIÓN JOVEN. (*NIGERIANO*) TU ÁNGEL GUARDIÁN.

CHICO (*ESPAÑOL*) PEQUEÑO.

CHIK (*GITANO*) TIERRA.

CHIKE (*AFRICANO*) PODER DE DIOS.

CHIKO (*JAPONÉS*) FLECHA.

CHILO (*ESPAÑOL*) APODO DE FRANCISCO.

CHILTON (*INGLÉS*) GRANJA EN PRIMAVERA. Chil, Chill.

CHIM (*VIETNAMITA*) PÁJARO.

CHINUA (*AFRICANO*) BENDICIÓN DE DIOS. Chino.

CHIOKE (*AFRICANO*) REGALO DE DIOS.

CHIP (*INGLÉS*) FORMA ALTERNATIVA DE CHARLES. Chipman.

CHRISTIAN (*GRIEGO*) SEGUIDOR DE CRISTO. Christiann, Christiana, Christin, Chistino, Cristian, Kristian.

CHRISTOFER (*GRIEGO*) PORTADOR DE CRISTO. SANTO PATRONO DE LOS VIAJEROS Y MARINEROS. Christopher, Chrystofer, Cristofer.

CHUCHO (*HEBREO*) APODO DE JESÚS.

CHUI (*SUAHILI*) LEOPARDO.

CHUL (*KOREANO*) FIRME.

CHUMA (*AFRICANO*) DE MUCHAS BURBUJAS. (*SUAHILI*) ACERO.

CHUMO (*ESPAÑOL*) APODO DE TOMÁS.

CHUN (*CHINO*) PRIMAVERA.

CHUNG (*CHINO*) INTELIGENTE. Chungo.

CHURCHILL (*INGLÉS*) IGLESIA DE LA COLINA. HISTORIA: SIR WISTON CHURCHILL SIRVIÓ COMO PRIMER MINISTRO BRITÁNICO Y GANÓ EL PREMIO NOBEL DE LITERATURA.

CIAN (*IRLANDÉS*) ANTIGUO. Cein, Kian.

CICERÓN (*LATÍN*) GARBANZO. HISTORIA: FAMOSO ORADOR ROMANO. Cicero.

CID (*ESPAÑOL*) SEÑOR. HISTORIA: SOLDADO Y HÉROE NACIONAL ESPAÑOL DEL SIGLO XI. Cyd.

CIQALA (*DAKOTA*) PEQUEÑO.

CIRILO (*ITALIANO*) SEÑORIAL. Cirilio, Cirillo, Cirrillo, Ciro.

CISCO (*ESPAÑOL*) DIMINUTIVO DE FRANCISCO.

CLARENCIO (*LATÍN*) CLARO, VICTORIOSO. Clare.

CLARK (*FRANCÉS*) CLÉRIGO, ERUDITO. Clerc, Clerck.

CLAUDIO (*ITALIANO*) QUIEN HUYE. Claud, Claudan, Claudel, Claude, Claudin.

CLAY (*INGLÉS*) HOYO O AGUJERO DE ARCILLA. Klay.

CLAYTON (*INGLÉS*) PUEBLO CONSTRUIDO EN TIERRA DE ARCILLA. Clay, Cleyton, Klayton.

CLEARY (*IRLANDÉS*) CULTO.

CLEAVON (*INGLÉS*) RISCO. Clavin, Clavon, Clevon.

CLEMENTE (*ESPAÑOL*) CON CLEMENCIA. BIBLIA: DISCÍPULO DE PABLO. Clem, Clementino.

CLEON (*GRIEGO*) FAMOSO. Kleon.

CLETUS (*GRIEGO*) ILUSTRADO. HISTORIA: MÁRTIR ROMANO.

CLINTON (*INGLÉS*) PUEBLO EN LA COLINA. Clint, Klinton.

CLOVIS (*ALEMÁN*) SOLDADO FAMOSO.

CLUNY (*IRLANDÉS*) ARROYO.

COBY (*HEBREO*) FORMA CORTA DE JACOBO. Cob, Cobby, Cobi, Cobia.

COCHISE (*APACHE*) MADERA DURA. HISTORIA: FAMOSO GUERRERO Y JEFE APACHE.

COCO (*FRANCÉS*) APODO DE JORGE.

CODY (*INGLÉS*) ALMOHADA, COJÍN. Codey, Codi, Codie.

COFFIE (*AFRICANO*) NACIDO EN VIERNES.

COLBY (*INGLÉS*) OSCURO, DE CABELLO OSCURO. Colbi, Colbin, Kolby.

COLEMAN (*LATÍN*) CULTIVADOR DE COLES. (*INGLÉS*) MINERO DE CARBÓN. Cole, Colman, Koleman.

COLIN (*IRLANDÉS*) TERRONCITO, NIÑO EXPLORADOR. Cole, Colen, Kolin.

COLLEY (*INGLÉS*) DE CABELLO NEGRO. Collie.

COLLIER (*INGLÉS*) MINERO. Colier, Collie.

COLLINS (*GRIEGO*) HIJO DE COLIN. (*IRLANDÉS*) ALEGRÍA. Collin, Collins.

COLSON (*GRIEGO, INGLÉS*) HIJO DE NICOLÁS. Colsen.

COLT (*INGLÉS*) CABALLO JOVEN. Colte.

COLTON (*INGLÉS*) PUEBLO CARBONERO. Colt, Coltan, Colten, Coltin, Kolton.

COLUMBA (*LATÍN*) PALOMA. Columbia.

COMAN (*ÁRABE*) NOBLE. (*IRLANDÉS*) TORCIDO.

CONAN (*ÁRABE*) ALABADO. (*ESCOCÉS*) SABIO. Conant, Conon.

CONLAN (*IRLANDÉS*) HÉROE. Conlen, Conlin.

CONNOR (*ESCOCÉS*) SABIO. Conner, Conor.

CONRADO (*ALEMÁN*) VALIENTE CONSEJERO. Konrado.

CONROY (*IRLANDÉS*) SABIO. Roy.

CONSTANTINO (*LATÍN*) FIRME, CONSTANTE. HISTORIA: CONSTANTINO EL GRANDE FUE UNO DE LOS MÁS FAMOSOS EMPERADORES ROMANOS. Constantin, Constantinos, Consta.

COOPER (*INGLÉS*) FABRICANTE DE BARRILES. Couper.

CORBETT (*LATÍN*) CUERVO. Corbit.

CORBIN (*LATÍN*) CUERVO. Corban, Korbin.

CORCORAN (*IRLANDÉS*) RUDO.

CORDERO (*ESPAÑOL*) BORREGO DE POCA EDAD. Cordaro, Cordeiro, Corder, Cordera, Cordy.

COREY (*IRLANDÉS*) HUECO. Core, Cori, Cory.

CORMAC (*IRLANDÉS*) HIJO DEL CUERVO. HISTORIA: REY IRLANDÉS DEL SIGLO III QUIEN FUNDÓ LAS ESCUELAS. Cormack, Cormik.

CORNELIO (*GRIEGO*) CUERNO DE COLOREADO. Corneliu, Cornell, Corney, Corny.

CORRADO (*ITALIANO*) FORMA ALTERNTIVA DE CONRADO. Carrado.

CORRIGAN (*IRLANDÉS*) LANZADOR. Carrigan.

CORRIN (*IRLANDÉS*) CARGADOR DE ESPADAS. Corin.

CORT (*ALEMÁN*) ATREVIDO, FUERTE. (*ESCANDINAVO*) CHICO, CORTO. Corte, Corty.

CORTÉZ (*ESPAÑOL*) CONQUISTADOR. Cortés.

CORWIN (*INGLÉS*) COMPAÑERO DEL CORAZÓN.

CORY (*LATÍN*) FORMA ALTERNATIVA DE COREY. Corye.

CORYDON (*GRIEGO*) CASCO, BLASÓN. Coridon, Cory.

COSME (*ESPAÑOL*) FORMA ALTERNATIVA DE COSMO.

COSMO (*GRIEGO*) ORDENADO, ARMONIOSO, UNIVERSO. Cos, Cosimo, Cozmo, Kosmo.

COSTA (*GRIEGO*) FORMA CORTA DE CONSTANTINO. Costas.

COTY (*FRANCÉS*) CUESTA. Cote, Cotty.

COURTNEY (*INGLÉS*) CORTE. Cort, Cortnay, Curt.

COY (*INGLÉS*) MADERAS.

COYLE (*IRLANDÉS*) LÍDER DE BATALLA.

COYNE (*FRANCÉS*) MODESTO. Coyan.

CREED (*LATÍN*) CREYENTE.

CRISPÍN (*LATÍN*) DE CABELLO ONDULADO. Cris, Crispo.

CRISTIAN (*GRIEGO*) SEGUIDOR DE CRISTO. Cristiano, Cristen, Cristino.

CRISTÓBAL (*GRIEGO*) JESÚS ESTÁ CONMIGO. Cristóval.

CROFTON (*IRLANDÉS*) PUEBLO CON CABAÑAS.

CROSBY (*ESCANDINAVO*) SANTUARIO. Crosbie.

CRUZ (*PORTUGUÉS, ESPAÑOL*) CRUZ.

CULLEN (*IRLANDÉS*) GUAPO. Cull, Cullan, Cullie, Cullin.

CULLEY (*IRLANDÉS*) MADERAS. Cully.

CULVER (*INGLÉS*) PALOMA. Colver, Cully.

CURRAN (*IRLANDÉS*) HÉROE. Curan, Curr, Curry.

CURTIS (*LATÍN*) CERCADO. (*FRANCÉS*) CORTÉS. Curio, Currito, Curt.

CUTHBERT (*INGLÉS*) BRILLANTE.

CYRANO (*GRIEGO*) ORIGINARIO DE CYRENE LA ANTIGUA CIUDAD GRIEGA. LITERATURA: CYRANO DE BERGERAC ES UNA OBRA DE ROSTAND EN DONDE UN ESPADACHÍN DE NARIZ LARGA PELEA POR SU GRAN AMOR.

CYRILO (*GRIEGO*) SEÑORIAL. Ceril, Ciril, Cirilo, Sirilo, Syrilo.

CYRUS (*PERSA*) SOL. Ciro, Syrus.

D

DABI (*VASCO*) AMADO.

DABIR (*ÁRABE*) TUTOR.

DADA (*AFRICANO*) DE CABELLO ONDULADO. Dadi.

DAEMON (*GRIEGO*) FORMA ALTERNATIVA DE DAMIÁN.

DAG (*ESCANDINAVO*) DÍA, BRILLANTE.

DAGAN (*HEBREO*) MAÍZ, GRANO. Dagon.

DAGWOOD (*INGLÉS*) BOSQUE BRILLANTE.

DAIMON (*GRIEGO*, *LATÍN*) FORMA ALTERNATIVA DE DAMON.

DAJUAN (*AMERICANO*) COMBINACIÓN DEL PREFIJO DA + JUAN. Dajon, Da Jon.

DAKARI (*AFRICANO*) FELIZ. Dakairi, Dakar, Dakari.

DAKOTA (*DAKOTA*) AMIGO, SOCIO, NOMBRE DE UNA TRIBU. Dac, Dack, Dackota, Dacota, Dekota.

DAKSH (*HINDÚ*) EFICIENTE.

DALAL (*SÁNSCRITO*) CORREDOR DE BOLSA.

DALBERTO (*INGLÉS*) BRILLO, RESPLANDOR.

DALE (*INGLÉS*) VALLE. Dal, Dalen, Daley.

DALEY (*IRLANDÉS*) ASAMBLEÍSTA. Daily.

DALLAS (*ESCOCÉS*) GEOGRAFÍA: PUEBLO UBICADO EN ESCOCIA, CIUDAD EN TEXAS. Dal, Dall.

DALTON (*INGLÉS*) PUEBLO EN EL VALLE. Dal, Dalaton, Dalt, Daltan, Daltin, Delton.

DALZIEL (*ESCOCÉS*) PEQUEÑO AMIGO.

DAMAR (*AMERICANO*) FORMA CORTA DE DAMARIO. Damario.

DAMMARIO (*AMERICANO*) COMBINACIÓN DEL PREFIJO DA + MARIO. Damar, Damaria, Damarino, Damaris, Damarrion.

DAMEK (*ESLAVO*) ADAM.

DAMIÁN (*GRIEGO*) DOMADOR, CONCILIADOR. Daemon, Daimian, Damaian, Damaien, Damain, Damani, Dameon, Damiann, Damiano, Damien, Damion.

DAMON (*GRIEGO*) CONSTANTE, LEAL. (*LATÍN*) ESPÍRITU MALIGNO. Daimon, Daman, Damond, Damoni, Damonn, Damonni.

DAN (*HEBREO*) FORMA CORTA DE DANIEL. (*VIETNAMITA*) SÍ. Danh.

DANA (*ESCANDINAVO*) ORIGINARIO DE DINAMARCA.

DANDIN (*HINDÚ*) HOMBRE SAGRADO O SANTO.

DANEK (*POLACO*) DANIEL.

DANIEL (*HEBREO*) DIOS ES MI JUEZ. BIBLIA: GRAN POETA HEBREO. Dainel, Dan, Daneil, Danek, Danel, Danick, Daniele, Daniell, Danilo, Dannel, Danny, Dany, Dasco, Doniel, Deniel.

DANILO (*ESLAVO*) FORMA ALTERNATIVA DE DANIEL. Danielo, Danil, Danila.

DANIOR (*GITANO*) NACIDO CON DIENTES.

DANLADI (*AFRICANO*) NACIDO EN DOMINGO.

DANTE (*LATÍN*) DURADERO, QUIEN LLEGA HASTA EL FINAL. Dant, Dantay.

DAR (*HEBREO*) PERLA.

DARA (*CAMBOYANO*) ESTRELLAS.

DARBY (*IRLANDÉS*) LIBRE. Dar, Darb, Darbey.

DAREH (*PERSA*) ADINERADO.

DAREN (*IRLANDÉS*) GRANDE. (*HAUSA*) NACIDO DE NOCHE. Dare.

DARIAN (*IRLANDÉS*) GRANDE. Darek, Daric, Darico, Darik.

DARÍO (*ESPAÑOL*) AFLUENTE.

DARREL (*FRANCÉS*) QUERIDO, AMADO. Dare, Darel.

DARRYL (*FRANCÉS*) QUERIDO, AMADO. Daryl, Daryll.

DARSHAN (*HINDÚ*) DIOS, PARECIDO A UN DIOS. RELIGIÓN: OTRO NOMBRE OTORGADO AL DIOS HINDÚ SHIVA.

DARTON (*INGLÉS*) PUEBLO DE VENADOS. Dartel, Dartrel.

DARWIN (*INGLÉS*) QUERIDO AMIGO. HISTORIA: CARLOS DARWIN FUE EL NATURALISTA QUE ESTABLECIÓ LA TEORÍA DE LA EVOLUCIÓN. Darvin, Darwyn, Derwin.

DASAN (*AMERICANO NATIVO*) LÍDER DE LA PARVADA. Dassan.

DAVE (*HEBREO*) FORMA CORTA DE DAVID, DAVIS.

DAVID (*HEBREO*) AMADO. BIBLIA: PRIMER REY DE ISRAEL. Dabi, Dai, Daivid, Dav, Dave, Davide, Daviso, Dawid.

DAVIN (*ESCANDINAVO*) BRILLANTE. Davion, Davon, Dawin.

DAVIS (*GALÉS*) HIJO DE DAVID. Davidson, Davies, Davison.

DAWSON (*INGLÉS*) HIJO DE DAVID.

DAX (*FRANCÉS, INGLÉS*) AGUA.

DAYTON (*INGLÉS*) DÍA BRILLANTE O SOLEADO. Daiton, Deyton.

DE (*CHINO*) VIRTUOSO.

DEACON (*GRIEGO*) EL QUE SIRVE A SU PRÓJIMO. Deke.

DEAN (*FRANCÉS*) LÍDER. (*INGLÉS*) VALLE. Dene.

DEANGELO (*ITALIANO*) COMBINACIÓN DEL PREFIJO DE + ANGELO. Dang, Danglo.

DECARLOS (*ESPAÑOL*) COMBINACIÓN DEL PREFIJO DE + CARLOS. Decarlo.

DECHA (*TAILANDÉS*) FUERTE.

DÉCIMO (*LATÍN*) EL NÚMERO DIEZ.

DECLAN (*IRLANDÉS*) HOMBRE DE ORACIÓN. RELIGIÓN: SAN DECLAIN FUE UN OBISPO IRLANDÉS DEL SIGLO V. Deklan.

DEKEL (*HEBREO, ÁRABE*) PALMERA.

DELANO (*FRANCÉS*) ÁRBOL DE NUEZ. (*IRLANDÉS*) OSCURO. Delanio.

DELBERT (*INGLÉS*) BRILLANTE COMO EL DÍA. Del.

DELFINO (*LATÍN*) DELFÍN.

DELI (*CHINO*) VIRTUOSO.

DELMAR (*LATÍN*) MAR. Dalmar, Dalmer, Delmare, Delmer, Delmor.

DELSIN (*AMERICANO NATIVO*) ÉL ES ASÍ.

DELVIN (*INGLÉS*) AMIGO PRUDENTE. AMIGO DE MI PUEBLO. Dalvin, Del, Delvon, Delwin.

DEMAN (*HOLANDÉS*) HOMBRE.

DEMARCO (*ITALIANO*) COMBINACIÓN DEL PREFIJO DE + MARCO. Damarco, Demarcco, Demarcio, Demarko.

DEMARIO (*ITALIANO*) COMBINACIÓN DEL PREFIJO DE + MARIO. Demari, Demarion, Demarrio.

DEMBE (*AFRICANO*) PACÍFICO. Damba.

DEMETRIO (*GRIEGO*) AMANTE DE LA TIERRA. MITOLO-GÍA: SEGUIDOR DE DEMETER LA DIOSA DE LA COSECHA Y LA FERTILIDAD. Demetri, Demetrios.

DEMONT (*FRANCÉS*) MONTAÑA. Demonta, Demontay.

DEMOS (*GRIEGO*) GENTE. Demas.

DEMOTHI (*AMERICANO NATIVO*) EL QUE HABLA MIENTRAS CAMINA.

DEMPSEY (*IRLANDÉS*) PRUDENTE. Demp.

DEMPSTER (*INGLÉS*) EL QUE JUZGA. Demster.

DENLEY (*INGLÉS*) COLINA, VALLE. Denly.

DENMAN (*INGLÉS*) HOMBRE DEL VALLE.

DENNIS (*GRIEGO*) MITOLOGÍA: SEGUIDOR DE DIONISIO DIOS DEL VINO. Den, Denis, Deniz, Dinis.

DENNISON (*INGLÉS*) HIJO DE DENNIS. Den, Denison.

DENTON (*INGLÉS*) HOGAR FELIZ. Dent, Dentin.

DENVER (*INGLÉS*) VALLE VERDE. GEOGRAFÍA: CAPITAL DE COLORADO.

DEREK (*ALEMÁN*) GOBERNANTE. Darek, Derak.

DERON (*HEBREO*) PÁJARO, LIBRE. Dereon, Deronn, Diron.

DEROR (*HEBREO*) AMANTE DE LA LIBERTAD.

DERRY (*IRLANDÉS*) CABEZA ROJA. GEOGRAFÍA: CIUDAD AL NORTE DE IRLANDA. Derri, Dery.

DERWARD (*INGLÉS*) CAZADOR DE VENADOS.

DESHI (*CHINO*) VIRTUOSO.

DESIDERIO (*ESPAÑOL*) DESEO.

DESTIN (*FRANCÉS*) DESTINO. Deston.

DEVEN (*HINDÚ*) PARA DIOS. (*IRLANDÉS*) FORMA ALTERNATIVA DE DEVIN. Devein, Diven.

DEVIN (*IRLANDÉS*) POETA. Deivin, Dev, Devan, Dewin.

DEVINE (*LATÍN*) DIVINO. (*IRLANDÉS*) BUEY. Davon, Devinn, Devon, Devyn.

DEVLIN (*IRLANDÉS*) BRAVO, FIERA. Dev, Devlon, Devlyn.

DEWEI (*CHINO*) ALTAMENTE VIRTUOSO.

DEWEY (*GALÉS*) PREMIADO. Dew, Dewl.

DEWITT (*FINLANDÉS*) RUBIO. Witt.

DEXTER (*LATÍN*) DIESTRO, MAÑOSO. (*INGLÉS*) TINTORERO. Daxter, Deck, Dextar, Dextor.

DIAMOND (*INGLÉS*) GEMA BRILLANTE, GUARDIÁN. Diaman, Diamante, Diamont.

DICKRAN (*ARMENIO*) HISTORIA: ANTIGUO REY ARMENIO. Dicran.

DICKSON (*INGLÉS*) HIJO DE DICK. Dikerson.

DIDIER (*FRANCÉS*) DESEADO. FORMA MASCULINA DE DESIREE.

DIEGO (*ESPAÑOL*) SUPLANTADOR, SUSTITUTO. FORMA ALTERNATIVA DE JACOB.

DILLAN (*IRLANDÉS*) FORMA ALTERNATIVA DE DILLON. Dilan, Dilyan.

DILLON (*IRLANDÉS*) LEAL, FIEL. Dil, Dillan, Dilon.

DINH (*VIETNAMITA*) CALMADO, HOMBRE CON PAZ. Din.

DINO (*ALEMÁN*) PEQUEÑA ESPADA. Deano.

DION (*GRIEGO*) FORMA CORTA DE DIONISIO. Deon, Dio, Dionis.

DIXON (*INGLÉS*) HIJO DE DICK. Dickson, Dix.

DOBRY (*POLACO*) BUENO.

DOLAN (*IRLANDÉS*) DE CABELLO OSCURO. Dolin.

DOLFO (*ALEMÁN*) FORMA CORTA DE ADOLFO, RODOLFO. Dolfi.

DOM (*LATÍN*) DIMINUTIVO DE DOMINIC. Dome.

DOMINGO (*ESPAÑOL*) NACIDO EN DOMINGO. Domingos, Mingo.

DOMINIC (*LATÍN*) QUIEN PERTENECE AL SEÑOR. Deco, Demenico, Dom, Domenic, Domenico, Domonic.

DONAHUE (*IRLANDÉS*) GUERRERO OSCURO.

DONALD (*ESCOCÉS*) LÍDER DEL MUNDO, QUIEN GOBIERNA CON PRUDENCIA. Don, Donal, Donaldo, Donalt, Donnie.

DONATIEN (*FRANCÉS*) REGALO. Donathan, Donathon.

DONATO (*ITALIANO*) REGALO. Donatello, Donati.

DONG (*VIETNAMITA*) DEL ESTE. Doung.

DONKOR (*AFRICANO*) HUMILDE.

DONNEL (*IRLANDÉS*) VALIENTE, OSCURO. Donel, Donell, Donnel, Doniel.

DONOVAN (*IRLANDÉS*) GUERRERO OSCURO. Donavan, Donevan, Donivan, Donoven, Donovin, Donovon, Donvan.

DOOLEY (*IRLANDÉS*) HÉROE OSCURO. Dooly.

DOR (*HEBREO*) GENERACIÓN.

DORAN (*GRIEGO, HEBREO*) REGALO. (*IRLANDÉS*) EXTRANJERO, EXILIADO. Dorin, Dorran, Doron, Dory.

DORRELL (*ESCOCÉS*) GUARDIÁN DE LA PUERTA DEL REY. Dorrel.

DOTAN (*HEBREO*) LEY. Dothan.

DOUG (*ESCOCÉS*) FORMA CORTA DE DOUGLAS. Dougy, Dugy.

DOUGLAS (*ESCOCÉS*) RÍO OSCURO. Doug, Douglass.

DOV (*HEBREO*) FORMA ALTERNATIVA DE DAVID. (*JUDÍO*) OSO. Dovid.

DOVEV (*HEBREO*) SUSURRO.

DOW (*IRLANDÉS*) DE CABELLO OSCURO.

DRAGO (*ITALIANO*) DRAGÓN.

DREW (*GALÉS*) SABIO. Dru.

DUARTE (*PORTUGUÉS*) PROTECTOR, RICO.

DUC (*VIETNAMITA*) MORAL. Duy.

DUER (*ESCOCÉS*) HEROICO.

DUFF (*ESCOCÉS*) OSCURO. Duggan.

DUKE (*FRANCÉS*) LÍDER, DUQUE. Dekey, Duky.

DUMAKA (*AFRICANO*) MANO QUE AYUDA.

DUMAN (*TURCO*) NEBLINA.

DUNCAN (*ESCOCÉS*) GUERRERO CAFÉ. Duncc, Dunn.

DUNHAM (*ESCOCÉS*) CAFÉ.

DUNLOP (*ESCOCÉS*) COLINA ENLODADA.

DUNTON (*INGLÉS*) PUEBLO EN LA COLINA.

DUR (*HEBREO*) ESTACADO.

DURANTE (*LATÍN*) QUE DURA. Duran, Durand.

DURKO (*CHECO*) JORGE.

DURRIL (*GITANO*) GROSELLA. Durrel.

DUSTIN (*ALEMÁN*) VALIENTE PELEADOR. (*INGLÉS*) ROCA CAFÉ. Dust, Dustan, Duston, Dusty.

DUTCH (*HOLANDÉS*) ORIGINARIO DE HOLANDA.

DYAMI (*AMERICANO NATIVO*) ÁGUILA QUE VUELA POR LAS NUBES.

DYRE (*NORUEGO*) QUERIDO CORAZÓN.

E

EACHAN (*IRLANDÉS*) CABALLERANGO.

EARL (*IRLANDÉS*) GARANTÍA. Earle, Erl, Errol.

EASTON (*INGLÉS*) PUEBLO DEL ESTE. Eason, Eastin.

EBEN (*HEBREO*) ROCA. Eban, Ebin, Ebon.

EBENEZER (*HEBREO*) PRIMERA PIEDRA.

EBO (*AFRICANO*) NACIDO EN MARTES.

ED (*INGLÉS*) FORMA CORTA DE EDGAR, EDUARDO. Edd.

EDAN (*ESCOCÉS*) FUEGO. Edain.

EDBERT (*INGLÉS*) RICO. BRILLANTE. Ediberto.

EDDIE (*INGLÉS*) DIMINUTIVO DE EDUARDO, EDGAR. Eddy, Edi, Edy.

EDEL (*ALEMÁN*) NOBLE. Adel, Edell, Edelmar.

EDÉN (*HEBREO*) DELICIOSO. BIBLIA: PARAÍSO TERRENAL. Edan, Edenson, Edin, Elden.

EDER (*HEBREO*) REBAÑO. Edir.

EDGAR (*INGLÉS*) EXITOSO ESPADACHÍN. Ed, Edek, Edgardo.

EDMUNDO (*ESPAÑOL*) PRÓSPERO PROTECTOR. Edmando, Mundo.

EDRIC (*INGLÉS*) PRÓSPERO GOBERNANTE. Edrick, Edrico.

EDSEL (*INGLÉS*) CASA DE HOMBRE RICO. Ed, Edsell.

EDUARDO (*ESPAÑOL*) PRÓSPERO GUARDIÁN. Estuardo.

EDUR (*VASCO*) NIEVE.

EDWARD (*INGLÉS*) PRÓSPERO GUARDIÁN. Ed, Eddie, Edo, Edus.

EDWIN (*INGLÉS*) PRÓSPERO AMIGO. Edik, Eduino, Edwan.

EFRAÍN (*HEBREO*) FRUTAL. Efran, Efren, Efrian.

EFRAT (*HEBREO*) HONORABLE.

EGAN (*IRLANDÉS*) ARDIENTE, FEROZ. Egann, Egon.

EGON (*ALEMÁN*) FORMIDABLE.

EHREN (*ALEMÁN*) HONORABLE.

EIKKI (*FINLANDÉS*) PODEROSO.

EINAR (*ESCANDINAVO*) INDIVIDUALISTA. Inar.

EJAU (*AFRICANO*) LO HEMOS RECIBIDO.

EKON (*NIGERIANO*) FUERTE.

ELAM (*HEBREO*) CELESTIAL.

ELAN (*HEBREO*) ÁRBOL. (*AMERICANO NATIVO*) AMIGABLE.
Elann.

ELDER (*INGLÉS*) QUIEN HABITA CERCA DE SAUCES.

ELDON (*INGLÉS*) COLINA SANTA.

ELEAZAR (*HEBREO*) DIOS HA AYUDADO. Elazar, Elazaro,
Eliazar.

ELGIN (*INGLÉS*) NOBLE, BLANCO. Elgen.

ELI (*HEBREO*) BIBLIA: ALTO SACERDOTE QUIEN ENTRENÓ
AL PROFETA SAMUEL. Elie, Eloi, Eloy, Ely.

ELÍAS (*GRIEGO*) DIOS ES MI SEÑOR. BIBLIA: GRAN PROFETA
HEBREO. Elia, Elian.

ELIJAH (*HEBREO*) DIOS ES MI SEÑOR. Eli, Elliot, El, Elia,
Elian, Ellis.

ELIKA (*HAWAIANO*) ERIC.

ELIYAHU (*HEBREO*) EL SEÑOR ES MI DIOS. Eliyahou, Elihu.

ELKAN (*HEBREO*) DIOS ES CELOSO. Elakana, Elkanah, Elkin,
Elkins.

ELLIOT (*INGLÉS*) EL SEÑOR ES MI DIOS. Elio, Eliot, Elyot.

ELLISON (*INGLÉS*) HIJO DE ELÍAS. Elison, Ellson, Elson.

ELMER (*INGLÉS*) NOBLE, FAMOSO. Ellmer, Elmir, Elmo.

ELMO (*LATÍN*) FAMILIAR DE ANSELMO. (*GRIEGO*) CARIÑOSO, AMIGABLE. (*ITALIANO*) GUARDIÁN. (*INGLÉS*) FORMA ALTERNATIVA DE ELMER.

ELOY (*LATÍN*) ELEGIDO. Eloi.

ELSU (*AMERICANO NATIVO*) HALCÓN ENTRE LAS NUBES.

ELTON (*INGLÉS*) PUEBLO VIEJO. Alron, Eldon, Ellton, Elthon.

ELVIN (*INGLÉS*) FORMA ALTERNATVA DE ALVIN. El, Elwin.

ELVIO (*ESPAÑOL*) PIEL BRILLANTE, RUBIO.

ELVIS (*ESCANDINAVO*) SABIO. El, Elviz, Elvys.

EMERY (*ALEMÁN*) TRABAJADOR LÍDER. Emeri, Emerich, Emerio, Emmo.

EMILIANO (*ITALIANO*) HALAGADO. Emilian.

EMILIO (*ITALIANO, ESPAÑOL*) HALAGADO. Emielio, Emilio, Emilo.

EMMANUEL (*HEBREO*) DIOS ESTÁ CON NOSOTROS. Eman, Emanuel, Emanuell, Emmanual, Emmanuell, Enmanuel.

EMRE (*TURCO*) HERMANO. Emrah, Emerson.

ENAPAY (*SIUX*) APARIENCIA VALIENTE, ÉL APARECE.

ENLI (*DANÉS*) AQUEL PERRO DE ALLÁ.

ENNIS (*GRIEGO*) MÍO. Eni, Enni.

ENOCH (*HEBREO*) DEDICADO, CONSAGRADO. BIBLIA: PADRE DE MATUSALÉN. Enoc, Enok.

ENOS (*HEBREO*) HOMBRE. Enosh.

ENRICO (*ITALIANO*) PATRIARCA. Rico.

ENRIQUE (*ESPAÑOL*) GOBERNANTE. Enrrique.

ENVER (*TURCO*) BRILLANTE, GUAPO.

ENYETO (*AMERICANO NATIVO*) CAMINA COMO OSO.

ENZI (*SUAHILI*) PODEROSO.

ERASMO (*GRIEGO*) BELLO. Rasmo.

ERIBERTO (*ITALIANO*) SOLDADO GLORIOSO. Heriberto.

ERIC (*ESCANDINAVO*) GOBERNANTE DE TODO. (*INGLÉS*) GO-BERNANTE VALIENTE. Erek, Ericc, Erich, Erick.

ERIN (*IRLANDÉS*) PACÍFICO. HISTORIA: OTRO NOMBRE OTOR-GADO A IRLANDA. Erinn, Erino, Eron.

ERMANO (*ESPAÑOL*) NOBLE, SOLDADO. Ermin, Erminio, Ermon.

ERNESTO (*ESPAÑOL*) SERIO, FORMAL, SINCERO. Neto.

EROL (*TURCO*) FUERTE, CON CORAJE. Eroll.

ERRANDO (*VASCO*) ATREVIDO.

ERROL (*LATÍN*) VAGABUNDO. Erol, Erold, Erroll.

ESEQUIEL (*HEBREO*) EL PODER DE DIOS. Ezequiel, Ese-kiel, Ezekiel.

ESHKOL (*HEBREO*) RACIMO DE UVAS.

ESMOND (*INGLÉS*) PROTECTOR RICO.

ESPEN (*DANÉS*) DIOS OSO.

ESTEBAN (*ESPAÑOL*) CORONADO. Estabon, Esteben, Estefan, Estefano, Estephan, Estephen.Estevan.

ETHAN (*HEBREO*) FUERTE, FIRME. Eitan, Etan, Ethen, Ethian.

ETU (*AMERICANO NATIVO*) SOLEADO.

EUCLIDES (*GRIEGO*) INTELIGENTE.

EUGENIO (*GRIEGO*) NACIDO PARA LA NOBLEZA. Eugeni, Eugen.

EUSTACIO (*GRIEGO*) PRODUCTIVO. (*MEXICANO*) ESTABLE, CALMADO. Eustazio.

EVAN (*IRLANDÉS*) JOVEN GUERRERO. Ev, Evann, Evans, Evin, Evon.

EVERARDO (*ALEMÁN*) FUERTE COMO PROA. Everado.

EXAVIER (*VASCO*) FORMA ALTERNATIVA DE XAVIER.

EYOTA (*AMERICANO NATIVO*) GRANDIOSO.

EZRA (*HEBREO*) AYUDANTE, FUERTE. BIBLIA: PROFETA Y LÍDER DE LOS ISRAELITAS. Esra, Ezrah, Ezri.

EZVEN (*CHECO*) EUGENIO.

F

FABIÁN (*LATÍN*) CULTIVADOR DE FRIJOLES. Fabain, Fabayan, Fabein, Fabi, Fabiano, Fabin, Fabio.

FABIANO (*ITALIANO*) FORMA ALTERNATIVA DE FABIÁN. Fabianno, Fabio.

FABIO (*LATÍN*) FORMA ALTERNATIVA DE FABIÁN. Fabbio.

FABRIZIO (*ITALIANO*) ARTESANO. Fabricio.

FABRON (*FRANCÉS*) JOVEN APRENDIZ DE HERRERO.

FADIL (*ÁRABE*) GENEROSO. Fadel.

FAGAN (*IRLANDÉS*) PEQUEÑO FEROZ. Fagin.

FAHD (*ÁRABE*) LINCE. Fahad.

FAI (*CHINO*) PRINCIPIO, COMIENZO.

FAIRFAX (*INGLÉS*) RUBIO. Fair, Fax.

FAISAL (*ÁRABE*) DECISIVO. Faisil, Faiz, Faizal, Faizel, Fasel, Fasil.

FAKHIR (*ÁRABE*) EXCELENTE.

FALCO (*LATÍN*) HALCÓN. Falcon, Falk, Falke, Falken.

FALKNER (*INGLÉS*) ENTRENADOR DE HALCONES. Falconer, Falconner, Faulconer.

FARAJI (*SUAHILI*) CONSUELO.

FARID (*ÁRABE*) ÚNICO.

FARIS (*ÁRABE*) CABALLERANGO.

FARLEY (*INGLÉS*) PRADO DE TOROS, PRADO DE OVEJAS. Fairlay, Fairley, Far, Farlay, Farlie, Farly.

FAROLD (*INGLÉS*) PODEROSO VIAJERO.

FARR (*INGLÉS*) VIAJERO. Farran, Farren, Farron.

FARREL (*IRLANDÉS*) HEROICO. Farrel, Ferrell.

FARROW (*INGLÉS*) CERDITO, LECHÓN.

FARRUCO (*ESPAÑOL*) FORMA ALTERNATIVA DE FRANCISCO.

FARRUQ (*ÁRABE*) HONESTO. Faruqh.

FASTE (*NORUEGO*) FIRME.

FATIN (*ÁRABE*) LISTO.

FAUSTO (*ITALIANO*) SUERTUDO, AFORTUNADO. HISTORIA: DOCTOR ALEMÁN DEL SIGLO XVI QUIEN ESCRIBIÓ MUCHAS LEYENDAS. Faustino, Faustis.

FAVIÁN (*LATÍN*) COMPRENSIVO. Favain, Favio.

FAXON (*ALEMÁN*) DE CABELLO LARGO.

FEDERICO (*ITALIANO, ESPAÑOL*) GOBERNANTE DE PAZ. Federigo.

FEIVEL (*JUDÍO*) DIOS AYUDA.

FELIPE (*ESPAÑOL*) QUIEN AMA A LOS CABALLOS. Felipino, Felo, Felipo, Filipo, Flip.

FÉLIX (*LATÍN*) AFORTUNADO, FELIZ. Felic, Feliciano, Felicio, Feliks, Felo, Phelix.

FELTON (*INGLÉS*) CAMPO O JARDÍN DEL PUEBLO. Feltin.

FEORAS (*GRIEGO*) ROCA SUAVE.

FERDINANDO (*ALEMÁN*) ATREVIDO, AVENTURERO. Ferd, Fernando, Nando.

FERGUS (*IRLANDÉS*) FUERTE, MASCULINO. Fergie, Ferguson.

FERMÍN (*FRANCÉS, ESPAÑOL*) FIRME, FUERTE.

FERNANDO (*ESPAÑOL*) ATREVIDO.

FEROZ (*PERSA*) AFORTUNADO.

FERRAN (*ÁRABE*) PANADERO. Feran, Ferrin, Ferron.

FERRIS (*IRLANDÉS*) FORMA ALTERNATIVA DE PEDRO. Faris, Fariz, Feris, Ferriss.

FIDEL (*LATÍN*) FIEL. Fidelio, Fido.

FIFI (*AFRICANO*) NACIDO EN VIERNES.

FILBERTO (*ESPAÑOL*) BRILLANTE.

FILMORO (*INGLÉS*) FAMOSO.

FINEAS (*IRLANDÉS*) ORÁCULO.

FINLAY (*IRLANDÉS*) SOLDADO RUBIO. Findlay, Finn.

FIORELLO (*ITALIANO*) FLOR PEQUEÑA. Fiore.

FIRAS (*ÁRABE*) PERSISTENTE.

FIRMAN (*FRANCÉS*) FIRME, FUERTE. Firmin.

FISCHEL (*JUDÍO*) FELIPE.

FITZ (*INGLÉS*) HIJO. Filz.

FLAMINIO (*ESPAÑOL*) RELIGIÓN: SACERDOTE ROMANO.

FLAVIAN (*LATÍN*) DE CABELLO RUBIO O AMARILLO. Flavel, Flavio.

FLAVIO (*ITALIANO*) RUBIO. Flabio, Flavius.

FLETCHER (*INGLÉS*) FABRICANTE DE FLECHAS. Flecher, Flech.

FLINT (*INGLÉS*) PIEDRA PREHISTÓRICA, RÍO. Flynt.

FLORENCIO (*ITALIANO*) FLORECIENTE.

FLORIÁN (*LATÍN*) QUIEN FLORECE. Florien, Flory.

FOLUKE (*AFRICANO*) OTORGADO A DIOS.

FONTAINE (*FRANCÉS*) FUENTE.

FORBES (*IRLANDÉS*) PRÓSPERO. Forbe.

FORDEL (*GITANO*) QUIEN PERDONA Y OLVIDA.

FOREST (*FRANCÉS*) BOSQUE.

FORESTER (*INGLÉS*) GUARDABOSQUES. Forster, Foster.

FORREST (*FRANCÉS*) HOMBRE DE BOSQUE, MADERAS. Forest, Forester, Forrestar.

FORTINO (*ITALIANO*) AFORTUNADO, SUERTUDO.

FRANCIS (*LATÍN*) LIBRE, DE FRANCIA. Fran, Francés, Francésco, Francisco, Franco, Frank, Franny, Francis, Franta, Franz.

FRANCISCO (*PORTUGUÉS*, *ESPAÑOL*) LIBRE. RELIGIÓN: SAN FRANCISCO DE ASÍS ES EL FUNDADOR DE LA ORDEN FRANCISCANA. Franco, Fransisco, Frasco, Frisco.

FRANKLIN (*INGLÉS*) TERRATENIENTE. Fran, Frankin, Frank, Franklyn.

FRASER (*FRANCÉS*) FRESA. (*INGLÉS*) DE CABELLO RIZADO. Fraizer, Fraiser, Fraze, Frazer, Frazier.

FRED (*ALEMÁN*) FORMA CORTA DE ALFREDO. Fredd, Fredo, Fredson.

FREDERICO (*ESPAÑOL*) FORMA ALTERNATIVA DE FEDERICO. Fredico, Frederigo.

FREY (*INGLÉS*) CABALLERO, SEÑOR. MITOLOGÍA: DIOS DE LA PROSPERIDAD.

FRICK (*INGLÉS*) ATREVIDO.

FRIDOLFO (*INGLÉS*) LOBO NOBLE. Fridulfo.

FRISCO (*ESPAÑOL*) FORMA CORTA DE FRANCISCO.

FRODE (*NORUEGO*) SABIO.

FULLER (*INGLÉS*) SASTRE.

FULTON (*INGLÉS*) CAMPO CERCA DEL PUEBLO.

FYODORO (*RUSO*) QUIEN ADORA A DIOS. FORMA ALTERNATIVA DE TEODORO.

G

GABE (*HEBREO*) FORMA CORTA DE GABRIEL.

GABINO (*AMERICANO*) FORMA ALTERNATIVA DE GABRIEL. Gabin, Gabrino.

GABRIEL (*HEBREO*) DEVOTO A DIOS. BIBLIA: ARCÁNGEL DE LA ANUNCIACIÓN. Gab, Gabby, Gabino, Gabis, Gabor, Gabreil, Gabrel, Gabrial, Gabriele, Gabrielli, Gabris.

GADIEL (*ÁRABE*) DIOS ES MI FORTUNA. Gad, Gadi.

GAGER (*FRANCÉS*) GARANTÍA. Gage, Gaige, Gaje.

GAIR (*IRLANDÉS*) PEQUEÑO. Gaer.

GALEN (*GRIEGO*) CALMADO. (*IRLANDÉS*) PEQUEÑO Y VIVAZ. Gailen, Galan, Gale, Galeno, Galin.

GALENO (*ESPAÑOL*) NIÑO ILUMINADO.

GALLAGHER (*IRLANDÉS*) AYUNDANTE.

GALTON (*INGLÉS*) DUEÑO DE UN ESTADO. Gailton.

GALVIN (*IRLANDÉS*) GORRIÓN. Gal, Gall, Gallvin, Galván, Galven.

GAMAL (*ÁRABE*) CAMELLO. Gamall, Gamel, Gamil.

GARCÍA (*ESPAÑOL*) PODEROSO ESPADACHÍN.

GARDNER (*INGLÉS*) JARDINERO. Gard, Gardy.

GAREK (*POLACO*) EDGAR.

GARFIELD (*INGLÉS*) CAMPO DE BATALLA.

GARLAND (*FRANCÉS*) GUIRNALDA DE FLORES.' PREMIO. (*INGLÉS*) CAMPO DE BATALLA. Garlan, Garlund.

GARMAN (*INGLÉS*) ESPADACHÍN. Garmann.

GARNER (*FRANCÉS*) GUARDIA DE SEGURIDAD. Garnier.

GARNOCK (*GALÉS*) PROPIETARIO DEL VIEJO RÍO.

GARRISON (*FRANCÉS*) TROPAS ESTACIONADAS EN EL FUERTE. Garison, Garris.

GARROWAY (*INGLÉS*) QUIEN COMBATE CON ESPADA. Garraway.

GARSON (*INGLÉS*) HIJO DE GAR.

GARTH (*ESCANDINAVO*) JARDÍN, JARDINERO.

GARVIN (*INGLÉS*) COMPAÑERO DE BATALLA. Garwin.

GARY (*ALEMÁN*) PODEROSO ESPADACHÍN. Gari, Garry.

GASPÁR (*FRANCÉS*) TESORERO. Gaspari, Gasparo.

GASTON (*FRANCÉS*) DE GASCONIA, FRANCIA. Gascón.

GAUTE (*NORUEGO*) GRANDIOSO.

GAVIN (*GALÉS*) HALCÓN BLANCO. Gav, Gavan, Gaven, Gavino, Gavon.

GAVRIEL (*HEBREO*) HOMBRE DE DIOS. Gav, Gavi, Gavy.

GENARO (*LATÍN*) CONSAGRADO A DIOS. Genero, Gennaro.

GENE (*GRIEGO*) NACIDO PARA LA NOBLEZA. Genek.

GENO (*ITALIANO*) JUAN. Genio, Jeno.

GENOVÉS (*ITALIANO*) DE GÉNOVA, ITALIA. Geno, Genovis.

GENT (*INGLÉS*) CABALLEROSO. Gentry.

GENTY (*IRLANDÉS, INGLÉS*) NIEVE.

GEORG (*ESCANDINAVO*) JORGE.

GEORGE (*GRIEGO*) GRANJERO. FORMA ANGLOSAJONA PARA DECIR JORGE. Geordie, Georg, Georgi, Georgio, Giorgio, Gorge.

GEORGIO (*ITALIANO*) JORGE.

GERALDO (*ITALIANO, ESPAÑOL*) PODEROSO ESPADACHÍN. Garald, Garold, Gary, Gerald, Giraldo.

GERARDO (*ESPAÑOL*) PODEROSO ESPADACHÍN. Gerard, Gherardo.

GEREMÍAS (*HEBREO*) NOMBRADO POR DIOS.

GERIK (*POLACO*) EDGAR. Geric, Gerick.

GERMÁN (*FRANCÉS*) ORIGINARIO DE ALEMANIA. (*INGLÉS*) RETOÑO, BROTE. Germain, Germano.

GERÓNIMO (*AMERICANO*) HISTORIA: FAMOSO JEFE APACHE. Geronemo.

GERSHOM (*HEBREO*) EXILIADO. (*JUDÍO*) EXTRANJERO EN EL EXILIO. Gersham, Gersho, Gerson.

GERSON (*INGLÉS*) HIJO DE GAR. Gersan.

GERT (*ALEMÁN, DANÉS*) PELEADOR.

GERWIN (*GALÉS*) JUSTO AMOR.

GHAZI (*ÁRABE*) CONQUISTADOR.

GI (*COREANO*) VALIENTE.

GIA (*VIETNAMITA*) FAMILIA.

GIACOMO (*ITALIANO*) FORMA ALTERNATIVA DE JACOBO. Giacamo, Giaco.

GIANCARLO (*ITALIANO*) COMBINACIÓN DE JUAN + CARLOS. Giancarlos.

GIANLUCA (*ITALIANO*) COMBINACIÓN DE JUAN + LUCAS.

GIANNI (*ITALIANO*) JUANITO. Giani, Gionni.

GIANPAOLO (*ITALIANO*) COMBINACIÓN DE JUAN + PAOLO. Gianpaulo.

GIBOR (*HEBREO*) PODEROSO.

GIBSON (*INGLÉS*) HIJO DE GILBERTO. Gils, Gilson.

GIDEÓN (*HEBREO*) CORTADOR DE ÁRBOLES. BIBLIA: JUEZ QUE LIBERÓ A LOS ISRAELITAS DEL CAUTIVERIO. Gidon, Hedeon.

GIL (*HEBREO*) FELIZ. Gili, Gilly.

GILBERTO (*ESPAÑOL*) DIGNO DE CONFIANZA, BRILLANTE, GARANTÍA. Gib, Giselberto.

GILLET (*FRANCÉS*) JOVEN GILBERTO. Gelett, Gelette, Gillette.

GILMORE (*IRLANDÉS*) DEVOTO A LA VIRGEN MARÍA.

GILON (*HEBREO*) CÍRCULO.

GILROY (*IRLANDÉS*) DEVOTO AL REY. Gildroy, Roy.

GINO (*GRIEGO*) DIMINUTIVO DE EUGENIO. Ghino.

GIORGIO (*ITALIANO*) GRANJERO. FORMA ALTERNATIVA DE JORGE O GEORGE.

GIOVANNI (*ITALIANO*) JUANITO. Gian, Gianni, Giovani, Giovanny, Giovonni.

GITANO (*ESPAÑOL*) GITANO.

GODWIN (*INGLÉS*) AMIGO DE DIOS. Godwinn, Goodwynn.

GOEL (*HEBREO*) REDENTOR.

GONZA (*AFRICANO*) AMOR.

GONZALO (*ESPAÑOL*) LOBO. Gonsalo, Gonzolo.

GORDON (*INGLÉS*) COLINA TRIANGULAR. Gord, Gordain, Gordan.

GORMAN (*IRLANDÉS*) PEQUEÑO DE OJOS AZULES.

GORO (*JAPONÉS*) QUINTO.

GRAHAM (*INGLÉS*) HOGAR. Gram.

GRANT (*INGLÉS*) GRANDE. Grand.

GRAY (*INGLÉS*) CANOSO. Grey.

GEENWOOD (*INGLÉS*) BOSQUE VERDE.

GREGGORY (*LATÍN*) GREGORIO.

GREGORIO (*ITALIANO*, *PORTUGUÉS*) VIGILANTE, ALMI-RANTE, OBSERVADOR. Gergo, Greg, Gregor, Gregory, Gregos.

GRIFIN (*LATÍN*) NARIZ CHUECA. Griff, Griffen, Griffon.

GRISWOLD (*ALEMÁN*, *FRANCÉS*) BOSQUE GRIS. Gris, Griz.

GROVER (*INGLÉS*) HUMILDE. Grove.

GUADALUPE (*MEXICANO*) RELIGIÓN: NOMBRE CON EL CUAL SE APARECIÓ LA VIRGEN MARÍA EN MÉXICO. (*ÁRABE*) RÍO DE PIEDRAS NEGRAS. Guadalope.

GUALBERTO (*ESPAÑOL*) GENERAL. Gualterio.

GUGLIELMO (*ITALIANO*) FORMA ALTERNATIVA DE GUI-
LLERMO.

GUILLERMO (*ESPAÑOL*) DETERMINADO GUARDIÁN. Gui-
llerrmo.

GUOTIN (*CHINO*) POLÍTICO, LÍDER FUERTE.

GURION (*HEBREO*) JOVEN LEÓN. Gur, Guri, Guriel.

GUSTAF (*SUECO*) GUSTAVO.

GUSTAVO (*ITALIANO, ESPAÑOL*) VARA DE DIOS. Gustabo,
Gustaf, Gustav.

GUY (*HEBREO*) VALLE. (*ALEMÁN*) GUERRERO. (*FRANCÉS*)
GUÍA. Guyon.

GUYAPI (*AMERICANO NATIVO*) CÁNDIDO.

GWIDON (*POLACO*) VIDA.

GYASI (*AFRICANO*) BEBÉ MARAVILLOSO.

GYULA (*HÚNGARO*) JOVEN.

H

HABIB (*ÁRABE*) AMADO.

HACKETT (*ALEMÁN, FRANCÉS*) PEQUEÑO CORTADOR DE ÁRBOLES. Hacket, Hackit.

HACKMAN (*ALEMÁN, FRANCÉS*) CORTADOR DE ÁRBOLES.

HADAR (*HEBREO*) GLORIA.

HADDAD (*ÁRABE*) HERRERO NEGRO.

HADI (*ÁRABE*) GUIADO A LO CORRECTO. Hady.

HADRIAN (*LATÍN, SUECO*) OSCURO. Adrián.

HADWIN (*INGLÉS*) AMIGO EN TIEMPOS DE GUERRA.

HAGAN (*ALEMÁN*) FUERTE, DEFENSA. Haggan.

HAGEN (*IRLANDÉS*) JOVEN, LLENO DE JUVENTUD.

HAGOS (*ETÍOPE*) FELIZ.

HAI (*VIETNAMITA*) MAR.

HAIDAR (*ÁRABE*) LEÓN. Haider.

HAJI (*SUAHILI*) NACIDO DURANTE LA PEREGRINACIÓN A LA MECA.

HAKAN (*AMERICANO NATIVO*) FIERA, FEROZ.

HAKIM (*ÁRABE*) SABIO. (*ETÍOPE*) DOCTOR. Hakiem.

HAKON (*ESCANDINAVO*) DE DESCENDENCIA NÓRDICA. Hak, Hakan, Hako.

HALBERTO (*INGLÉS*) HÉROE BRILLANTE. Bert.

HALEN (*SUECO*) ANFITRIÓN. Hallen, Haylen.

HALEY (*IRLANDÉS*) INGENIOSO. Halley.

HALI (*GRIEGO*) MAR.

HALIAN (*AMERICANO NATIVO*) JOVEN.

HALIL (*TURCO*) QUERIDO AMIGO. Hilill.

HALIM (*ÁRABE*) AGRADABLE, AMABLE.

HALLAM (*INGLÉS*) VALLE.

HALTON (*INGLÉS*) HACIENDA EN LA COLINA.

HALVOR (*NORUEGO*) ROCA, PROTECTOR. Halvard.

HAM (*HEBREO*) CALIENTE. BIBLIA: UNO DE LOS HIJOS DE NOEL.

HAMAL (*ÁRABE*) CORDERO. ASTRONOMÍA: ESTRELLA BRILLANTE DE LA CONSTELACIÓN DE ARIES.

HAMAR (*ESCANDINAVO*) MARTILLO.

HAMILTON (*INGLÉS*) PRUDENTE. Hamel, Hamil.

HAMISI (*SUAHILI*) NACIDO EN MARTES.

HAMLET (*ALEMÁN, FRANCÉS*) VILLA PEQUEÑA. LITERATU-RA: HÉROE DE UNA DE LAS TRAGEDIAS DE SHAKESPEARE.

HAMLIN (*ALEMÁN, FRANCÉS*) EL QUE AMA SU HOGAR. Hamelin, Hamlen.

HAMZA (*ÁRABE*) PODEROSO. Hamzah.

HANAN (*HEBREO*) GRACIOSO. Hananel.

HANBAL (*ÁRABE*) PURO. HISTORIA: FUNDADOR DE LA ES-CUELA ISLÁMICA DEL PENSAMIENTO.

HANIF (*ÁRABE*) CREYENTE DE LA VERDAD. Hanef.

HANK (*AMERICANO*) ENRIQUE.

HANNIBAL (*FENICIO*) GRACIA DE DIOS. Aníbal.

HANS (*ESCANDINAVO*) JUAN. Hansel, Hants, Hanz.

HANSEL (*ESCANDINAVO*) FORMA ALTERNATIVA DE HANS. Hansell, Hanzel.

HANSH (*HINDÚ*) DIOS, PARECIDO A DIOS. RELIGIÓN: OTRO NOMBRE DADO AL DIOS SHIVA.

HANSON (*ESCANDINAVO*) HIJO DE HANS. Hansen, Hansson.

HARA (*HINDÚ*) DOMINANTE.

HARB (*ÁRABE*) GUERRERO.

HARBIN (*ALEMÁN, FRANCÉS*) GUERRERO BRILLANTE Y PEQUEÑO. Harben.

HARDIWN (*INGLÉS*) AMIGO VALIENTE.

HARDY (*ALEMÁN*) ATREVIDO, FUERTE. Hardie.

HARI (*HINDÚ*) ALEONADO. RELIGIÓN: OTRO NOMBRE DADO AL DIOS HINDÚ VISHNÚ. Hariel, Harin.

HARITH (*ÁRABE*) CULTIVADOR.

HARJOT (*HINDÚ*) LUZ DE DIOS. Harjit.

HARKIN (*IRLANDÉS*) ROJO OSCURO. Harkan.

HAROLD (*ESCANDINAVO*) JEFE DE LA ARMADA. Garold, Haraldo.

HAROUN (*ÁRABE*) CARIÑOSO, EMOCIONADO. Harin, Haron, Harun.

HARRISON (*INGLÉS*) HIJO DE HARRY. Harison, Harrisson.

HARRY (*INGLÉS*) JEFE DE LA ARMADA. Harray, Harri.

HARVEY (*ALEMÁN*) GUERRERO DE LA ARMADA. Harv, Hervie.

HARVIR (*AMERICANO NATIVO*) GUERRERO DE DIOS. Harvier.

HASAD (*TURCO*) COSECHADOR.

HASANI (*SUAHILI*) GUAPO. Hansan, Husani.

HASHIM (*ÁRABE*) DESTRUCTOR DEL MAL. Hasham, Hashem.

HASIN (*HINDÚ*) QUIEN RÍE. Hasen, Hazen.

HASSAN (*ÁRABE*) GUAPO. Hasan.

HASTIN (*HINDÚ*) ELEFANTE.

HATIM (*ÁRABE*) JUEZ. Hatem.

HAUK (*NORUEGO*) HALCÓN.

HAWK (*INGLÉS*) HALCÓN. Hawkin, Hawkins.

HEATON (*INGLÉS*) LUGAR ALTO.

HEBER (*HEBREO*) ALIADO, SOCIO.

HÉCTOR (*GRIEGO*) CONSTANTE, DETERMINADO. MITOLO-GÍA: GRAN HÉROE DE LA GUERRA DE TROYA.

HELAKU (*AMERICANO NATIVO*) DÍA ASOLEADO.

HELMER (*ALEMÁN*) CÓLERA DEL GUERRERO.

HELMUT (*ALEMÁN*) CON CORAJE. Helmuth.

HEMAN (*HEBREO*) LLENO DE FE.

HENDERSON (*ESCOCÉS*, *INGLÉS*) HIJO DE ENRIQUE. Hendron.

HENOCH (*JUDÍO*) INICIADOR. Enoch, Henok.

HENRY (*ALEMÁN*) JEFE DE FAMILIA. Heinz, Henri, Henrique.

HERALDO (*ESPAÑOL*) JEFE DE LA ARMADA. Hiraldo.

HEBERTO (*ALEMÁN*) GLORIOSO SOLDADO. Erbert, Eriberto, Hebert, Heriberto.

HÉRCULES (*GRIEGO*) REGALO GLORIOSO. MITOLOGÍA: FAMOSO HÉROE GRIEGO MITAD DIOS, MITAD HUMANO, HIJO DE ZEUS.

HERMAN (*LATÍN*) NOBLE. (*ALEMÁN*) SOLDADO. Ermano.

HERMES (*GRIEGO*) MENSAJERO. MITOLOGÍA: MENSAJERO DE LOS DIOSES GRIEGOS.

HERNANDO (*ESPAÑOL*) FORMA ALTERNATIVA DE FERNANDO.

HERSHEL (*HEBREO*) CIERVO. Herschel, Hersh, Hershal.

HERTZ (*JUDÍO*) MI PESAR. Herzel.

HESPEROS (*GRIEGO*) ESTRELLA DEL ATARDECER. Hespero.

HEWIT (*ALEMÁN*, *FRANCÉS*) PEQUEÑO INTELIGENTE. Hewe, Hewet, Hewie, Hugh.

HIAMOVI (*CHEYEN*) GRAN CHEF.

HIBAH (*ÁRABE*) REGALO.

HIDEAKI (*JAPONÉS*) INTELIGENTE, LISTO. Hideo.

HIEU (*VIETNAMITA*) RESPETABLE.

HILARIO (*MEXICANO*) LLENO DE FELICIDAD.

HILEL (*ÁRABE*) LUNA NUEVA.

HILMAR (*SUECO*) NOBLE Y FAMOSO.

HINTO (*DAKOTA*) AZUL.

HIRAM (*HEBREO*) EL MÁS NOBLE. Hi, Hirom, Huram.

HIROMASA (*JAPONÉS*) JUSTO.

HIROSHI (*JAPONÉS*) GENEROSO.

HISOKA (*JAPONÉS*) DISCRETO, RESERVADO.

HO (*CHINO*) BUENO.

HOANG (*VIETNAMITA*) ESTUDIOSO.

HOGAN (*IRLANDÉS*) JOVEN. Hogin.

HOLIC (*CHECO*) BARBERO.

HOLMES (*INGLÉS*) ISLAS CON RÍOS.

HOLT (*INGLÉS*) BOSQUE. Holten, Holton.

HOMERO (*GRIEGO*) GARANTÍA, SEGURIDAD. LITERATURA: RENOMBRADO POETA GRIEGO. Homar, Homer, Homeros.

HONDO (*AFRICANO*) GUERRERO.

HONESTO (*FILIPINO*) VERDADERO, DE CONFIANZA.

HONI (*HEBREO*) GRACIOSO. Choni.

HONORATO (*ESPAÑOL*) HONORABLE.

HONOVI (*AMERICANO NATIVO*) FUERTE.

HOP (*CHINO*) AGRADABLE.

HORACIO (*LATÍN*) GUARDIÁN DE LAS HORAS.

HORTON (*INGLÉS*) JARDÍN DE LA HACIENDA. Hort, Orton.

HOSA (*AMERICANO NATIVO*) JOVEN CUERVO.

HOSEA (*HEBREO*) SALVACIÓN. BIBLIA: POETA HEBREO. Hose, Hoshea.

HOTAH (*DAKOTA*) BLANCO.

HOTOTO (*AMERICANO NATIVO*) SILBADOR.

HOUSTON (*INGLÉS*) PUEBLO EN LA COLINA. GEOGRAFÍA: CIUDAD DE TEXAS. Hustin, Huston.

HOWARD (*INGLÉS*) VIGILANTE. Ward.

HOWIN (*CHINO*) TRAGO.

HOYT (*IRLANDÉS*) MENTE Y ESPÍRITU.

HU (*CHINO*) TIGRE.

HUD (*ÁRABE*) RELIGIÓN: PROFETA MUSULMÁN.

HUDSON (*INGLÉS*) HIJO DE HUD.

HUGO (*LATÍN*) MENTE Y ESPÍRITU BRILLANTE.

HUMBERTO (*PORTUGUÉS*) FORTACHÓN.

HUNG (*VIETNAMITA*) VALIENTE.

HUNTER (*INGLÉS*) CAZADOR. Huntur.

HURLEY (*IRLANDÉS*) MAR LIMPIO. Hurleigh.

HUSAM (*ÁRABE*) ESPADA.

HUSLU (*AMERICANO NATIVO*) OSO PELUDO.

HUSSEIN (*ÁRABE*) PEQUEÑO, GUAPO. Hossein, Houssein, Husien, Hussain.

HUTE (*AMERICANO NATIVO*) ESTRELLA.

HUY (*VIETNAMITA*) GLORIOSO.

HY (*VIETNAMITA*) LLENO DE ESPERANZA.

HYATT (*INGLÉS*) PUERTA ALTA. Hyat.

HYUN-KI (*COREANO*) SABIO.

HYUN-SHIK (*COREANO*) LISTO.

I

IAGO (*ESPAÑOL, GALÉS*) SUPLENTE. LITERATURA: VILLANO EN LA OBRA DE SHAKESPEARE OTELO. Jago.

IAN (*ESCOCÉS*) JUAN. Iann.

IBAN (*VASCO*) JUAN.

IBRAHIM (*ÁRABE*) FORMA ALTERNATIVA DE ABRAHAM. (*AFRICANO*) MI PADRE ESTÁ SORPRENDIDO. Ibrahaim, Ibraham.

ICHABOD (*HEBREO*) LA GLORIA SE HA IDO.

IDI (*SUAHILI*) NACIDO DURANTE EL FESTIVAL.

IDRIS (*ÁRABE*) RELIGIÓN: PROFETA MUSULMÁN. Idres, Idriss.

IGASHU (*AMERICANO NATIVO*) VAGABUNDO. Igasho.

IGNACIO (*ITALIANO*) FEROZ, ARDIENTE. Ignazio.

IGOR (*RUSO*) HIJO DE LA MILICIA. Egor, Igoryok, Yegor.

IHSAN (*TURCO*) COMPASIVO.

IKE (*HEBREO*) ISAAC. Ikey.

IKER (*VASCO*) VISITANTE.

ILAN (*HEBREO*) ÁRBOL. (*VASCO*) JOVEN.

ILLAN (*VASCO, LATÍN*) JOVEN.

ILOM (*AFRICANO*) SON MUCHOS MIS ENEMIGOS.

IMAD (*ÁRABE*) QUIEN MANTIENE A SU FAMILIA.

IMMANUEL (*HEBREO*) FORMA ALTERNATIVA DE EMMA-NUEL. Iman, Imanol.

IMRAN (*ÁRABE*) ANFITRIÓN. BIBLIA: PERSONAJE DEL ANTI-GUO TESTAMENTO. Imraan.

INAY (*HINDÚ*) DIOS, PARECIDO A UN DIOS.

INCE (*HÚNGARO*) INOCENTE.

INDER (*HINDÚ*) DIOS, PARECIDO A DIOS. Inderbir, Indra.

INDIANA (*HINDÚ*) ORIGINARIO DE LA INDIA. Indi, Indy.

INGMAR (*ESCANDINAVO*) HIJO FAMOSO. Ing, Ingamar, Ingamur, Ingrim.

INIKO (*AFRICANO*) NACIDO DURANTE MALOS TIEMPOS.

INNIS (*IRLANDÉS*) ISLA. Innes.

INOCENCIO (*MEXICANO*) INOCENTE. Inocenci, Inocenzio, Inosente.

INTEUS (*AMERICANO NATIVO*) PRUDENTE.

IOAN (*GRIEGO, BÚLGARO, RUMANO*) JUAN. Ioann, Ionel.

IOLO (*GALÉS*) EL SEÑOR ES DIGNO.

IOSIF (*GRIEGO, RUSO*) JOSÉ.

IOSUA (*RUMANO*) FORMA ALTERNATIVA DE JOSHUA.

IRA (*HEBREO*) VIGILANTE.

IRAM (*INGLÉS*) BRILLO.

IRVING (*IRLANDÉS*) GUAPO. (*GALÉS*) RÍO BLANCO. Irvin.

ISA (*ÁRABE*) JESÚS. Isaah.

ISAAC (*HEBREO*) ÉL REIRÁ. BIBLIA: HIJO DE ABRAHAM Y SARA. Isaak, Isacc, Isacco, Isack, Isaic.

ISAÍAS (*HEBREO*) DIOS ES MI SALVACIÓN. BIBLIA: INFLUYENTE PROFETA HEBREO. Isa, Isai, Isaiah, Isaiahs, Isaid, Izayus.

ISAM (*ÁRABE*) GUARDIA DE SEGURIDAD.

ISAS (*JAPONÉS*) METEORITO.

ISHAN (*HINDÚ*) DIRECCIÓN. Ishaan, Ishaun.

ISIDRO (*GRIEGO*) REGALO DE DIOS. Isidoro, Isidoros.

ISMAEL (*ÁRABE*) DIOS ME ESCUCHARÁ. Ishmael.

ISRAEL (*HEBREO*) PRÍNCIPE DE DIOS. LUCHA POR DIOS.

ISSA (*SUAHILI*) DIOS ES NUESTRA SALVACIÓN.

ISTU (*AMERICANO NATIVO*) PINO DE AZÚCAR.

ITHEL (*GALÉS*) GENEROSO CABALLERO.

ITTAMAR (*HEBREO*) ISLA DE PALMERAS. Itamar.

IVÁN (*RUSO*) FORMA ALTERNATIVA DE JUAN. Ivann, Ivano, Ivas, Ivin, Ivon.

IVO (*ALEMÁN*) ARCO DE MADERA. Ivor, Yvo.

IYAPO (*AFRICANO*) MUCHOS PROBLEMAS U OBSTÁCULOS.

IZAK (*CHECO*) ISAAC. Izaka, Izaak, Izac, Izzak.

IZZY (*HEBREO*) ISRAEL. Issy.

J

JA (*COREANO*) ATRACTIVO, MAGNÉTICO.

JABARI (*SUAHILI*) SIN MIEDO. Jabahri, Jabar, Jabarel, Jabarri, Jabbar, Jaber.

JABEZ (*HEBREO*) NACIDO DEL DOLOR. Jabe, Jabes, Jabesh.

JABIN (*HEBREO*) DIOS HA CREADO. Jabain, Jabien, Jabon.

JABULANI (*AFRICANO*) FELIZ.

JACAN (*HEBREO*) PROBLEMA. Jachin.

JACINTO (*PORTUGUÉS*, *ESPAÑOL*, *MEXICANO*) FLOR DEL JACINTO. Jacindo.

JACK (*AMERICANO*) JUAN. Jackie, Jacko, Jackub, Jak, Jax, Jock, Jocko.

JACKIE (*AMERICANO*) DIMINUTIVO DE JACK. Jackey.

JACKSON (*INGLÉS*) HIJO DE JACK. Jacson, Jaxon.

JACOB (*HEBREO*) SUPLENTE, SUSTITUTO. BIBLIA: HIJO DE ISAAC HERMANO DE ESAU. Diego, Iago, Iakobos, Jacobo, Jacobi.

JACOBO (*ESPAÑOL*) FORMA ALTERNATIVA DE JACOB.

JACOBSON (*INGLÉS*) HIJO DE JACOBO. Jacobs, Jacobsin.

JACQUES (*FRANCÉS*) JACOBO. Jacot, Jacquan, Jaquet, Jacquez, Jarques.

JACY (*GUARANÍ*) LUNA. Jaicy.

JADE (*ESPAÑOL*) JADE, PIEDRA PRECIOSA. Jaid, Jaide.

JADON (*HEBREO*) DIOS HA ESCUCHADO. Jaden, Jaydon.

JAEGAR (*ALEMÁN*) CAZADOR. Jagur.

JAE-HWA (*COREANO*) RICO, PRÓSPERO.

JAEL (*HEBREO*) CABRA DE LA MONTAÑA. Yael.

JAFAR (*SÁNSCRITO*) RIACHUELO. Jafari, Jaffar, Jafur.

JAGGER (*INGLÉS*) CARRETERO. Jagar, Jager.

JAGUAR (*ESPAÑOL*) JAGUAR.

JAHI (*SUAHILI*) DIGNO.

JAI (*TAILANDÉS*) CORAZÓN. Jaii.

JAIME (*ESPAÑOL*) JACOBO. (*FRANCÉS*) YO ME AMO. Jaimee, Jaimey, Jaimie, Jaimito, Jaimy, Jayme.

JAIRO (*ESPAÑOL*) ILUSTRES DE DIOS. Jair, Jaire.

JAJA (*AFRICANO*) HONRADO.

JAKEEM (*ÁRABE*) ELEVADO, EXALTADO, QUE SOBRESALE.

JAL (*GITANO*) VAGABUNDO.

JALIL (*HINDÚ*) DIOS, PARECIDO A DIOS. RELIGIÓN: OTRO NOMBRE DADO AL DIOS SHIVA. Jahlil, Jalal.

JAMARIO (*AMERICANO*) COMBINACIÓN DE JA + MARIO. Jamareo, Jamari.

JAMES (*HEBREO*) SUPLENTE, SUSTITUTO. (*INGLÉS*) JACOB. Jacques, Jago, Jaime, Jakome, Jamesy, Jamez, Jay, Jem, Jim.

JAMESON (*INGLÉS*) HIJO DE JAMES. Jamerson, Jamison.

JAMIN (*HEBREO*) FAVORECIDO. Jamen, Jamian, Jamien, Jarmin.

JAMSHEED (*PERSA*) ORIGINARIO DE PERSIA. Jamshaid, Jamshed.

JAN (*HOLANDÉS, ESLAVO*) JUAN. Jaan, Jann, Jano, Janson, Yan.

JANEK (*POLACO*) JUAN. Janak, Janik, Janika, Janka, Janko.

JANSON (*ESCANDINAVO*) HIJO DE JAN. Janzen, Jensen, Jenson.

JANUS (*LATÍN*) PUERTA, PASADIZO, NACIDO EN ENERO. MITOLOGÍA: DIOS ROMANO DE LOS COMIENZOS. Jannus, Januario.

JAPHETH (*HEBREO*) GUAPO. (*ÁRABE*) ABUNDANTE. BIBLIA: HIJO DE NOE. Japeth, Japhet.

JARAH (*HEBREO*) DULCE COMO LA MIEL. Jerah.

JAREB (*HEBREO*) CONTENDIENTE. Jarib.

JARED (*HEBREO*) DESCENDIENTE. Jahred, Jaired, Jarad, Jarid, Jarred.

JAREK (*ESLAVO*) NACIDO EN ENERO. Jarec, Jarrek, Jarric.

JARL (*ESCANDINAVO*) HOMBRE NOBLE.

JARLATH (*LATÍN*) EN CONTROL. Jari, Jarlen.

JARMAN (*ALEMÁN*) ORIGINARIO DE ALEMANIA. Jerman.

JARON (*HEBREO*) ÉL CANTARÁ, ÉL GRITARÁ. Jaaron, Jairon, jaren, Jayron.

JAROSLAV (*CHECO*) GLORIA DE PRIMAVERA.

JARVIS (*ALEMÁN*) HÁBIL CON LA ESPADA. Jaravis, Jarv, Jarvaris.

JAS (*POLACO*) JUAN. Jasio.

JASHA (*RUSO*) JACOB. Jasio.

JASÓN (*GRIEGO*) CURANDERO. MITOLOGÍA: HÉROE QUE GUIÓ A LOS ARGONAUTAS EN LA BÚSQUEDA DE LA OVEJA DORADA.

JASPAL (*PENJABO*) VIVIENDO CON UN ESTILO DE VIDA VIRTUOSO.

JASPER (*FRANCÉS*) PIEDRA ORNAMENTAL DE COLOR VERDE.

JAVIER (*ESPAÑOL*) PROPIETARIO DE SU NUEVA CASA. Jabier, Javer, Javiar.

JAWHAR (*ÁRABE*) JOYA, ESENCIA.

JAY (*FRANCÉS*) PÁJARO AZUL. Jai, Jaye.

JAZZ (*AMERICANO*) MÚSICA DE JAZZ O DE ENTUSIASMO. Jaz, Jazze, Jazzy.

JEAN (*FRANCÉS*) JUAN. Jeane, Jeano, Jene.

JED (*HEBREO*) FORMA CORTA DE JEDIDIAH. (*ÁRABE*) MANO. Jedd, Jedi.

JEDIAH (*HEBREO*) MANO DE DIOS. Jedi, Yedaya.

JEDIDIAH (*HEBREO*) AMIGO DE DIOS, AMADO POR DIOS. Jebediah, Jed, Jedidia, Yedidiah.

JEDREK (*POLACO*) FUERTE, MASCULINO. Jedric, Jedrik, Jedrus.

JEFRREY (*INGLÉS*) DIVINO, TRANQUILO. Jeff, Jeffery, Jeffre, Jeffrie, Jefferson.

JEHU (*HEBREO*) DIOS VIVE. BIBLIA: COMANDANTE MILITAR Y REY DE ISRAEL. Yehu.

JELANI (*SUAHILI*) PODEROSO. Jel, Jelan, Jelanie.

JEMOND (*FRANCÉS*) MUNDIAL. Jemon, Jemonde, Jemone.

JENKIN (*FLEMISHO*) PEQUEÑO JUAN. Jenkins, Jennings.

JERALDO (*INGLÉS*) FORMA ALTERNATIVA DE GERALDO. Jerry.

JERARDO (*FRANCÉS*) FORMA ALTERNATIVA DE GERARDO. Jarado, Jerrardo.

JEREMÍAS (*HEBREO*) DIOS SE ELEVARÁ. BIBLIA: GRAN PROFETA HEBREO. Geremías, Jaramia, Jeremiah, Jeramiah, Jereias, Jeremi, Jeremial, Jeremija, Jeremy, Jerry.

JERIAH (*HEBREO*) JEHOVAH HA VISTO.

JERICHO (*ÁRABE*) CIUDAD DE LA LUNA. Jeric.

JERICÓ (*ÁRABE*) BIBLIA: CIUDAD CONQUISTADA POR JOSÉ. Jerrico, Jerricoh, Jerryco.

JERNEY (*ESLAVO*) FORMA ALTERNATIVA DE BARTO-LOMEO.

JEROLIN (*VASCO, LATÍN*) BENDITO.

JERRY (*ALEMÁN*) PODEROSO ESPADACHÍN. (*INGLÉS*) GERARDO. Jehri, Jere, Jeris, Jerison, Jery.

JESSE (*HEBREO*) RICO, ADINERADO. Jese, Jesi, Jess, Jessy.

JESÚS (*HEBREO*) DIOS ES MI SALVACIÓN. BIBLIA: HIJO DE MARÍA Y JOSÉ, HIJO DE DIOS EN LA RELIGIÓN CATÓLICA CRISTIANA. Jecho, Jessus, Jesu, Josu.

JETHRO (*HEBREO*) ABUNDANTE. Jetro, Jett.

JIBEDE (*AFRICANO*) NACIDO CERCA DE LA NOBLEZA.

JIBBEN (*GITANO*) VIDA. Jibin.

JIBRIL (*ÁRABE*) ARCÁNGEL DE ALÁ. Jabril, Jibriel.

JILT (*HOLANDÉS*) DINERO.

JIM (*HEBREO*) SUPLENTE, SUSTITUTO. Jimbo, Jimm, Jimmy.

JIMIYU (*AFRICANO*) NACIDO EN TIEMPOS DE SEQUÍA.

JIMOH (*SUAHILI*) NACIDO EN VIERNES.

JIN (*CHINO*) ORO. Jinn.

JING-QUO (*CHINO*) GOBERNANTE DEL PAÍS.

JIRAIR (*ARMENIO*) FUERTE, MUY TRABAJADOR.

JIRI (*CHECO*) JORGE. Jirka.

JIRO (*JAPONÉS*) SEGUNDO HIJO.

JIVIN (*HINDÚ*) DADOR DE VIDA. Jivanta.

JOAB (*HEBREO*) DIOS ES PADRE. Joabe, Joaby.

JOACHIM (*HEBREO*) DIOS SE ESTABLECERÁ. (*ESPAÑOL*) FORMA ALTERNATIVA DE JOAQUÍN. Joacheim, Joakim, Joaquim, Jokinn, Jov.

JOAQUÍN (*ESPAÑOL*) DIOS SE ESTABLECERÁ. Joakin.

JOB (*HEBREO*) AFLIGIDO. BIBLIA: HOMBRE RECTO QUIEN SUPERÓ MUCHOS CONFLICTOS. Jobe, Jobert, Jobey, Jobie, Joby.

JOBEN (*JAPONÉS*) QUIEN DISFRUTA LA PULCRITUD. Joban, Jobin.

JOE (*HEBREO*) DIMINUTIVO DE JOSÉ. Jo, Joely, Joey.

JOEL (*HEBREO*) DIOS ESTÁ DISPUESTO. BIBLIA; PROFETA DEL ANTIGUO TESTAMENTO. Joell, Joelle, Joely, Jole, Yoel.

JOHAN (*ALEMÁN*) FORMA ALTERNATIVA DE JUAN. Joan, Johon.

JOHN (*HEBREO*) DIOS ES GRACIA. Jahn, Janco, Janek, Janis, Janos, Jansen, Jas, Jean, Jen, Joen, Johan, Jonas, Jone, Juan.

JOHNSON (*INGLÉS*) HIJO DE JOHN. Johnston, Jonson.

JOJI (*JAPONÉS*) JORGE.

JOJO (*AFRICANO*) NACIDO EN LUNES.

JOLON (*AMERICANO NATIVO*) VALLE DE LOS ROBLES MUERTOS. Jolyon.

JOMEI (*JAPONÉS*) LUZ PROPAGADA, DESTELLO DE LUZ.

JONAH (*HEBREO*) PALOMA. Giona, Jona, Yonah, Yunus.

JONÁS (*LITUANO*) JUAN. (*HEBREO*) EL QUE LOGRA. BIBLIA: PROFETA DEL ANTIGUO TESTAMENTO. Jonahs, Jonass, Jonaus, Jonelis, Jonukas, Jonus, Jonutis, Joonas.

JONATHAN (*HEBREO*) REGALO DE DIOS. BIBLIA: HIJO DEL REY SAÚL Y AMIGO LEAL DE DAVID. Jon, Jonatan, Jonatha, Jonnathan, Jonthan.

JOOP (*HOLANDÉS*) JOSÉ.

JOOST (*HOLANDÉS*) JUSTO.

JORA (*HEBREO*) MAESTRO.

JORAM (*HEBREO*) JEHOVAH ES ALABADO. Joran, Jorim.

JORDÁN (*HEBREO*) DESCENDIENTE. Jardan, Jared, Jordaan, Jordae, Jordain, Jordaine, Jordane, Jordanni, Jordanio, Jordann, Jordany, Jorden, Jordian, Jordin, Jordon, Jory.

JORELL (*AMERICANO*) ÉL SALVA. Jorel, Jor-El, Jorl, Jorrel.

JORGE (*ESPAÑOL*) GRANJERO. Jorg, Jorgen, Joris, Jorrin, George.

JOSÉ (*HEBREO*) DIOS DARÁ, DIOS INCREMENTARÁ. BILIA: ESPOSO DE MARÍA. Josef, Joseph, Joseba, Josep, Josephat, Joza, Joze, Jozio, Jozsi.

JOSHA (*HINDÚ*) SATISFECHO.

JOSHI (*SUAHILI*) GALOPANTE.

JOSHUA (*HEBREO*) DIOS ES MI SALVACIÓN.

JOSIAH (*HEBREO*) FUEGO DEL SEÑOR. Joshiah, Josia, Josiahs, Josian, Josias, Josie.

JOSS (*CHINO*) SUERTE, FE. Josse, Jossy.

JOSUÉ (*HEBREO*) DIOS ES MI SALVACIÓN. BIBLIA: GUÍA DE LOS ISRAELITAS A LA TIERRA PROMETIDA. Jeshua, Johsua, Johusa, Josh, Joshau, Joshaua, Joshaun, Joshia, Joshu, Joshuia, Joshus, Joshusa, Joshula, Jozua.

JOVAN (*LATÍN*) MAJESTUOSO. (*ESLAVO*) JUAN. MITOLOGÍA: JOVE O JÚPITER FUE EL DIOS SUPREMO DE LOS

304 30,000 NOMBRES PARA TU BEBÉ

ROMANOS. Johvan, Johvon, Jovaan, Jovane, Jovani, Jova-nic, Jovann, Jovanni, Jovannis, Jovanny, Jovany, Jovi, Jo-vian, Jovito, Jovon, Yovan.

JR (*LATÍN*) FORMA CORTA DE JUNIOR.

JUAN (*ESPAÑOL*) DIOS ES GRACIA. BIBLIA: NOMBRE DEL HONORABLE JUAN EL BAUTISTA O JUAN EL EVANGELISTA. Chan, Juanch, Juanchito, Juane, Juanito, Juann, Juaun.

JUAQUÍN (*ESPAÑOL*) FORMA ALTERNATIVA DE JOAQUÍN.

JUBAL (*HEBREO*) CUERNO DE CARNERO. BIBLIA: MÚSICO Y DESCENDIENTE DE CAÍN.

JUDAH (*HEBREO*) PREMIADO. BIBLIA: CUARTO HIJO DE JACOB. Juda, Judas, Judd, Jude.

JUDAS (*LATÍN*) PREMIADO. BIBLIA: JUDAS ISCARIOTE FUE EL DISCÍPULO DE JESÚS QUIEN LO TRAICIONÓ. JUDAS TADEO FUE OTRO DE LOS APÓSTOLES, QUIEN ESCRIBIÓ EVANGELIOS EN EL NUEVO TESTAMENTO.

JUDSON (*INGLÉS*) HIJO DE JUD.

JUKU (*ESTONIANO*) RICARDO.

JULIAN (*GRIEGO*, *LATÍNO*) FORMA ALTERNATIVA DE JULIO. Julean, Juliaan, Juliano, Julien, Jullian.

JULIO (*HISPANICO*) LLENO DE JUVENTUD, DE BARBA TUPIDA. HISTORIA: JULIO CÉSAR FUE EL GRAN EMPERADOR RO-MANO. Julas, Juĺes, Julen, Julian, Julius.

JUMAANE (*SUAHILI*) NACIDO EN MARTES.

JUMAH (*ÁRABE, SUAHILI*) NACIDO EN VIERNES, DÍA SANTO EN LA RELIGIÓN ISLAMICA. Jimoh, Juma.

JUMOKE (*AFRICANO*) AMADO POR TODOS.

JUN (*CHINO*) VERDADERO. (*JAPONÉS*) OBEDIENTE, PURO. Junnie.

JUNIOR (*LATÍN*) JOVEN. Jr, Junor.

JUPP (*ALEMÁN*) JOSÉ.

JUR (*CHECO*) JORGE. Juraz, Jurek, jurik, Jurko, Juro.

JURGIS (*LITUANO*) JORGE. Jurgi, Juri.

JURO (*JAPONÉS*) LOS MEJORES DESEOS, LARGA VIDA.

JURRIEN (*HOLANDÉS*) DOS SE ELEVARÁ. Jore, Jurian, Jurre.

JUSTINO (*ESPAÑOL*) JUSTO, RECTO. Jastin, Jaston, Jestin, Jost, Justaino, Justan, Justen, Justinas, Justo, Juston.

JUSTIS (*FRANCÉS*) JUSTO.

JUVENCIO (*MEXICANO*) JOVEN.

JUVENAL (*LATÍN*) JOVEN. LITERATURA: POETA SATÍRICO ROMANO.

JUWAN (*AMERICANO*) FORMA ALTERNATIVA DE JUAN.

K

KABIITO (*AFRICANO*) NACIDO DURNTE LA VISITA DE EXTRANJEROS.

KABIL (*TURCO*) FORMA ALTERNATIVA DE CAÍN. Kabel.

KABIR (*HINDÚ*) NEBLINA. Kabar, Kabier.

KABONESA (*AFRICANO*) DIFÍCIL DE NACER.

KADAR (*ÁRABE*) PODEROSO. Kader.

KADEEM (*ÁRABE*) SERVIDOR. Kadim.

KADIN (*ÁRABE*) AMIGO, COMPAÑERO. Caden, Kaden, Kadyn, Kayden.

KADIR (*ÁRABE*) VERDE DE PRIMAVERA.

KADO (*JAPONÉS*) ENTRADA.

KAEMON (*JAPONÉS*) FELIZ, DIESTRO. Kaeman, Kaemin.

KAEO (*HAWAIANO*) VICTORIOSO.

KAGA (*AMERICANO NATIVO*) ESCRITOR.

KAHALE (*HAWAIANO*) HOGAR.

KAHOLO (*HAWAIANO*) CORREDOR.

KAHRAMAN (*TURCO*) HÉROE.

KAILI (*HAWAIANO*) DEIDAD HAWAIANA.

KAINOA (*HAWAIANO*) NOMBRE.

KAIPO (*HAWAIANO*) CARIÑITO, DULCE CORAZÓN.

KAJ (*DANÉS*) TIERRA.

KAKAR (*HINDÚ*) HIERBA.

KALA (*HINDÚ*) NEGRO, TIEMPO. (*HAWAIANO*) SOL.

KALAMA (*HAWAIANO*) ANTORCHA. Kalam.

KALANI (*HAWAIANO*) CIELO, JEFE. Kalan.

KALEVI (*FINLANDÉS*) HÉROE.

KALKIN (*HINDÚ*) DÉCIMO. RELIGIÓN: LA DÉCIMA REEN-CARNACIÓN DEL DIOS HINDÚ VISHNÚ. Kaiki.

KALOOSH (*ARMENIO*) DÍA BENDITO.

KALVIN (*LATÍN*) FORMA ALTERNATIVA DE CALVIN. Kal, Kalv, Kalvan, Kalven, Kalvon, Vinny.

KAMAKA (*HAWAIANO*) CARA.

KAMAKANI (*HAWAIANO*) VIENTO.

KAMAL (*HINDÚ*) FLOR DE LOTO. RELIGIÓN: DIOS HINDÚ. (*ÁRABE*) PERFECTO, PERFECCIÓN. Kamaal, Kamel, Kamil.

KAMERON (*ESCOCÉS*) FORMA ALTERNATIVA DE CAMERON. Kam, Kameren, Kamaron, Kameran, Kamerin, Kamerion, Kameryn, Kamey, Kamran, Kamron.

KAMI (*HINDÚ*) AMOR.

KAMOGA (*AFRICANO*) NOMBRE DE UNA FAMILIA REAL EN BAGANDA.

KAMYA (*AFRICANO*) NACIDO DESPUÉS DE GEMELOS.

KANA (*JAPONÉS*) PODEROSO. (*HAWAIANO*) MITOLOGÍA: EL DIOS QUE TOMÓ LA FORMA DE UNA CUERDA EXTENDIDA DE MOLOKAI A HAWAI.

KANE (*GALÉS*) HERMOSO. (*IRLANDÉS*) TRIBUTO. (*JAPONÉS*) ORO. (*HAWAIANO*) CIELO DEL ESTE. (*ESPAÑOL*) FORMA ALTERNATIVA DE CAÍN. Kahan, Kain, Kaney, Kayne.

KANGE (*AMERICANO NATIVO*) CUERVO.

KANNON (*POLACO*) LIBRE. FORMA ALTERNATIVA DE CANNON. Kanon.

KANOA (*HAWAIANO*) LIBRE. (*CHINO*) RELIGIÓN: DIOS CHINO DE LA MISERICORDIA Y LA COMPASIÓN.

KANTU (*HINDÚ*) FELIZ.

KANU (*SUAHILI*) GATO SALVAJE.

KAPILA (*HINDÚ*) POETA ANTIGUO. Kapil.

KAPONO (*HAWAIANO*) HOMBRE RECTO.

KARDAL (*ÁRABE*) SEMILLA DE MOSTAZA. Karandal, Kardell.

KARE (*NORUEGO*) ENORME. Karee.

KARIF (*ÁRABE*) NACIDO EN OTOÑO. Kareef.

KARLOS (*ALEMÁN*) FORMA ALTERNATIVA DE CARLOS. Karel, Karlo, Karlton, Karlon.

KARSTEN (*GRIEGO*) UNTADO. Carsten, Karstan, Karston.

KARU (*HINDÚ*) PRIMO. BIBLIA: EL PRIMO DE MOISÉS. Karun.

KASEEM (*ÁRABE*) DIVIDIDO. Kasim, Kazim.

KASEKO (*AFRICANO*) RIDÍCULO.

KASEM (*TAILANDÉS*) FELICIDAD.

KASIB (*ÁRABE*) FÉRTIL.

KASIMIR (*ÁRABE*) PAZ. (*ESLAVO*) FORMA ALTERNATIVA DE CASIMIRO. Kasim, Kazimir, Kazio, Kazmer.

KASIYA (*AMERICANO NATIVO*) SEPARADO.

KASPER (*PERSA*) TESORERO. (*ESPAÑOL*) FORMA ALTERNATIVA DE GASPAR. Jasper, Kaspar, Kaspero.

KASS (*ALEMÁN*) PÁJARO NEGRO. Kash, Kase.

KATEB (*ÁRABE*) ESCRITOR.

KATO (*AMERICANO NATIVO*) SEGUNDO GEMELO.

KAVAN (*IRLANDÉS*) GUAPO. Cavan, Kaven, Kavin, Kavon, Kayvan.

KAVEH (*PERSA*) HÉROE ANTIGUO.

KAVI (*HINDÚ*) POETA.

KAWIKA (*HAWAIANO*) DAVID.

KAY (*GRIEGO*) REGOCIJO. (*ALEMÁN*) LUGAR SEGURO. LITERATURA: UNO DE LOS CABALLEROS DE LA MESA REDONDA DEL REY ARTURO. Kai, Kaye, Kayson.

KAYIN (*NIGERIANO*) CELEBRACIÓN.

KAYLE (*HEBREO*) PERRO LIBRE. Kayl, Kayla.

KAYODE (*AFRICANO*) ÉL TRAJO ALEGRÍA.

KAZUO (*JAPONÉS*) HOMBRE DE PAZ.

KEAHI (*HAWAIANO*) FLAMAS, LLAMAS.

KEALOHA (*HAWAIANO*) FRAGANCIA. Keala.

KEANU (*IRLANDÉS*) PEQUEÑO ENTUSIASTA. Keani, Keano, Kianu.

KEATON (*INGLÉS*) DONDE VUELA EL HALCÓN. Keatin.

KEB (*EGIPCIO*) TIERRA. MITOLOGÍA: ANTIGUA TIERRA DE LOS DIOSES.

KEDEM (*ÁRABE*) ANTIGUO.

KEEFE (*IRLANDÉS*) GUAPO, AMADO.

KEIJI (*JAPONÉS*) GOBERNANTE CAUTELOSO.

KEITARO (*JAPONÉS*) BENDITO. Keita.

KEITH (*GALÉS*) BOSQUE. (*ESCOCÉS*) CAMPO DE BATALLA.

KEKIPI (*HAWAIANO*) REBELDE.

KEKOA (*HAWAIANO*) ATREVIDO, CON CORAJE.

KELEMEN (*HÚNGARO*) GENTIL, AMABLE.

KELEVI (*FINLANDÉS*) HÉROE.

KELILE (*ETÍOPE*) PROTEGIDO.

KELL (*ESCANDINAVO*) PRIMAVERA.

KELLER (*IRLANDÉS*) PEQUEÑA COMPAÑÍA.

KELMEN (*VASCO*) COMPASIVO. Kelmin.

KELVIN (*IRLANDÉS, INGLÉS*) RÍO ESTRECHO. GEOGRAFÍA: RÍO DE ESCOCIA. Kelvan, Kelven, Kelvon, Kelwin.

KEMAL (*TURCO*) EL MÁS ALTO HONOR.

KEMEN (*VASCO*) FUERTE.

KEMP (*INGLÉS*) PELEADOR, CAMPEÓN.

KEN (*JAPONÉS*) QUIEN TIENE ESTILO. Kena, Kenn, Keno.

KENAZ (*HEBREO*) BRILLANTE.

KENDAL (*INGLÉS*) VALLE EN DONDE SE SITÚA EL RÍO KENT. Ken, Kendall, Kendel, Kendrall.

KENNEDY (*IRLANDÉS*) JEFE CON CASCO. HISTORIA: JOHN F. KENNEDY FUE EL PRESIDENTE NÚMERO TREINTA Y CINCO DE LOS ESTADOS UNIDOS DE NORTEAMÉRICA. Kenedy, Kenidy, Kennady, Kennedey.

KENNETH (*IRLANDÉS*) GUAPO, ATRACTIVO. (*INGLÉS*) JURAMENTO REAL. Ken, Keneth, Kennet, Kennith, Kenny, Kenya.

KENT (*GALÉS*) BLANCO, BRILLANTE. GEOGRAFÍA: CONDADO EN INGLATERA.

KENTARO (*JAPONÉS*) GRAN CHICO.

KEOKI (*HAWAIANO*) JORGE.

KEOLA (*HAWAIANO*) VIDA.

KEONI (*HAWAIANO*) JUAN.

KERBASI (*VASCO*) GUERRERO.

KEREL (*AFRICANO*) JOVEN. Kerell.

KEREM (*TURCO*) NOBLE, AMABLE.

KERMAN (*VASCO*) ORIGINARIO DE ALEMANIA.

KERRY (*IRLANDÉS*) OSCURO, DE CABELLO OSCURO. Keri, Kerrey, Kerri, Kerrie.

KERS (*HINDÚ*) PLANTA HINDÚ.

KESAR (*RUSO*) FORMA ALTERNATIVA DE CÉSAR.

KESIN (*HINDÚ*) POBRE DE CABELLO LARGO.

KESSE (*AFRICANO*) BEBÉ ADORABLE. Kessie.

KESTREL (*INGLÉS*) HALCÓN. Kes.

KEUNG (*CHINO*) UNIVERSO.

KEVIN (*IRLANDÉS*) GUAPO. Kaiven, Keaven, Keivan, Kev, Kevan, Keven, Kevian, Kevinn, Kevins, Kevis, Kevon.

KEY (*INGLÉS*) LLAVE, PROTEGIDO.

KHALDUN (*ÁRABE*) SIEMPRE. Khaldoon, Khaldoun.

KHALFANI (*SUAHILI*) NACIDO PARA GUIAR. Khalfan.

KHALID (*ÁRABE*) ETERNO. Kaliq, Khalique.

KHAMISI (*SUAHILI*) NACIDO EN JUEVES. Kham.

KHAN (*TURCO*) PRÍNCIPE.

KHAYRU (*ÁRABE*) BENEVOLENTE. Khiri, Khiry, Kiry.

KHOURY (*ÁRABE*) SACERDOTE.

KIBO (*AFRICANO*) MUNDIAL, SABIO.

KIBUUKA (*AFRICANO*) VALIENTE GUERRERO.

KIDD (*INGLÉS*) NIÑO. CHICO, JOVEN. CABRA PEQUEÑA.

KIELE (*HAWAIANO*) GARDENIA.

KIET (*TAILANDÉS*) HONOR.

KIKI (*ESPAÑOL*) DIMINUTIVO DE ENRIQUE.

KIMO (*HAWAIANO*) JAIME.

KIMOKEO (*HAWAIANO*) TIMOTEO.

KIN (*JAPONÉS*) ORO.

KINDIN (*VASCO*) QUINTO.

KING (*INGLÉS*) REY.

KINGSTON (*INGLÉS*) LUGAR DEL REY. King, Kinston.

KINSERY (*INGLÉS*) REALEZA VICTORIOSA. Kinze, Kinzie.

KINTON (*HINDÚ*) CORONADO.

KIOSHI (*JAPONÉS*) QUIETO.

KIRAL (*TURCO*) LÍDER SUPREMO.

KIRAN (*SÁNSCRITO*) RAYO DE LUZ. Kyran.

KIRBY (*ESCANDINAVO*) VILLA DE LA IGLESIA. Kerbey, Kerbie, Kerby, Kirbey, Kirbie.

KIRI (*CAMBOYANO*) MONTAÑA.

KIRITAN (*HINDÚ*) EL QUE USA CORONA.

KIRK (*ESCANDINAVO*) IGLESIA. Kerk.

KIRTON (*INGLÉS*) IGLESIA DEL PUEBLO.

KISTNA (*HINDÚ*) SAGRADO.

KISTUR (*GITANO*) HÁBIL JINETE.

KITO (*SUAHILI*) JOYA, PRECIOSO NIÑO.

KIYOSHI (*JAPONÉS*) QUIETO, PACÍFICO.

KLEMENTE (*CHECO*) FORMA ALTERNATIVA DE CLEMENTE.
Klement, Clement, Clemente.

KOFI (*TAILANDÉS*) NACIDO EN VIERNES.

KOJO (*AFRICANO*) NACIDO EN LUNES.

KONANE (*HAWAIANO*) CLARO DE LUNA.

KONDO (*SUAHILI*) GUERRA.

KONG (*CHINO*) GLORIOSO, CIELO.

KONTAR (*AFRICANO*) ÚNICO HIJO.

KORB (*ALEMÁN*) CANASTA.

KORUDON (*ALEMÁN*) EL QUE USA CASCO.

KOSEY (*AFRICANO*) LEÓN. KOSSE.

KOSMO (*GRIEGO*) UNIVERSO. Cosmo, Kosmy, Kozmo.

KOSTI (*FINLANDÉS*) GUSTAVO.

KOVITO (*TAILANDÉS*) EXPERTO.

KOSTI (*FINLANDÉS*) GUSTAVO.

KOVITO (*TAILANDÉS*) EXPERTO.

KRISPIN (*LATÍN*) FORMA ALTERNATIVA DE CRISPIN. Krispian, Krispino, Krispo.

KRISTO (*GRIEGO*) FORMA ALTERNATIVA DE CRISTO.

KUENG (*CHINO*) UNIVERSO.

KUIRIL (*VASCO*) SEÑOR.

KUMAR (*SÁNSCRITO*) PRÍNCIPE.

KWAN (*COREANO*) FUERTE. Kwane.

KYLE (*IRLANDÉS*) PEQUEÑO PEDAZO DE TIERRA. (*JUDÍO*) CORONADO CON LAURELES. Kiel, Kile, Kilen, Ky, Kye, Kyel, Kyll.

KYNAN (*GALÉS*) JEFE.

KYNE (*INGLÉS*) REAL.

KYROS (*GRIEGO*) MAESTRO.

L

LABAN (*HAWAIANO*) BLANCO. Labon, Leban, Liban.

LABIB (*ÁRABE*) SENSIBLE, INTELIGENTE.

LADD (*INGLÉS*) EL QUE ATIENDE. Lad, Laddey, Laddie, Laddy.

LADO (*AFRICANO*) SEGUNDO HIJO.

LAIS (*ÁRABE*) LEÓN.

LAJOS (*HÚNGARO*) FAMOSO, FELIZ. Lajcsi, Laji, Lali.

LAL (*HINDÚ*) AMADO.

LAMAR (*ALEMÁN*) FAMOSO EN TODO EL TERRITORIO. (*FRANCÉS*) MAR, OCÉANO. Lamair, Lamario, Lamaris, Lamarr, Lemar.

LAMBERTO (*ALEMÁN*) TIERRA BRILLANTE.

LAMOND (*FRANCÉS*) MUNDO. Lammond, Lamon, Lamonde, Lamondo, Lamondre, Lamund, Lemond.

LAMONT (*ESCANDINAVO*) ABOGADO. Lamaunt, Lamonta, Lamonte, Lamonto, Lamount, Lemont.

LANCELOT (*FRANCÉS*) AYUDANTE. LITERATURA: CABA-
LLERO QUE AMABA A LA ESPOSA DEL REY ARTURO. Lance,
Lancelott.

LANDER (*VASCO*) DOMADOR DE LEONES. (*INGLÉS*) PRO-
PIETARIO DE TIERRAS. Landers, Landor.

LANDON (*INGLÉS*) ABIERTO. Landan, Landen, Landin,
Landyn.

LANG (*ESCANDINAVO*) HOMBRE ALTO. Lange.

LANGUNDO (*AMERICANO NATIVO*) PACÍFICO, TRANQUILO.

LANI (*HAWAIANO*) CIELO.

LAP (*VIETNAMITA*) INDEPENDIENTE.

LAPIDOS (*HEBREO*) ANTORCHAS. Lapidoth.

LARAMIE (*FRANCÉS*) LÁGRIMAS DE AMOR. Larami, La-
ramy, Laremy.

LARKIN (*IRLANDÉS*) RUDO, FEROZ. Larklin.

LARON (*FRANCÉS*) LADRÓN. Laran, La Ron, Larone, La-
ronn, Larron, La Ruan.

LASALLE (*FRANCÉS*) ENTRADA. Lasal, Lascell.

LASH (*GITANO*) LUIS. Lashi, Lasho.

LATIF (*ÁRABE*) AMABLE, COMPLACIENTE. Lateef, Letif.

LAUDALINO (*PORTUGUÉS*) PREMIADO. Lino.

LAURENCE (*LATÍN*) CORONADO CON LAUREL. Lanny, Lauran, Laurance, Laureano, Lauren, Laurencho, Laurencio, Laurens, Laurent, Laurie, Laurin, Lauris, Laurits, Laurus.

LAURENCIO (*ESPAÑOL*) FORMA ALTERNATIVA DE LAURENCE.

LAURO (*FILIPINO*) FORMA ALTERNATIVA DE LAURENCE.

LAVALLE (*FRANCÉS*) VALLE. Lavail, Laval, Lavalei, Lavell.

LAVAN (*HEBREO*) BLANCO. Lavane, Laven, Lavon, Levan.

LAVE (*ITALIANO*) LAVA.

LAVI (*HEBREO*) LEÓN.

LÁZARO (*GRIEGO*) BIBLIA: PERSONAJE A QUIEN JESÚS RESUCITÓ DE LA MUERTE. Lazar, Lazare, Lázaros.

LEANDRO (*ESPAÑOL*) VALIENTE COMO UN LEÓN. Leandre, Leandrew, Leandros.

LEBEN (*JUDÍO*) VIDA. Laben, Lebon.

LEBNA (*ETÍOPE*) ESPÍRITU, CORAZÓN.

LEI (*CHINO*) TRUENO, RELÁMPAGO.

LEIF (*ESCANDINAVO*) AMADO. Laif, Leife, Lief.

LEK (*TAILANDÉS) PEQUEÑO*.

LEKENE (*HAWAIANO*) PODEROSO GOBERNANTE.

LEMUEL (*HEBREO*) DEVOTO A DIOS. Lem, Lemmie, Lemmy.

LENCHO (*ESPAÑOL*) FORMA ALTERNATIVA DE LORENZO.

LENNO (*AMERICANO NATIVO*) HOMBRE.

LENNON (*IRLANDÉS*) CABO. Lenon.

LENNOR (*GITANO*) PRIMAVERA.

LENNOX (*ESCOCÉS*) OLMOS. Lennix, Lenix.

LEO (*LATÍN*) LEÓN. (*ALEMÁN*) FORMA CORTA DE LEOPOLDO, LEONARDO, LEÓN. Leos, Leosko, Lio, Lyo.

LEOBARDO (*ITALIANO*) FORMA ALTERNATIVA DE LEONARDO.

LEON (*GRIEGO, ALEMÁN*) Leo, Leonas, Leoncio, Leonek, Leonetti, Leoni, Leonid, Leonon, Leons.

LEONARDO (*ITALIANO*) VALIENTE COMO UN LEÓN. Lena, Lenardo, Leonardis, Leonarto, Leonidas, Leontes, Lonardo.

LEONEL (*INGLÉS*) LEONCITO. Leonell, Lionel.

LEOPOLDO (*ITALIANO*) GENTE VALIENTE.

LEOR (*HEBREO*) MI LUZ.

LERON (*FRANCÉS*) CÍRCULO. Lerone, Liron, Lyron.

LEROY (*FRANCÉS*) REY. Lerai, Leroi, Roy.

LESTER (*LATÍN*) CAMPO ELEGIDO. Les.

LEV (*HEBREO*) CORAZÓN. (*RUSO*) LEO. Leb, Leva, Levka, Levko.

LEVI (*HEBREO*) QUIEN GOZA DE ARMONÍA. BIBLIA: HIJO DE JACOB; TRIBU DE SACERDOTES EN ISRAEL. Leavi, Lev, Levey, Levie, Levin, Levitis, Levy, Lewi.

LEWIN (*INGLÉS*) QUERIDO AMIGO.

LEWIS (*INGLÉS*) LUIS. Lew, Lewes, Lewie.

LI (*CHINO*) FUERTE.

LIANG (*CHINO*) BUENO, EXCELENTE.

LIBERIO (*PORTUGUÉS*) LIBERACIÓN. Liborio.

LIDIO (*GRIEGO, PORTUGUÉS*) ANTIGUO.

LIKEKE (*HAWAIANO*) RICARDO.

LIN (*BIRMANO*) BRILLO. Linh, Linn, Linny, Lyn, Lynn.

LINCOLN (*INGLÉS*) ACUERDO DEL CONSORCIO. HISTORIA: ABRAHAM LINCOLN FUE EL PRESIDENTE NÚMERO DIECISÉIS DE LOS ESTADOS UNIDOS DE NORTEAMÉRICA. Linc, Lincon.

LINU (*HINDÚ*) LIRIO.

LIO (*HAWAIANO*) LEÓN.

LIRON (*HEBREO*) MI CANCIÓN.

LIU (*AFRICANO*) VOZ.

LIUZ (*POLACO*) LUZ. Lius.

LLOYD (*GALÉS*) DE CABELLOS GRISES. Floyd, Loy, Loyd, Loyde, Loydie.

LOBO (*ESPAÑOL*) LOBO.

LOE (*HAWAIANO*) ROGELIO.

LOGAN (*IRLANDÉS*) COLINA. Llogan, Loagan, Loagen, Loagon, Logann, Logen, Loggan, Loghan, Logon, Logn, Logun, Loggun.

LOK (*CHINO*) FELIZ.

LOMAN (*ESLAVO*) SENSIBLE.

LONAN (*AMERICANO NATIVO*) NUBE.

LONATO (*AMERICANO NATIVO*) PIEDRA PREHISTÓRICA.

LONDON (*INGLÉS*) FORTALEZA DE LA LUNA. GEOGRAFÍA: CAPITAL DE GRAN BRETAÑA. Londen, Lunden, Lundon.

LONG (*CHINO*) DRAGÓN. (*VIETNAMITA*) CABELLERA.

LOOTAH (*AMERICANO NATIVO*) ROJO.

LOPAKA (*HAWAIANO*) ROBERTO.

LORCAN (*IRLANDÉS*) PEQUEÑO.

LORD (*INGLÉS*) TITULO NOBILIARIO.

LOREN (*LATÍN*) FORMA CORTA DE LORENZO. Lorin, Lorren, Lorrin, Loryn.

LOREZO (*ITALIANO*, *ESPAÑOL*) CORONADO CON LAURELES. Larenzo, Lerenzo, Lorenc, Loence, Lorenco, Lorens, Lorenso, Lorentz, Lorenz, Loretto, Lorinzo, Loritz, Lorrenzo, Lorry, Lourenzo, Lowrenzo.

LORIMER (*LATÍN*) FABRICANTE DE ARREOS.

LORIS (*HOLANDÉS*) PAYASITO.

LORITZ (*HOLANDÉS*) LAUREL. Lauritz.

LOT (*HEBREO*) ESCONDIDO, CUBIERTO. BIBLIA: PERSONAJE DEL ANTIGUO TESTAMENTO. Lot.

LOTHAR (*ALEMÁN*) FORMA ALTERNATIVA DE LUTHER. Lotarrio, Lothair, Lothario, Lotharrio.

LOYAL (*INGLÉS*) FIEL, LEAL. Loy, Loyall, Loye, Lyall, Lyell.

LUBOMIR (*POLACO*) AMANTE DE LA PAZ.

LUCAS (*ALEMÁN, IRLANDÉS, DANÉS, HOLANDÉS*) LUZ, QUIEN BRINDA LUZ. Luc, Luca, Lucais, Lucaus, Luccas, Luckas.

LUCIANO (*ITALIANO*) BRINDADOR DE LUZ. Lucino, Lucio.

LUCIO (*ITALIANO*) LUZ.

LUCKY (*AMERICANO*) SUERTUDO, AFORTUNADO. Luckee, Luckie, Luckson, Lucson.

LUDLOW (*INGLÉS*) COLINA DEL PRÍNCIPE.

LUDWIG (*ALEMÁN*) LUIS. MÚSICA: LUDWIG VAN BEETHO-VEN FUE UN FAMOSO COMPOSITOR ALEMÁN DEL SIGLO XIX. Ludovic, Ludvig, Ludvik, Lutz.

LUIGI (*ITALIANO*) FORMA ALTERNATIVA DE LUIS. Lui, Luiggi, Luigino, Luigy.

LUIS (*ESPAÑOL*) FAMOSO GUERRERO. Louis, Lewis, Lou, Louie, Louies, Louise, Lucho, Lude, Ludek, Ludis, Ludko, Luise, Ludwig, Lui, Luiggi, Luiz, Luki, Lutek.

LUKEN (*VASCO*) BRINDADOR DE LUZ. Lucan, Lucane, Lucano, Luk, Luke.

LUKI (*VASCO*) FAMOSO GUERRERO.

LUKMAN (*ÁRABE*) PROFETA.

LULANI (*HAWAIANO*) PUNTO MÁS ALTO DEL CIELO.

LUNN (*IRLANDÉS*) BÉLICO.

LUSILO (*HINDÚ*) LÍDER.

LUTALO (*AFRICANO*) GUERRERO.

LUTFI (*ÁRABE*) AMABLE, AMIGABLE.

LUTHER (*ALEMÁN*) FAMOSO GUERRERO. HISTORIA: REFORMADOR PROTESTANTE. Lothar, Lutero, Luthor.

LYLE (*FRANCÉS*) ISLA.

LYNCH (*IRLANDÉS*) MARINERO. Linch.

LYNN (*INGLÉS*) CASCADA. Lyn, Lynell, Lynette, Lynnard, Lynoll.

LYSANDRO (*GRIEGO*) LIBERTADOR. Lizandro, Sandro.

M

MAC (*ESCOCÉS*) HIJO. Macs.

MACADAM (*ESCOCÉS*) HIJO DE ADAM. MacAdam, McAdam.

MACARIO (*ESPAÑOL*) FELIZ, BENDITO.

MACDONALD (*ESCOCÉS*) HIJO DE DONALD. MacDonald, McDonald, Mcdonnal, Mcdonnell, McDonnell.

MACGREGOR (*ESCOCÉS*) HIJO DE GREGORIO.

MACKENZIE (*IRLANDÉS*) HIJO DE KENZIE. Meckenzi, MacKenzie, Mickenzie.

MACO (*HÚNGARO*) EMMANUEL.

MADDOX (*GALÉS, INGLÉS*) HIJO DEL BENEFACTOR. Madoc, Madock, Madog.

MADHAR (*HINDÚ*) DIOS, PARECIDO A DIOS.

MADISON (*INGLÉS*) HIJO DE MAUDO. Maddison, Maddy, Madisen, Madisson, Madsen, Son, Sonny.

MADONGO (*AFRICANO*) INCIRCUNCISADO.

MADU (*AFRICANO*) GENTE.

MAGEN (*HEBREO*) PROTECTOR.

MAGNAR (*NORUEGO*) FUERTE, GUERRERO. Magne.

MAGNUS (*LATÍN*) GRANDE. Manius, Mayer.

MAGOMU (*AFRICANO*) EL JOVEN DE LOS GEMELOS.

MAHDI (*ÁRABE*) GUIADO A LA SENDA CORRECTA. Mahde, Mahdy.

MAHIR (*ÁRABE, HEBREO*) EXCELENTE, TRABAJADOR.

MAHKAH (*AMERICANO NATIVO*) TIERRA.

MAHOMA (*ÁRABE*) PREMIADO. HISTORIA, RELIGIÓN: FUNDADOR DEL ISLAMISMO.

MAHON (*IRLANDÉS*) OSO.

MAIMUN (*ÁRABE*) AFORTUNADO, CON SUERTE. Maimon.

MAJID (*ÁRABE*) GRANDE, GLORIOSO. Majd, Majde, Majdi, Majdy, Majed.

MAKANI (*HAWAIANO*) VIENTO.

MAKIN (*ÁRABE*) FUERTE. Makeen, Makyn.

MAKIS (*GRIEGO*) FORMA ALTERNATIVA DE MIGUEL.

MAKOTO (*JAPONÉS*) SINCERO.

MAKS (*HÚNGARO*) FORMA ALTERNATIVA DE MAX. Makszi.

MAKSIM (*RUSO*) FORMA ALTERNATIVA DE MAXIMILIANO. Maxim.

MALACHI (*HEBREO*) ÁNGEL DE DIOS. Mal, Malachai, Maachia, Malachy, Malakai, Malake, Malaki, Malik.

MALCOM (*ÁRABE*) PALOMA. Mal, Malcam, Malcohm, Malkom.

MALIK (*PENJABO*) SEÑOR, MAESTRO.

MALIN (*INGLÉS*) FUERTE, GUERRERO.

MALLORY (*ALEMÁN*) CONSEJERO DE GUERRA. (*FRANCÉS*) PATO SALVAJE. Lory, Mal, Mallori, Malory.

MALONEY (*IRLANDÉS*) EL QUE VA A LA IGLESIA. Malone, Malony.

MAMO (*HAWAIANO*) PÁJARO AMARILLO.

MANCHU (*CHINO*) PURO.

MANCO (*PERSA*) LÍDER SUPREMO. HISTORIA: REY INCA DEL SIGLO TRECE.

MANDALA (*AFRICANO*) FLORES. Manda, Mandela.

MANDEL (*ALEMÁN*) ALMENDRA. Mandell.

MANDER (*GITANO*) MI REGALO.

MANGO (*ESPAÑOL*) FORMA FAMILIAR DE MANUEL.

MANO (*HAWAIANO*) TIBURÓN. (*ESPAÑOL*) FORMA CORTA DE MANUEL. Manno, Manolo.

MANOJ (*SÁNSCRITO*) CUPIDO.

MANU (*HINDÚ*) QUIEN HACE LA LEY. HISTORIA: ESCRITOR DE UN CODIGO HINDÚ. (*HAWAIANO*) PÁJARO.

MAN-YOUNG (*COREANO*) DIEZ MIL AÑOS DE PROSPE-RIDAD.

MANZO (*JAPONÉS*) TERCER HIJO.

MARCEL (*FRANCÉS*) FORMA ALTERNATIVA DE MARCELINO.

MARCELINO (*ITALIANO*) MARCIAL, DE GUERRA. Marce-len, Marlceleno, Marcellino.

MARCELO (*ITALIANO*) FORMA ALTERNATIVA DE MAR-CELINO.

MARCIANO (*ITALIANO*) FORMA ALTERNATIVA DE MARTÍN. Marci, Marcio.

MARCO (*ITALIANO*) MARCIAL, DE GUERRA. HISTORIA: MARCO POLO FUE UN EXPLORADOR VENECIANO DEL SIGLO TRECE QUIEN ANDUVO POR ASIA. Marcko, Marko.

MARCOS (*ESPAÑOL*) GUERRERO. Marckos, Markos.

MAREN (*VASCO*) MAR.

MARIANO (*ITALIANO*) PERTENECIENTE A LA GUERRA.

MARID (*ÁRABE*) REBELDE.

MARIN (*FRANCÉS*) NAVEGANTE, MARINERO. Marinos, Mario.

MARIO (*ITALIANO*) MARINERO. Marios, Marrio.

MARLIN (*INGLÉS*) PEZ DE MAR. Marlen, Marlion, Marlyn.

MARNIN (*HEBREO*) CANTANTE, QUIEN TRAE ALEGRÍA.

MARO (*JAPONÉS*) YO MISMO.

MARQUES (*PORTUGUÉS*) HOMBRE DE LA NOBLEZA.

MARR (*ESPAÑOL*) DIVINO. (*ÁRABE*) AGRADECIDO.

MARS (*LATÍN*) VALIENTE GUERRERO. MITOLOGÍA: DIOS DE LA GUERRA.

MARTI (*ESPAÑOL*) FORMA ALTERNATIVA DE MARTÍN. Martie.

MARTÍN (*LATÍN*) GUERRERO, MARCIAL. Mart, Marti, Martino, Marto, Marton.

MARTINO (*ITALIANO*) FORMA ALTERNATIVA DE MARTÍN.

MARUT (*HINDÚ*) RELIGIÓN: DIOS HINDÚ DEL VIENTO.

MARVIN (*INGLÉS*) AMANTE DEL MAR. Marv, Marven, Marvon, Mervin.

MASAMBA (*AFRICANO*) HOJAS DE OTOÑO.

MASAO (*JAPONÉS*) RECTO, DIGNO.

MASON (*FRANCÉS*) TRABAJADOR. Maison, Masun, Sonny.

MASSIMO (*ITALIANO*) EL GRANDE.

MATALINO (*FILIPINO*) BRILLANTE.

MATEO (*ESPAÑOL*) REGALO DE DIOS. BIBLIA: EVANGE-LISTA DEL NUEVO TESTAMENTO. Matias, Matteo.

MAURICIO (*LATÍN*) DE PIEL OSCURA. Mauli, Maur, Mau-reo, Maurids, Maurin, Maurino, Maurizio, Mauro, Maury, Morice, Morrel.

MAURO (*LATÍN*) FORMA CORTA DE MAURICIO.

MAVERICK (*AMERICANO*) INDEPENDIENTE. Maverik, Mavric.

MAX (*LATÍN*) DIMINUTIVO DE MAXIMILIANO, MAXIMINO, MÁXIMO.

MAXIMILIANO (*ITALIANO*) GRANDIOSO. Maxi, Maxon.

MAXIMINO (*LATÍN*) EL MÁS GRANDE. Max, Maksimo, Máximo.

MÁXIMO (*ESPAÑOL*) FORMA ALTERNATIVA DE MAXIMI-LIANO. Massimo, Maxi, Maximiano, Maximino.

MAXWELL (*INGLÉS*) PRIMAVERA. Max, Maxy.

MAYES (*INGLÉS*) CAMPO. Mayo, Mays.

MAYO (*ESPAÑOL*) QUINTO MES DE AÑO.

MEDGAR (*ALEMÁN*) FORMA ALTERNATIVA DE EDGAR.

MEDWIN (*ALEMÁN*) AMIGO FIEL.

MEHTAR (*SÁNSCRITO*) FUERTE, FIRME. Mehta.

MEKA (*HAWAIANO*) OJOS.

MELCHOR (*AFRICANO*) REY. Melchior, Melkior.

MELVIN (*IRLANDÉS*) JEFE ARMONIOSO. Malvin, Mel, Melvino, Melvon, Melwin.

MEREDITH (*GALÉS*) GUARDIÁN DEL MAR. Merideth, Meridith.

MERLIN (*INGLÉS*) HALCÓN. LITERATURA: MAGO SABIO DE LA CORTE DEL REY ARTURO.

MESUT (*TURCO*) FELIZ.

MICHAEL (*HEBREO*) ¿QUIÉN COMO DIOS? Michail, Michal, Micheal, Michel, Michele, Mickey, Miguel.

MIGUEL (*PORTUGUÉS*) ¿QUIÉN COMO DIOS? Migel, Miguelin, Miguelito, Mikel.

MIKASI (*AMERICANO NATIVO*) COYOTE.

MIKI (*JAPONÉS*) ÁRBOL. Mikio.

MILAN (*ITALIANO*) DEL NORTE. Milano, Milen, Milen, Mylan.

MILOS (*GRIEGO*) COMPLACIENTE.

MILOSLAV (*CHECO*) AMANTE DE LA GLORIA. Milda.

MIMIS (*GRIEGO*) FORMA FAMILIAR DE DEMETRIO.

MINKAH (*AFRICANO*) JUSTO.

MINORU (*JAPONÉS*) FRUCTÍFERO.

MIRON (*POLACO*) PAZ.

MISAEL (*HEBREO*) FORMA ALTERNATIVA DE MIGUEL.

MISTER (*INGLÉS*) SEÑOR. Mistur.

MODESTO (*LATÍN*) HOMBRE SIN VANIDAD, HUMILDE, SENCILLO.

MOE (*INGLÉS*) DIMINUTIVO DE MOISÉS.

MÓGENES (*HOLANDÉS*) PODEROSO.

MOHAMED (*ÁRABE*) PREMIADO. Mohamd, Mohameed, Mohamet, Mohamud.

MOISÉS (*EGIPCIO*) HIJO, CRIATURA, PEQUEÑO. Mosés, Moicés, Moise, Moisey, Moisis.

MOJAG (*AMERICANO NATIVO*) BEBÉ QUE LLORA.

MONGO (*AFRICANO*) *FAMOSO*.

MONTANA (*ESPAÑOL*) MONTAÑA. Montanna.

MONTGOMOMERY (*INGLÉS*) HOMBRE RICO DE LA MONTAÑA. Monte, Monty.

MONTREAL (*FRANCÉS*) MONTE REAL. Monte, Monterial, Montrail.

MORGAN (*ESCOCÉS*) GUERRERO DEL MAR. Morgen, Morghan, Morgin, Morgon, Morrgan.

MORIO (*JAPONÉS*) BOSQUE.

MORIS (*GRIEGO*) HIJO DE LA OSCURIDAD. Moriz.

MORRIS (*LATÍN*) DE PIEL OSCURA. (*INGLÉS*) FORMA ALTER-NATIVA DE MAURICIO.

MORTIMER (*FRANCÉS*) DEL AGUA. Mort, Mortymer.

MOSI (*AFRICANO*) PRIMOGÉNITO.

MOSWEN (*AFRICANO*) LUZ DE COLORES.

MPOZA (*AFRICANO*) RECOLECTOR DE IMPUESTOS.

MUGAMBA (*AFRICANO*) QUIEN HABLA DEMASIADO.

MUHSIN (*ÁRABE*) BENÉFICO, CARITATIVO.

MUHTADI (*ÁRABE*) GUIADO CORRECTAMENTE.

MUJAHID (*ÁRABE*) QUIEN COMBATE POR LA FE DE ALÁ.

MULONGO (*AFRICANO*) MAGO.

MUN-HEE (*COREANO*) SOLEADO.

MUNIR (*ÁRABE*) BRILLANTE.

MURAT (*TURCO*) DESEO HECHO REALIDAD.

MURPHY (*IRLANDÉS*) GUERRERO DEL MAR. Murfy.

MURRAY (*ESCOCÉS*) MARINERO. Moray, Murrey, Murry.

MUSA (*SUAHILI*) NIÑO.

MUSTAFA (*ÁRABE*) ELEGIDO, REAL. Mostafa, Mustafo, Mustapha, Mustofo.

MUTI (*ÁRABE*) OBEDIENTE.

MYLES (*LATÍN*) SOLDADO. Mylez, Mylles, Mylz.

MYO (*BIRMANO*) CIUDAD.

MYRON (*GRIEGO*) FRAGANCIA, AROMA. Mehran, My, Myran, Myrone, Ron.

MUNG-DAE (*COREANO*) RECTO, GRANDE.

MZUZI (*SUAHILI*) INVENTIVO.

N

NAAMAN (*HEBREO*) COMPLACIENTE.

NABIHA (*ÁRABE*) INTELIGENTE.

NABIL (*ÁRABE*) NOBLE. Nabiel.

NADA (*ÁRABE*) GENEROSO.

NADAV (*HEBREO*) GENEROSO, NOBLE. Nadiv.

NADIM (*ÁRABE*) AMIGO.

NADIR (*AFGANI*, *ÁRABE*) QUERIDO. Nader.

NADISU (*HINDÚ*) RÍO HERMOSO.

NAFTALI (*HEBREO*) CÓLERA. Naftalie.

NAGID (*HEBREO*) GOBERNANTE, PRÍNCIPE.

NAILAH (*ÁRABE*) ÉXITO.

NAJI (*ÁRABE*) SALVADO. Najih.

NAKIA (*ÁRABE*) PURO. Nakai, Naki, Nakiah, Nakil.

NAMAKA (*HAWAIANO*) OJOS.

NAMIR (*HEBREO*) LEOPARDO. Namer.

NANDIN (*HINDÚ*) DIOS, DESTRUCTOR.

NANTAI (*NAVAJO*) JEFE.

NAOKO (*JAPONÉS*) RECTO, DERECHO, HONESTO.

NAPOLEÓN (*GRIEGO*) LEÓN DE BOSQUE. (*ITALIANO*) ORIGINARIO DE NAPOLES ITALIA. HISTORIA: NAPOLEÓN BONAPARTE FUE EMPERADOR DE FRANCIA DURANTE EL SIGLO XIX.

NARCISO (*GRIEGO*) NARCISO. MITOLOGÍA: JOVEN QUE SE ENAMORÓ DE SU PROPIO REFLEJO. Narcisso.

NARD (*PERSA*) JUGADOR DE AJEDREZ.

NARDO (*ALEMÁN*) FUERTE. (*ESPAÑOL*) FORMA CORTA DE BERNARDO.

NATAN (*HEBREO, HÚNGARO*) DIOS HA DADO. Naten.

NATHANIEL (*HEBREO*) REGALO DE DIOS. Nat, Natanael, Nate, Nathan, Nathanael, Nathanial, Nathenal, Nathel, Nathinel, Thaniel.

NAV (*GITANO*) NOMBRE.

NAVIN (*HINDÚ*) NUEVO, NOVEDOSO. Naven.

NAZARETH (*HEBREO*) NACIDO EN NAZARETH, ISRAEL. Nazaire, Nazaret, Nazarie, Nazario, Nazerine.

NAZIH (*ÁRABE*) PURO, CASTO. Nazieh, Nazim, Nazir, Nazz.

NECTARIOS (*GRIEGO*) SANTO. RELIGIÓN: SANTO DE LA RELIGIÓN GRIEGA ORTODOXA.

NED (*INGLÉS*) FORMA FAMILIAR DE EDUARDO, EDWIN. Neddie, Nedrick.

NEHRU (*HINDÚ*) CANAL.

NEKA (*AMERICANO NATIVO*) GANSO SALVAJE.

NELSON (*INGLÉS*) HIJO DE NEIL. Nealson, Neilson, Nels, Nelsen, Nilson.

NEMESIO (*ESPAÑOL*) JUSTO. Nemi.

NEPTUNO (*LATÍN*) GOBERNANTE DEL MAR.

NESTOR (*GRIEGO*) VIAJERO, SABIO. Nester.

NEVAN (*IRLANDÉS*) FELIZ, ALEGRE. Nevean.

NEWMAN (*INGLÉS*) HOMBRE NUEVO. Neiman, Neimann, Neimon, Neuman, Numan, Numen.

NEWTON (*INGLÉS*) PUEBLO NUEVO. Newt.

NIBAL (*ÁRABE*) FLECHAS. Nivel.

NICABAR (*GITANO*) HOMBRE DE ACERO.

NICHOLAS (*GRIEGO*) GENTE VICTORIOSA. RELIGIÓN: SANTO PATRONO DE LOS NIÑOS. Nicolás, Nicolae, Nico, Nicol.

NICK (*INGLÉS*) FORMA CORTA DE DOMINIC, NICOLÁS. Nic, Nicky, Nik.

NICO (*GRIEGO*) DIMINUTIVO DE NICOLÁS. Nicco.

NICOLAI (*RUSO*) NICOLÁS. Nicholai, Nickolai, Nicolaj, Nicolau, Nicolay.

NICOLÁS (*ITALIANO*) GENTE VICTORIOSA. RELIGIÓN: SANTO PATRONO DE LOS NIÑOS. Nico, Nicolass, Nicolaus, Nicoles, Nicolis, Nicolus, Nicolo, Nicolae, Nicolai.

NIGEL (*LATÍN*) NOCHE OSCURA. Niegel, Nigal, Nigell, Nigil, Nijel, Nyjil.

NIKE (*GRIEGO*) VICTORIOSO. Nikka.

NILA (*HINDÚ*) AZUL.

NILES (*INGLÉS*) FORMA ALTERNATIVA DE NEIL. Nilesh, Nyles.

NITAN (*TAILANDÉS*) ETERNO.

NISSAN (*HEBREO*) CANCIÓN, MILAGRO.

NITIS (*AMERICANO NATIVO*) AMIGO. Netis.

NIXON (*INGLÉS*) HIJO DE NICK. Nixan, Nixson.

NIZAM (*ÁRABE*) LÍDER.

NOAH (*HEBREO*) PACÍFICO. Noach, Noak, Noe, Noel, Noi.

NOAM (*HEBREO*) DULCE, AMIGO.

NODIN (*AMERICANO NATIVO*) VIENTO. Knoton, Noton.

NOE (*CHECO, FRANCÉS*) HOMBRE DE PAZ. BIBLIA: PA-
TRIARCA QUE CONSTRUYÓ UN ARCA PARA SOBREVIVIR
AL GRAN DILUVIO. Noell, Noli, Nowel, Nowell.

NOHEA (*HAWAIANO*) GUAPO. Noha.

NOLAN (*IRLANDÉS*) FAMOSO, NOBLE. Noland, Nolande,
Nolane, Nolen, Nolin, Nollan, Nolyn.

NORBERTO (*ESPAÑOL*) HÉROE BRILLANTE. Berto, Norbie,
Norby.

NORMAN (*FRANCÉS*) ORIGINARIO DE NORMANDÍA. Norm,
Normand, Normen, Normie, Normy.

NORRIS (*FRANCÉS*) DEL NORTE. (*INGLÉS*) EL CABALLO DE
NORMAN. Norie, Noris, Norry.

NORTON (*INGLÉS*) PUEBLO DEL NORTE.

NORVIN (*INGLÉS*) AMIGO DEL NORTE.

NSOAH (*AFRICANO*) EL SÉPTIMO EN NACER.

NUMA (*ÁRABE*) COMPLACIENTE.

NUMAIR (*ÁRABE*) PANTERA.

NUNCIO (*ITALIANO*) MENSAJERO. Nunzi, Nunzio.

NURI (*ÁRABE*) MI FUEGO. Nery, Noori, Nur, Nuris, Nurism,
Nury.

NURIEL (*HEBREO*, *ÁRABE*) FUEGO DEL SEÑOR. Nuria, Nuriah, Nuriya.

NURU (*SUAHILI*) NACIDO EN EL DÍA DE LA LUZ.

NWA (*NIGERIANO*) HIJO.

NYLE (*INGLÉS*) ISLA. Nyal, Nyll.

O

OAKLEY (*INGLÉS*) CAMPO DE ROBLES. Oak, Oakes, Oakie, Oakly, Oaks.

OALO (*ESPAÑOL*) FORMA ALTERNATIVA DE PABLO.

OBA (*AFRICANO*) REY.

OBERON (*ALEMÁN*) NOBLE CON BARBA. Oberron, Oeberon.

OBERTO (*ALEMÁN*) ADINERADO, BRILLANTE.

OCAN (*AFRICANO*) TIEMPOS DIFÍCILES.

OCTAVIO (*LATÍN*) OCTAVO. Octave, Octavian, Octaviano, Octavien, Octavis, Octavo, Ottavio.

ODAKOTA (*AMERICANO NATIVO*) AMIGABLE. Oda.

ODD (*NORUEGO*) PUNTO. Oddvar.

ODED (*HEBREO*) CON CORAJE.

ODELL (*GRIEGO*) ODA, MELODÍA. Dell, Odall, Ode.

ODÍN (*ESCANDINAVO*) GOBERNANTE. MITOLOGÍA: DIOS JEFE DE LAS NORSAS. Oden.

ODISEO (*GRIEGO*) HÉROE.

ODRAN (*IRLANDÉS*) VERDE PÁLIDO. Oran, Oren, Orin, Orran, Orren, Orrin.

OG (*ARAMEO*) REY. BIBLIA: REY DE BASHAM.

OGUN (*NIGERIANO*) MITOLOGÍA: DIOS DE LA GUERRA.

OHIN (*AFRICANO*) JEFE. Ohan.

OISTIN (*IRLANDÉS*) FORMA ALTERNATIVA DE AUSTIN.

OKE (*HAWAIANO*) OSCAR.

OKIE (*AMERICANO*) ORIGINARIO DE OKLAHOMA. Okey.

OKO (*AFRICANO*) DIOS DE LA GUERRA.

OKPARA (*AFRICANO*) PRIMER HIJO.

OLA (*AFRICANO*) RICO.

OLAF (*ESCANDINAVO*) ANCESTRO. HISTORIA: REY Y SANTO PATRÓN DE NORUEGA. Olaff, Olafur, Olav, Ole, Olef, Olof, Oluf.

OLEG (*RUSO*) ALEGRÍA. Olezka.

OLIN (*INGLÉS*) ALEGRE, JUBILOSO. Olen, Olney, Olyn.

OLIVER (*LATÍN*) ÁRBOL DE OLIVO. (*ESCANDINAVO*) REY, AFICIONADO. Oliverio, Olivero, Olivier, Oliviero, Ollie, Olvan.

OLUBAYO (*AFRICANO*) LA MÁS GRANDE ALEGRÍA.

OLUJIMI (*AFRICANO*) DIOS ME LO DIO.

OMAR (*ÁRABE*) EL MÁS ALTO, EL QUE SIGUE AL PROFETA. (*HEBREO*) REVERENTE. Omair, Omari, Omarr, Omer, Umar.

ONAN (*TURCO*) PRÓSPERO.

ONAONA (*HAWAIANO*) FRAGANCIA AGRADABLE.

ONSLOW (*INGLÉS*) ENTUSIASTA.

ONUR (*TURCO*) HONOR.

OPHIR (*HEBREO*) FIEL. BIBLIA: PERSONAJE DEL ANTIGUO TESTAMENTO.

ORAN (*IRLANDÉS*) VERDE. Odhran, Odran, Ora, Orane, Orran.

ORATIO (*LATÍN*) FORMA ALTERNATIVA DE HORACIO.

ORBAN (*HÚNGARO*) NACIDO EN LA CIUDAD.

ORDELL (*LATÍN*) PRINCIPIO.

OREN (*HEBREO*) ÁRBOL DE PINO. (*IRLANDÉS*) DE PIEL CLARA O BRILLANTE. Oran, Orin, Oris, Orono, Orren, Orrin.

ORI (*HEBREO*) MI LUZ.

ORIEN (*LATÍN*) VISITANTE DEL ESTE. Orian, Orie, Orin, Oris, Oron, Orono, Orrin, Oryan.

ORJI (*AFRICANO*) ÁRBOL PODEROSO.

ORLANDO (*ALEMÁN*) FAMOSO A TRAVÉS DE LA TIERRA. Lando, Olando, Olo, Orlan, Orland, Orlanda, Orlandas.

ORMAN (*ALEMÁN*) MARINERO, HOMBRE DE MAR. (*ESCANDINAVO*) SERPIENTE, GUSANO. Ormand.

ORMOND (*INGLÉS*) OSO DE LA MONTAÑA, PROTECTOR CON ESPADA. Ormand.

ORRIN (*INGLÉS*) RÍO. Orin, Oryn, Orynn.

ORRY (*LATÍN*) DEL ORIENTE. Oarrie, Orrey, Orrie.

ORSON (*LATÍN*) PARECIDO A UN OSO. Orscino, Orsen, Orsin, Orsini, Orsino, Son, Sonny, Urson.

ORTZI (*VASCO*) CIELO.

ORVIN (*INGLÉS*) AMIGO. Orwin, Owynn.

OSAHAR (*AFRICANO*) DIOS ESCUCHA.

OSAYABA (*AFRICANO*) DIOS PERDONA.

OSBERTO (*INGLÉS*) DIVINO, BRILLANTE.

OSBORN (*INGLÉS*) GUARDIÁN DE DIOS. Osbern, Osbon, Osborne, Osburn, Oz, Ozzie.

OSCAR (*ESCANDINAVO*) DIVINO ESPADACHÍN. Oke, Oskar, Osker, Oszkar.

OSEI (*AFRICANO*) NOBLE. Osee.

OSGOOD (*INGLÉS*) DIVINAMENTE BUENO.

OSMAN (*TURCO*) GOBERNANTE. (*INGLÉS*) SERVIDOR DE DIOS. Osman, Osmin, Ottmar.

OSMAR (*INGLÉS*) DIVINO, MARAVILLOSO.

OSMOND (*INGLÉS*) DIVINO PROTECTOR. Osmand, Osmonde, Osmont, Osmund, Osmundo.

OSRIC (*INGLÉS*) DIVINO GOBERNANTE. Osrick.

OSVALDO (*ESPAÑOL*) PODER DE DIOS. Osbaldo, Osbalto, Osvald, Osvalda.

OSWALDO (*ESPAÑOL*) FORMA ALTERNATIVA DE OSVALDO.

OTA (*CHECO*) PRÓSPERO. Otik.

OTADAN (*AMERICANO NATIVO*) PLENITUD.

OTELLO (*ITALIANO*) RICO. Othello, Otto.

OTTAH (*NIGERIANO*) BEBÉ DELGADO.

OTTAR (*NORUEGO*) GUERRERO.

OTTOKAR (*ALEMÁN*) GUERRERO FELIZ.

OURAY (*AMERICANO NATIVO*) FLECHA. ASTROLOGÍA: NACIDO BAJO EL SIGNO DE SAGITARIO.

OVED (*HEBREO*) SEGUIDOR.

OXFORD (*INGLÉS*) LUGAR EN DONDE LOS BUEYES PASAN EL RÍO. Ford.

OYSTEN (*NORUEGO*) ROCA DE LA FELICIDAD. Ostein, Osten, Ostin.

OZTURK (*TURCO*) PURO, TURCO GENUINO.

P

PABLO (*ESPAÑOL*) PEQUEÑO. BIBLIA: SAÚL, DESPUÉS LLAMADO PABLO FUE EL PRIMERO EN PROCLAMAR LAS ENSEÑANZAS DE JESÚS. Pable, Paublo.

PACÍFICO (*FILIPINO*) HOMBRE DE PAZ.

PACO (*ITALIANO*) PAQUETE. (*ESPAÑOL*) DIMINUTIVO DE FRANCISCO. Pacorro, Panchito, Pancho, Paquito.

PAGE (*FRANCÉS*) ASISTENTE LLENO DE JUVENTUD. Padget, Paggio, Paige, Payge.

PAKI (*AFRICANO*) TESTIGO.

PALASH (*HINDÚ*) ÁRBOL CON FLORES.

PALBEN (*VASCO*) RUBIO.

PALLADIN (*AMERICANO NATIVO*) PELEADOR. Pallaton, Palleten.

PALMER (*INGLÉS*) PALMERA. Pallmer, Palmar.

PALTI (*HEBREO*) DIOS LIBERA.

PANAS (*RUSO*) INMORTAL.

PAOLO (*ITALIANO*) FORMA ALTERNATIVA DE PAULO.

PARÍS (*GRIEGO*) AMANTE. Paras, Paree, Pares, Parese, Parie, Parris, Parys.

PARK (*CHINO*) CIPRÉS. (*INGLÉS*) FORMA CORTA DE PARKER. Parke, Parkes, Parkey, Parks.

PARKER (*INGLÉS*) CUIDADOR DEL PARQUE. Park.

PARKIN (*INGLÉS*) PEDRITO. Perkin.

PARRISH (*INGLÉS*) IGLESIA DE DISTRITO. Parish, Parrie, Parisch.

PARRY (*GALÉS*) HIJO DE HARRY. Parrey, Parrie, Pary.

PARTHENIO (*GRIEGO*) VIRGEN. RELIGIÓN: SANTO DE LA RELIGIÓN ORTODOXA.

PASCAL (*FRANCÉS*) NACIDO EN EL ESTE DE FRANCIA. Pace, Pascale, Paschal, Pascoe, Pascow, Pascual.

PASTOR (*LATÍN*) LÍDER ESPIRITUAL.

PATRICIO (*ESPAÑOL*) HOMBRE DE NOBLEZA. RELIGIÓN: SANTO PATRÓN DE IRLANDA. Patrizio.

PATRICK (*LATÍN*) FORMA ALTERNATIVA DE PATRICIO.

PATRIN (*GITANO*) HOJA DE ÁRBOL.

PATTERSON (*IRLANDÉS*) HIJO DE PAT.

PATTIN (*GITANO*) HOJA.

PATTON (*INGLÉS*) PUEBLO DE GUERREROS. Paten, Patin, Paton, Payton, Peyton.

PATWIN (*AMERICANO NATIVO*) HOMBRE.

PATXI (*TEUTÓN*) LIBRE.

PAULINO (*ESPAÑOL*) FORMA ALTERNATIVA DE PAUL.

PAULO (*LATÍN*) PEQUEÑO. Pall, Paolo, Pasha, Pasko, Pauli, Paulia, Paulin, Paulino, Paulis, Paul, Pauls, Pavel, Pavlos, Pawel, Pol, Poul.

PAVIT (*HINDÚ*) PURO.

PAZ (*ESPAÑOL*) PAZ.

PEDRO (*ESPAÑOL*) PIEDRA PEQUEÑA. BIBLIA: LÍDER DE LOS DOCE APÓSTOLES DE JESÚS. Pedrin, Petronio.

PELI (*VASCO*) FELIZ.

PELLO (*GRIEGO*) PIEDRA. Peru.

PENN (*LATÍN*) PLUMA. Pen, Peny, Penny.

PEPE (*ESPAÑOL*) APODO DE JOSÉ. Pepillo, Pepito, Pequin, Pipo.

PEPIN (*ALEMÁN*) DETERMINADO.

PEREGRINO (*MEXICANO*) VIAJERO, PEREGRINO. Peregrin, Perry.

PERICO (*ESPAÑOL*) APODO DE PEDRO.

PERVIS (*LATÍN*) PASAJERO.

PETER (*GRIEGO, LATÍN*) PIEDRA PEQUEÑA. Petter, Peterke, Pieter, Pietro, Piter, Piti.

PHELAN (*IRLANDÉS*) LOBO.

PHELIPE (*ESPAÑOL*) FORMA ALTERNATIVA DE FELIPE.

PHELIX (*LATÍN*) FORMA ALTERNATIVA DE FÉLIX.

PHILEMON (*GRIEGO*) BESO. Filemon, Philmon.

PHILO (*GRIEGO*) AMOR.

PIAS (*GITANO*) DIVERTIDO.

PIERE (*FRANCÉS*) PEDRO. Peirre, Pierre, Pierrot.

PILAR (*ESPAÑOL*) PILAR.

PILI (*SUAHILI*) SEGUNDO EN NACER.

PIN (*VIETNAMITA*) HOMBRE LIBRE.

PIPPIN (*ALEMÁN*) PADRE.

PIRAN (*IRLANDÉS*) QUIEN REZA. Peran, Pieran.

PLÁCIDO (*ESPAÑOL*) SERENO. Placydo.

PLATÓN (*GRIEGO*) HOMBROS CAÍDOS. HISTORIA: FAMOSO FILÓSOFO GRIEGO. Plato.

POLO (*GRIEGO*) FORMA CORTA DE APOLO O LEOPOLDO. (*TIBETANO*) VALIENTE.

PONY (*ESCOCÉS*) CABALLO PEQUEÑO. Poni.

PORFIRIO (*GRIEGO*, *ESPAÑOL*) PIEDRA MORADA. Porphirio.

PO SIN (*CHINO*) ABUELO, ELEFANTE.

POV (*GITANO*) TIERRA.

POWELL (*INGLÉS*) ALERTA. Powel.

PREM (*HINDÚ*) AMOR.

PRESLEY (*INGLÉS*) COLINA DEL SACERDOTE. Presly, Prestley, Priestly.

PRIMO (*ITALIANO*) PRIMERO, CALIDAD. Premo.

PROCTOR (*LATÍN*) OFICIAL, ADMINISTRADOR. Procter.

PRÓSPERO (*LATÍN*) AFORTUNADO.

PUMEET (*SÁNSCRITO*) PURO.

PYOTR (*RUSO*) PEDRO. Petya.

Q

QABIL (*ÁRABE*) ACCESIBLE.

QADIM (*ÁRABE*) ANTIGUO.

QADIR (*ÁRABE*) PODEROSO. Qaadi, Quadir.

QAMAR (*ÁRABE*) LUNA. Quamar, Quamir.

QASIM (*ÁRABE*) DIVISOR. Quasim.

QIMAT (*HINDÚ*) VALUABLE.

QUAASHIE (*AFRICANO*) NACIDO EN DOMINGO.

QUADE (*LATÍN*) CUARTO. Quadell, Quaden, Quaton, Quadon, Quaid.

QUANAH (*COMANCHE*) FRAGANCIA. Quan.

QUANT (*GRIEGO*) ¿CUÁNTO? Quanta, Quantal, Quantas, Quantay, Quante, Quantey.

QUDAMAH (*ÁRABE*) CORAJE.

QUENNEL (*FRANCÉS*) PEQUEÑO ROBLE. Quenell, Quennel.

QUENTIN (*LATÍN*) QUINTO. (*INGLÉS*) EL PUEBLO DE LA REYNA. Quantin, Quent, Quentan, Quenten, Quenton, Quintin.

QUIGLEY (*IRLANDÉS*) EL LADO MATERNAL. Quigly.

QUILLAN (*IRLANDÉS*) CUBO. Quill, Quillen, Quillin, Quillon.

QUIMBY (*ESCANDINAVO*) PAÍS DE MUJERES. Quinby.

QUINCY (*FRANCÉS*) HACIENDA DEL QUINTO HIJO. Quenci, Quency, Quince, Quincey, Quinci, Quinn, Quinncy, Quinnsy, Quinzy.

QUINLAN (*IRLANDÉS*) FUERTE, BIEN PARECIDO. Quindlen, Quinlen, Quinlin, Quinn, Quinnian.

QUINN (*IRLANDÉS*) FORMA CORTA DE QUINCY.

QUIQUI (*ESPAÑOL*) APODO DE ENRIQUE. Quinto, Quiquin.

QUON (*CHINO*) BRILLO.

R

RAANÁN (*HEBREO*) FRESCO, LUJOSO.

RABI (*ÁRABE*) BRISA. Rabbi, Rabiah, Rabie, Rabin.

RACHAM (*HEBREO*) COMPASIVO. Rachamim, Rachim, Rachman, Rachmiel, Rachum, Raham, Rahamim.

RAD (*INGLÉS*) CONSEJERO. (*ESLAVO*) FELIZ. Radd, Raddie, Raddy, Rade, Radi.

RADMAN (*ESLAVO*) LLENO DE ALEGRÍA. Radmen, Radusha.

RADOMIL (*ESLAVO*) PAZ, FELICIDAD.

RAFAEL (*ESPAÑOL, HEBREO*) DIOS HA SANADO. Raffaelo, Rafaelo, Rafal, Rafeal, Rafel, Rafello, Rafiel, Raphael.

RAFIQ (*ÁRABE*) AMIGO. Raafiq, Rafic, Rafique.

RAGHIB (*ÁRABE*) DESEOSO.

RAGNAR (*NORUEGO*) ARMA PODEROSA. Ragnor, Rainer, Rainier, Ranieri, Rayner, Raynor, Reinhold.

RAGO (*AFRICANO*) CARNERO.

RAHIM (*ÁRABE*) SERVIDOR. RAHEIM, RAHIEM, RAHIIM, RAHIME.

RAHUL (*ÁRABE*) VIAJERO.

RAID (*ÁRABE*) LÍDER.

RAIDEN (*JAPONÉS*) MITOLOGÍA: DIOS DEL TRUENO. Raidan, Rayden.

RAIMUNDO (*PORTUGUÉS*) PODEROSO, SABIO. Mundo, Raimon, Raimond, Raymundo.

RAJAH (*HINDÚ*) PRÍNCIPE, JEFE. Raj, Rajá, Rajaah, Rajahe, Rajan, Raje, Rajeh, Raji.

RAJAK (*HINDÚ*) LIMPIO.

RAKIN (*ÁRABE*) RESPETABLE. Rakeen.

RAKTIM (*HINDÚ*) ROJO BRILLANTE.

RALEIGH (*INGLÉS*) COLINA DE VENADOS. Ralegh.

RALPH (*INGLÉS*) LOBO CONSEJERO. Ralf, Ralston, Raul, Rolf.

RAM (*HINDÚ*) DIOS. (*INGLÉS*) BORREGO MACHO. Rami, Ramie, Ramy.

RAMADAN (*ÁRABE*) NOVENA LUNA DEL AÑO ÁRABE. Rama.

RAMIRO (*PORTUGUÉS*) JUEZ SUPREMO. Ramario, Rameir, Rameriz, Ramero, Rami, Ramos.

RANDALL (*INGLÉS*) LOBO. Randal, Randell, Randy, Randyll.

RANGER (*FRANCÉS*) GUARDABOSQUE. Range.

RANI (*HEBREO*) MI CANCIÓN, MI ALEGRÍA. Ranen, Ranie, Ranon, Roni.

RANJAN (*HINDÚ*) DELICIOSO.

RAPHAEL (*HEBREO*) FORMA ALTERNATIVA DE RAFAEL. Raphale, Raphaello, Ray.

RASHAD (*ÁRABE*) SABIO CONSEJERO. Rachad, Rachard, Rashid, Rashod, Rishad, Rosahd.

RASHIDA (*SUAHILI*) CORRECTO.

RASHIDI (*SUAHILI*) SABIO CONSEJERO.

RAÚL (*FRANCÉS*) FORMA ALTERNATIVA DE RAFAEL.

RAVENEL (*INGLÉS*) CUERVO. Raven, Ravenell, Revenel.

RAVI (*HINDÚ*) SOL. Ravee.

RAVIV (*HEBREO*) LLUVIA.

RAY (*FRANCÉS*) REY, REAL. (*INGLÉS*) FORMA CORTA DE RAYMUNDO, RAYMOND. Rae, Raye.

RAYHAN (*ÁRABE*) FAVORECIDO POR DIOS. Rayhaan.

RAYI (*HEBREO*) MI AMIGO, MI COMPAÑERO.

RAYMOND (*INGLÉS*) PODEROSO, SABIO PROTECTOR. Raimon, Raimundo, Ramon, Ray, Raymand, Raymon, Raymundo.

RAYMUNDO (*ESPAÑOL*) PODEROSO, SABIO. Raimundo.

RAZI (*ARAMEO*) MI SECRETO. Raz, Raziel, raziq.

RED (*AMERICANO*) CABEZA ROJA. Redd.

REDA (*ÁRABE*) SATISFECHO.

REDFORD (*INGLÉS*) CRUCE DEL RÍO ROJO. Ford, Radford, Readford, Red, Redd.

REGINALDO (*INGLÉS*) CONSEJERO DEL REY. Reg, Reggie, Regginaldo, Reginal, Regino.

REGINO (*MEXICANO*) FORMA ALTERNATIVA DE REGINALDO.

REGIS (*LATÍN*) REAL.

REI (*JAPONÉS*) LEY.

REKU (*FINLANDÉS*) RICARDO.

REMO (*LATÍN*) RÁPIDO, VELOZ. MITOLOGÍA: RÓMULO Y REMO FUNDARON ROMA.

RENATO (*ITALIANO*) RENACIDO.

RENDOR (*HÚNGARO*) POLICÍA.

RENÉ (*FRANCÉS*) RENACIDO. Renat, Renato, Renault, Renay, Renee, Renny.

RENFREDO (*INGLÉS*) PAZ DURADERA.

RENJIRO (*JAPONÉS*) VIRTUOSO.

RENNY (*IRLANDÉS*) PEQUEÑO PERO FUERTE. (*FRANCÉS*) FORMA FAMILIAR DE RENÉ. Ren, Renn, Renne, Rennie.

RENO (*AMERICANO*) RENO. Renos, Rino.

RENZO (*LATÍN*) FORMA CORTA DE LORENZO. Renz, Renzy, Renzzo.

REXTON (*INGLÉS*) PUEBLO DEL REY.

REY (*ESPAÑOL*) REY, GOBERNANTE. FORMA CORTA DE LOS NOMBRES QUE EMPIEZAN CON REY.

REYMUNDO (*ESPAÑOL*) FORMA ALTERNATIVA DE RAYMUNDO.

REYNALDO (*INGLÉS*) CONSEJERO DEL REY. Reginaldo, Reynoldo, Renaldo, Raynaldo, Reinaldo, Reynaldi.

REZ (*HÚNGARO*) PELIRROJO. Rezso.

RHODAS (*GRIEGO*) DONDE LAS ROSAS CRECEN. GEOGRAFÍA: ISLA EN LA COSTA DE GRECIA. Rodas.

RIAN (*IRLANDÉS*) PEQUEÑO REY. Ryan.

RICARDO (*PORTUGUÉS, ESPAÑOL*) RICO Y PODEROSO GOBERNANTE. Racardo, Ricaldo, Ricardos, Richard, Richardo.

RICHARD (*INGLÉS*) RICARDO. Rich, Richar, Richardson, Richart, Rick, Ricky, Rico.

RICKY (*INGLÉS*) DIMINUTIVO DE RICARDO O RICHARD. Ricci, Rickie, Riczi, Rikki, Rikky, Riqui.

RIDA (*ÁRABE*) FAVOR.

RIDER (*INGLÉS*) JINETE. Ridder, Ryder.

RIGEL (*ÁRABE*) PIE. ASTRONOMÍA: UNA DE LAS ESTRELLAS DE LA CONSTELACIÓN DE ORIÓN.

RIGOBERTO (*ALEMÁN*) ESPLÉNDIDO, RICO. Rigobert.

RING (*INGLÉS*) CAMPANEO. Ringo.

RINGO (*JAPONÉS*) MANZANA.

RIPLEY (*INGLÉS*) COLINA CERCANA AL RÍO.

RITTER (*ALEMÁN*) CABALLERO. Rittnar.

RIVER (*INGLÉS*) RÍO. Rivers, Riviera, Rivor.

RIYAD (*ÁRABE*) JARDÍN. Riad, Riyaad, Riyaz, Riyod.

ROAR (*NORUEGO*) GUERRERO PREMIADO. Roary.

ROB (*INGLÉS*) FORMA CORTA DE ROBERTO. Robb, Robe.

ROBERTO (*PORTUGUÉS*) FAMOSO, BRILLANTE. Bob, Rob, Roberts, Robin, Robinson, Ruberto, Ruperto.

ROBINSON (*INGLÉS*) HIJO DE ROBERTO. Robbinson, Robens, Robenson, Robson, Robynson.

ROCCO (*ITALIANO*) ROCA. Rocca, Rocio, Rocko, Rocky, Roko, Roque.

ROCHESTER (*INGLÉS*) FORTALEZA HECHA CON PIEDRAS. Chester, Chet.

RODEN (*INGLÉS*) VALLE ROJO. Rodin.

RODMAN (*ALEMÁN*) HOMBRE FAMOSO, HÉROE. Rodmond.

RODOLFO (*ESPAÑOL*) LOBO FAMOSO. Rodolpho, Rudolfo.

RODRIGO (*ITALIANO*) FAMOSO GOBERNANTE.

ROGAN (*IRLANDÉS*) PELIRROJO.

ROGELIO (*ESPAÑOL*) FAMOSO GUERRERO. Rojelio.

ROGER (*ALEMÁN*) FAMOSO ESPADACHÍN. Rodger, Rog, Rogerio, Rogelio.

ROHAN (*HINDÚ*) SÁNDALO.

ROLANDO (*ALEMÁN*) FAMOSO EN EL PUEBLO. Orlando, Roland, Rolland, Rollin.

ROLON (*ESPAÑOL*) FAMOSO LOBO.

ROMÁN (*LATÍN*) ROMANO. Roma, Romain, Romann, Romy.

ROMARIO (*ITALIANO*) FORMA ALTERNATIVA DE ROMEO. Romar, Romaro, Romarrio.

ROMEO (*ITALIANO*) PEREGRINO A ROMA, ROMANO. LITERATURA: PERSONAJE PRINCIPAL EN LA NOVELA DE SHAKESPEARE ROMEO Y JULIETA. Romario, Romero.

RONALDO (*PORTUGUÉS*) FAMOSO GUERRERO.

RONI (*HEBREO*) MI CANCIÓN, MI ALEGRÍA. Rani, Roney, Ronit, Rony.

RONSON (*ESCOCÉS*) HIJO DE RONALDO.

ROOSEVELT (*ALEMÁN*) CAMPO DE ROSAS. HISTORIA: SEGUNDO PRESIDENTE DE LOS ESTADOS UNIDOS DE AMÉRICA. Roosvelt, Rosevelt.

ROSALÍO (*MEXICANO*) ROSA. Rosalino.

ROSARIO (*PORTUGUÉS*) ROSARIO.

ROSITO (*FILIPINO*) ROSA.

ROSS (*LATÍN*) ROSA. (*ESCOCÉS*) PENÍNSULA (*FRANCÉS*) ROJO. Rosse, Rossell, Rossi, Rossy.

ROTH (*ALEMÁN*) PELIRROJO.

ROVER (*INGLÉS*) VIAJERO.

ROY (*FRANCÉS*) REY. Rey, Roi, Roye, Ruy.

ROYAL (*FRANCÉS*) REAL. Roy, Royale, Royall, Royell.

RUBÉN (*ESPAÑOL*) HIJO CONTEMPLADO. Ruban, Rube, Rubean, Rubens, Rubin, Ruby.

RUDO (*AFRICANO*) AMOR.

RUFINO (*POLACO*) PELIRROJO.

RUNAKO (*AFRICANO*) GUAPO.

RUNE (*ALEMÁN*) SECRETO.

RUPERTO (*ITALIANO*) FORMA ALTERNATIVA DE ROBERTO.

RUTLAND (*ESCANDINAVO*) TIERRA ROJA.

RUY (*ESPAÑOL*) FORMA ALTERNATIVA DE RODRIGO.

RYMAN (*INGLÉS*) VENDEDOR.

S

SABER (*FRANCÉS*) ESPADA . Sabir, Sabre.

SABITI (*AMERICANO NATIVO*) NACIDO EN DOMINGO.

SABURO (*JAPONÉS*) TERCER HIJO.

SADDAM (*ÁRABE*) PODEROSO GOBERNANTE.

SADIKI (*SUAHILI*) FIEL.

SAFARI (*SUAHILI*) NACIDO DURANTE EL VIAJE. Safa, Safa-rian.

SAHALE (*AMERICANO NATIVO*) HALCÓN. Sael, Sahal, Sahel, Sahil.

SAHEN (*HINDÚ*) ARRIBA. Sahan.

SAHIR (*HINDÚ*) AMIGO.

SAID (*ÁRABE*) FELIZ. Saaid, Sahid, Saide, Sajid.

SAJAJ (*HINDÚ*) VIGILANTE.

SAKA (*SUAHILI*) CAZADOR.

SAKIMA (*AMERICANO NATIVO*) REY.

SALAM (*ÁRABE*) CORDERO. Salaam.

SALIH (*ÁRABE*) BUENO. Saleh, Salehe.

SALIM (*SUAHILI*) PACÍFICO, TRANQUILO.

SALOMÓN (*HEBREO*) LLENO DE PAZ. BIBLIA: REY DE ISRAEL FAMOSO POR SU SABIDURÍA. Solomón, Salamón, Salomo, Salomé, Soloman.

SALVADOR (*ESPAÑOL*) SALVADOR. Salvadore, Salvator, Salvatore.

SAM (*HEBREO*) FORMA CORTA DE SAMUEL.

SAMIR (*ÁRABE*) COMPAÑÍA ENTRETENIDA.

SAMUEL (*HEBREO*) DIOS ESCUCHÓ, DIOS CONTESTÓ. BIBLIA: FAMOSO PROFETA Y JUEZ DEL ANTIGUO TESTAMENTO. Sam, Samael, Samaul, Sambo, Samiel, Sammail, Sammel, Sammuel, Sammy, Samo, Samouel, Samu, Samual, Samuele, Samuello, Samuil, Samuka, Samule, Samuru, Samvel, Sanko, Saumel, Simuel, Zamuel.

SANAT (*HINDÚ*) ANTIGUO.

SANCHO (*LATÍN*) SANTIFICADO, SINCERO. Sauncho.

SANDRO (*GRIEGO*) FORMA CORTA DE ALESANDRO. Sandero, Sandor, Sandre, Saundro, Shandro.

SANI (*HINDÚ*) SATURNO. (*NAVAJO*) VIEJO.

SANJIV (*HINDÚ*) LARGA VIDA.

SANKAR (*HINDÚ*) DIOS.

SANSÓN (*HEBREO*) PARECIDO AL SOL. BIBLIA: HOMBRE DE GRAN FUERZA TRAICIONADO POR DALILA. Samsón, Sampson.

SANTIAGO (*ESPAÑOL*) SANTO.

SANTO (*ITALIANO*) SANTIFICADO. Santos.

SANTOSH (*HINDÚ*) SATISFECHO.

SANYU (*AFRICANO*) FELIZ.

SARAD (*HINDÚ*) NACIDO EN OTOÑO.

SARIYAH (*ÁRABE*) NUBES EN LA NOCHE.

SASHA (*RUSO*) ALEJANDRO. Sacha, Sash, Sashka, Sashok.

SASSON (*HEBREO*) LLENO DE ALEGRÍA. Sason.

SAÚL (*HEBREO*) EL BUSCADO. BIBLIA: PERSONAJE DEL NUEVO Y ANTIGUO TESTAMENTO. Shaul, Sol, Solly.

SAWYER (*INGLÉS*) QUIEN TRABAJA EN EL BOSQUE.

SAXON (*INGLÉS*) ESPADACHÍN. Sax, Saxen, Saxsin, Saxxon.

SAYER (*GALÉS*) CARPINTERO.

SEAN (*HEBREO*) DIOS ES GRACIA. Seann, Shan, Shane, Shon.

SEBASTIÁN (*GRIEGO*) VENERABLE. Bastian, Sabastián, Sabastién, Sabastiane, Sebastiano, Sebastien, Sebastin, Sebo.

SEF (*EGIPCIO*) AYER.

SEFU (*SUAHILI*) ESPADA.

SEGUN (*AFRICANO*) CONQUISTADOR.

SEIN (*VASCO*) INOCENTE.

SEMPALA (*AFRICANO*) NACIDO EN TIEMPOS PRÓSPEROS.

SENER (*TURCO*) QUIEN TRAE ALEGRÍA.

SENON (*ESPAÑOL*) VIDA.

SÉPTIMO (*LATÍN*) EL SÉPTIMO.

SERAFINO (*PORTUGUÉS*) FEROZ, ARDIENTE. BIBLIA: ÁNGELES GUARDIANES DEL TRONO DE DIOS. Saraf, Saraph, Serafim, Seraphim, Serafino.

SERENO (*LATÍN*) CALMADO, TRANQUILO.

SERGIO (*ITALIANO*) ATENTO, CABALLEROSO. Serginio, Serigio, Serjio.

SERVANDO (*ESPAÑOL*) SERVIDOR. Servan, Servio.

SEVERIANO (*ITALIANO*) SEVERO. Severin.

SEXTO (*LATÍN*) SEXTO.

SEYMOUR (*FRANCÉS*) QUIEN PIDE A DIOS. Seamor, Seamore.

SHADI (*ÁRABE*) CANTANTE. Shaddi, Shade, Shadey, Shady.

SHAH (*PERSA*) REY.

SHALOM (*HEBREO*) PAZ. Shalum, Shalomo, Sholem, Sholom.

SHAMIR (*HEBREO*) PIEDRA PRECIOSA. BIBLIA: PIEDRA FUERTE Y HERMOSA UTILIZADA PARA CONSTRUIR EL TEMPLO DE SALOMÓN.

SHARIF (*ÁRABE*) HONESTO. Sharef, Sharief.

SHEM (*HEBREO*) NOMBRE, REPUTACIÓN. BIBLIA: HIJO MÁS GRANDE DE NOE.

SHILIN (*CHINO*) INTELECTUAL. Shilan.

SHILOH (*HEBREO*) REGALO DE DIOS. Shi, Shile, Shiley, Shilo, Shiloe, Shy, Shylo.

SHIRO (*JAPONÉS*) CUARTO HIJO.

SHIVA (*HINDÚ*) VIDA Y MUERTE. RELIGIÓN: NOMBRE MÁS COMÚN DEL DIOS HINDÚ DE LA DESTRUCCIÓN Y LA REPRODUCCIÓN. Shiv, Shivan, Siva.

SIDNEY (*FRANCÉS*) ORIGINARIO DE SAN DENIS FRANCIA. Cydney, Sid, Sidnee, Sidny, Sidon, Sidonio, Dysney, Dydny.

SIGIFREDO VICTORIOSO. Sigefriedo, Sigfrido.

SIGMUNDO (*ALEMÁN*) PROTECTOR VICTORIOSO. Sigismundo, Sigmond.

SILVANO (*ITALIANO*) QUIEN HABITA EN EL BOSQUE. Silvanos, Silvino.

SILVESTRE (*LATÍN*) DEL CAMPO. Silvestro.

SIMBA (*SUAHILI*) LEÓN. Sim.

SIMEÓN (*FRANCÉS*) FORMA ALTERNATIVA DE SIMÓN. Simone.

SIMÓN (*HEBREO*) ÉL ESCUCHÓ. BIBLIA: EN EL ANTIGUO TESTAMENTO EL SEGUNDO HIJO DE JACOB, EN EL NUEVO TESTAMENTO UNO DE LOS DOCE APÓSTOLES. Saimon, Samien, Semon, Shimon, Si, Sim, Simao, Simen, Simeón, Simion, Simm, Simmon, Simms, Simoas, Simone.

SIMPSON (*HEBREO*) HIJO DE SIMÓN. Simonson, Simson.

SINCLAIR (*FRANCÉS*) QUIEN REZA.

SINGH (*HINDÚ*) LEÓN. Sing.

SINJON (*INGLÉS*) SANTO. Sinjin, Sinjun.

SISI (*AFRICANO*) NACIDO EN DOMINGO.

SKAH (*AMERICANO NATIVO*) BLANCO. Skai.

SLOAN (*IRLANDÉS*) GUERRERO. Sloane, Slone.

SÓCRATES (*GRIEGO*) SABIO, CULTO. HISTORIA: FAMOSO FILÓSOFO GRIEGO. Socratis, Sokrates.

SOFIAN (*ÁRABE*) DEVOTO.

SOJA (*AFRICANO*) SOLDADO.

SON (*VIETNAMITA*) MONTAÑA. (*AMERICANO NATIVO*) ESTRELLA. (*INGLÉS*) HIJO. Sonny.

SONO (*AFRICANO*) ELEFANTE.

SOROUSH (*PERSA*) FELIZ.

SOTERIOS (*GRIEGO*) SALVADOR. Soteris, Sotero.

SOVANN (*CAMBOYANO*) ORO.

SPALDING (*INGLÉS*) CAMPO DIVIDIDO.

SPARK (*INGLÉS*) FELIZ. Sparky.

SPIKE (*INGLÉS*) UÑAS LARGAS.

STARK (*ALEMÁN*) FUERTE, VIGOROSO. Starke, Starkie.

STEFANO (*ITALIANO*) CORONADO. Estefan, Esteban, Stefan, Stephan, Stephano.

STERN (*ALEMÁN*) ESTRELLA.

STIG (*SUECO*) MONTE.

STONE (*INGLÉS*) PIEDRA. Stoen, Stoney, Stonie.

STORM (*INGLÉS*) TORMENTA, TEMPESTAD.

STUART (*INGLÉS*) QUIEN TRATA CON CARIÑO.

SUBHI (*ÁRABE*) MADRUGADA.

SUDI (*SUAHILI*) AFORTUNADO.

SUHAIL (*ÁRABE*) AMABLE. Sohail, Souhail, Sujal.

SUHUBA (*SUAHILI*) AMIGO.

SUKRU (*TURCO*) AGRADECIDO.

SULTAN (*SUAHILI*) GOBERNANTE.

SUM (TAILANDÉS) APROPIADO.

SUNNY (*INGLÉS*) SOLEADO. Sun, Sunni.

SVEN (*ESCANDINAVO*) JOVEN. Svein, Svend, Svenn, Swen.

SYING (*CHINO*) ESTRELLA.

T

TAAVETI (*FINLANDÉS*) FORMA ALTERNATIVA DE DAVID. Taavi, Taavo.

TAB (*ALEMÁN*) RESPLANDOR, BRILLO. (*INGLÉS*) TAMBORERO. Tabb, Tabbie, Tabby.

TABARI (*ÁRABE*) ÉL RECUERDA. HISTORIA MUSULMÁN. Tabahri, Tabares, Tabarious, Tabarius, Tabarus, Tabur.

TABIB (*TURCO*) SÍQUICO, FÍSICO. Tabeeb.

TABOR (*PERSA*) EL QUE TOCA EL TAMBOR. Tabber, Taber, Taboras, Taibor, Tayber, Taybor, Taver.

TADAN (*AMERICANO NATIVO*) PLENITUD. Taden.

TADEO (*GRIEGO*) HOMBRE DE VALOR. (*LATÍN*) PREMIADO. BIBLIA: UNO DE LOS DOCE APÓSTOLES. Taddeo, Thadeo, Tadez, Tadio.

TADI (*AMERICANO NATIVO*) VIENTO.

TAFT (*INGLÉS*) RÍO. Taffy, Tafton.

TAGE (*DANÉS*) DÍA. Tag.

TAGGART (*IRLANDÉS*) HIJO DEL SACERDOTE. Tagart.

TAHIR (*ÁRABE*) INOCENTE, PURO. Taheer.

TAI (*VIETNAMITA*) PRÓSPERO, TALENTOSO.

TAIMA (*AMERICANO NATIVO*) NACIDO DURANTE LA TORMENTA.

TAIWAN (*CHINO*) ISLA. Tahwan, Taivon, Taiwain, Tawan, Tawann, Tawaun, Tawon, Taywan, Tywan.

TAIWO (*AFRICANO*) EL PRIMERO DE GEMELOS.

TAJ (*HINDÚ*) CORONA. Taje, Tajee, Tajeh, Tajh, Taji.

TAJO (*ESPAÑOL*) DÍA. Taio.

TAKEO (*JAPONÉS*) FUERTE COMO BAMBOO. Taakeyo.

TAKODA (*AMERICANO NATIVO*) AMIGO DE TODOS.

TAL (*HEBREO*) LLUVIA. Tali, Talía, Talley, Talor, Talya.

TALBOT (*FRANCÉS*) EL QUE HACE BOTAS. Talbott, Tallbot, Tallbott, Tallie, Tally.

TALIB (*ÁRABE*) EXPLORADOR.

TALIKI (*AFRICANO*) AMIGO.

TALLI (*AFRICANO*) HÉROE LEGENDARIO.

TALMAI (*ARAMEO*) SURCO, CANAL. BIBLIA: REY DE GESHUR Y SUEGRO DEL REY DAVID. Telem.

TAM (*HEBREO*) HONESTO. (*VIETNAMITA*) NUMERO OCHO. Tama, Tamas, Tameas, Tamlane, Tamman, Tammas, Tammen, Tammy.

TAMAN (*ESLAVO*) OSCURO, NEGRO. Tama, Tamann, Tamin, tamon, tamone.

TAMBO (*SUAHILI*) VIGOROSO.

TAMIR (*ÁRABE*) ALTO COMO PALMERA. Tameer.

TAN (*BIRMANO*) MILLÓN. (*VIETNAMITA*) NUEVO. Than.

TANEK (*GRIEGO*) INMORTAL.

TANELI (*FINLANDÉS*) DIOS ES MI JUEZ. Taneil, Tanell, Tanella.

TANGUY (*FRANCÉS*) GUERRERO.

TANI (*JAPONÉS*) VALLE.

TANNER (*INGLÉS*) LÍDER, TRABAJADOR. Tan, Taner, Tanery, Tann, Tannar, Tannir, Tannor, Tanny.

TANO (*ESPAÑOL*) CAMPO DE GLORIA. Tanno.

TAPAN (*SÁNSCRITO*) SOL, VERANO.

TAPKO (*AMERICANO NATIVO*) ANTÍLOPE.

TARAK (*SÁNCRITO*) ESTRELLA, PROTECTOR.

TARIN (*ÁRABE*) POCO COMÚN. Tareen.

TARIQ (*ÁRABE*) CONQUISTADOR. Tareck, Tarek. Tarik, Tarique, Tarreq, Tereik.

TARO (*JAPONÉS*) PRIMER HIJO VARÓN.

TARRANT (*GALÉS*) RELÁMPAGO. Terrant.

TARUN (*SÁNSCRITO*) JOVEN. Taran.

TARVER (*INGLÉS*) TORRE, COLINA, LÍDER. Terver.

TASS (*HÚNGARO*) ANTIGUO NOMBRE MITOLÓGICO.

TASUNKE (*AMERICANO NATIVO*) CABALLO.

TATIUS (*LATÍN*) REY, GOBERNANTE. Tazio, Titus.

TATUM (*INGLÉS*) FELICIDAD.

TAURUS (*LATÍN*) TORO.

TAVI (*ARAMEO*) BUENO.

TAVO (*ESLAVO*) FORMA CORTA DE GUSTAVO.

TAWNO (*GITANO*) EL PEQUEÑO. Tawn.

TAYLOR (*INGLÉS*) SASTRE. Tailor, Talor, Tayler, Tayllor, Taylour, Taylr, Teylor.

TAZ (*ÁRABE*) TAZA DECORADA. ORNAMENTAL. Tazz.

TED (*INGLÉS*) FORMA ALTERNATIVA DE TEODORO. Tedd, Teddy, Tedson.

TEDMUNDO (*INGLÉS*) PROTECTOR DE LAS TIERRAS. Tedman, Tedmond.

TEJ (*SÁNSCRITO*) LUZ, ILUMINACIÓN.

TEKLE (*ETÍOPE*) PLANTA.

TELFORD (*FRANCÉS*) CORTADOR DE FIERRO. Telek, Telfer, Telfor, Telfour.

TELMO (*INGLÉS*) CULTIVADOR.

TEM (*GITANO*) PAÍS.

TEMBO (*SUAHILI*) ELEFANTE.

TEO (*VIETNAMITA*) TOMÁS. (*ESPAÑOL*) FORMA CORTA DE TEODORO. Teobaldo.

TEOBALDO (*ITALIANO*) PRÍNCIPE DEL PUEBLO. Theobaldo.

TEODORO (*GRIEGO*) REGALO DE DIOS. Theodoro, Tedor, Todor, Tolek.

TERTIO (*LATÍN*) TERCERO.

TEVA (*HEBREO*) NATURALEZA.

TEVEL (*JUDÍO*) FORMA ALTERNATIVA DE DAVID.

TEX (*AMERICANO*) ORIGINARIO DE TEXAS.

THABIT (*ÁRABE*) FIRME, FUERTE.

THADY (*VIETNAMITA*) MUCHOS, MULTITUD.

THAMAN (*HINDÚ*) DIOS, PARECIDO A DIOS.

THAN (*BIRMANO*) MILLÓN.

THANG (*VIETNAMITA*) VICTORIOSO.

THAYER (*FRANCÉS*) ARMADA DE LA NACIÓN. Thay.

THEL (*INGLÉS*) HISTORIA.

THERÓN (*GRIEGO*) CAZADOR.

THIAN (*VIETNAMITA*) SUAVE.

THOMPSON (*INGLÉS*) HIJO DE THOMAS.

THOR (*ESCANDINAVO*) TRUENO, RELÁMPAGO. MITOLO-GÍA: DIOS DEL RAYO Y DE LA GUERRA. Thorin, Tor, Tyrus.

TIBERIO (*ITALIANO*) ORIGINARIO DE TIBOR. Tiberias, Tiberiu, Tibio.

TIBURCIO (*HÚNGARO*) LUGAR SANTO. Tibor.

TIERNAN (*IRLANDÉS*) SEÑOR.

TIMÓN (*GRIEGO*) HONORABLE. HISTORIA: FAMOSO FILÓSOFO GRIEGO.

TIMOTEO (*PORTUGUÉS*) HONRANDO A DIOS. Tim, Timka, Timo, Timon, Timotheo, Timothy.

TIMOTHY (*GRIEGO*) FORMA ALTERNATIVA DE TIMOTEO. Timity, Thimoty.

TIN (*VIETNAMITA*) PENSADOR.

TINO (*GRIEGO*) FORMA CORTA DE JUSTINO, AGUSTINO. (*ESPAÑOL*) VENERABLE, MAJESTUOSO. (*ITALIANO*) PEQUEÑO. FORMA FAMILIAR DE ANTONIO. Tion.

TITO (*ITALIANO*) GIGANTE. (*LATÍN*) HÉROE. Titis, Titos.

TITUS (*GRIEGO*) FORMA ALTERNATIVA DE TITO.

TIVON (*HEBREO*) AMOR NATURAL.

TOBAR (*GITANO*) CAMINO.

TOBI (*AFRICANO*) GRANDE.

TOBÍAS (*HEBREO*) DIOS ES BUENO. Tobía, Tobiah, Tobiath, Tobin, Tobit, Toby.

TODD (*INGLÉS*) ZORRO. Tod, Toddie, Toddy.

TOFT (*INGLÉS*) GRANJA PEQUEÑA.

TOLBERTO (*INGLÉS*) BRILLANTE RECOLECTOR DE IMPUESTOS.

TOM (*INGLÉS*) FORMA CORTA DE TOMÁS. Teo, Thom, Tommey, Tommie, Tommy.

TOMÁS (*ALEMÁN, ÁRABE, GRIEGO*) GEMELO. BIBLIA: UNO DE LOS DOCE APÓSTOLES. Thomas, Tom, Tomaisin, Tomaz, Tomcio, Tome, Tomek, Tomelis, Tomico, Tomik, Tomo, Tomson.

TOMI (*JAPONÉS*) RICO. Tommy, Tomy.

TONG (*VIETNAMITA*) FRAGANCIA.

TONY (*GRIEGO*) FLUORECENTE. (*LATÍN*) DIGNO DE PRE-
MIARSE. (*ESPAÑOL*) DIMINUTIVO DE ANTONIO. Tonda,
Tonek, Toney, Toni, Tonik, Tonio, Tonny.

TOPO (*ESPAÑOL*) TOPO.

TOPPER (*INGLÉS*) COLINA.

TOR (*NORUEGO*) RELÁMPAGO. (*TIBETANO*) REY. Thor.

TORIN (*IRLANDÉS*) JEFE. Thorin, Torian, Toeion, Torrin,
Toryn.

TORMEY (*IRLANDÉS*) ESPÍRITU DE TRUENO. Torme, Tormee.

TORMOD (*ESCOCÉS*) NORTE.

TORR (*INGLÉS*) TORRE. Tory

TORU (*JAPONÉS*) MAR.

TOSHI-SHITA (*JAPONÉS*) JUNIOR.

TOVI (*HEBREO*) BUENO. Tov.

TRENT (*LATÍN*) TORRENTE, RÁPIDO. (*FRANCÉS*) TREINTA.
Trente, Trentino, Trento, Trentonio.

TREVOR (*IRLANDÉS*) PRUDENTE. Travor, Trebor, Trefor, Trev, Trevario, Trevour.

TREY (*INGLÉS*) TRES, TERCERO. Trai, Tray, Treye, Tri, Trie.

TRIGG (*ESCANDINAVO*) CONFIABLE.

TRISTÁN (*GALÉS*) ATREVIDO, AUDAZ. Treston, Tris, Tristain, Tristano, Tristian, Tristin, Triston.

TROY (*IRLANDÉS*) PIES DE SOLDADO. (*FRANCÉS*) DE CABELLOS RIZADOS. (*INGLÉS*) AGUA. Troi, Troye, Troyton.

TRUMAN (*INGLÉS*) HONESTO. Trueman, Trumain, Trumaine, Trumann.

TU (*VIETNAMITA*) TRES.

TULIO (*ITALIANO, ESPAÑOL*) VIVAZ. Tullio.

TUNG (*VIETNAMITA*) DIGNO. (*CHINO*) TODOS.

TUNGAR (*SÁNSCRITO*) ALTO, CARIÑOSO.

TURK (*INGLÉS*) ORIGINARIO DE TURQUÍA. Turko, Turco.

TUT (*ÁRABE*) FUERTE Y CON CORAJE.

TUYEN (*VIETNAMITA*) ÁNGEL.

TWIA (*AFRICANO*) NACIDO DESPUÉS DE GEMELOS.

TXOMIN (*VASCO*) PARECIDO AL SEÑOR.

TYLER (*INGLÉS*) FABRICANTE DE TEJAS. Tieler, Tiler, Ty, Tyel, Tyle, Tylor.

TYNAN (*IRLANDÉS*) OSCURIDAD. Ty.

TYNEK (*CHECO*) MARTÍN. Tynko.

TYSON (*FRANCÉS*) HIJO DE TY. Tison.

TZADOK (*HEBREO*) RECTO, CIERTO. Tzadik, Zadok.

TZION (*HEBREO*) SEÑAL DE DIOS. Zion.

TZURIEL (*HEBREO*) DIOS ES MI ROCA.

TZVI (*HEBREO*) CIERVO. Tzevi, Zevi.

U

UBADAH (*ÁRABE*) SERVIDOR DE DIOS.

UBAID (*ÁRABE*) FIEL.

UCHE (*AFRICANO*) PENSAMIENTO.

UDIT (*SÁNSCRITO*) RESPLANDOR.

UDOLFO (*INGLÉS*) LOBO. Udo, Udolph.

UISTEAN (*IRLANDÉS*) INTELIGENTE.

UJA (*SÁNSCRITO*) CRECIENTE.

UKU (*HAWAIANO*) INSECTO.

ULF (*ALEMÁN*) LOBO.

ULFREDO (*ALEMÁN*) LOBO TRANQUILO.

ULISES (*LATÍN*) LLENO DE CÓLERA. Ulishes, Ulisses, Ulyses, Ulysses.

ULMER (*INGLÉS*) LOBO FAMOSO. Ullmar, Ulmar.

ULMO (*ALEMÁN*) ORIGINARIO DE ULM ALEMANIA.

ULRICH (*ALEMÁN*) LÍDER DE LOS LOBOS. Uli, Ull, Ulric, Ulrik, Ulu, Ulz, Uwe.

ULTMAN (*HINDÚ*) DIOS, PARECIDO A DIOS.

UMANG (*SÁNSCRITO*) ENTUSIASTA. Umanga.

UMAR (*ÁRABE*) FORMA ALTERNATIVA DE OMAR. Umair, Umarr, Umayr, Umer.

UMBERTO (*ITALIANO*) FORMA ALTERNATIVA DE HUM-BERTO.

UMI (*AMERICANO NATIVO*) VIDA.

UMIT (*TURCO*) ESPERANZA.

UNER (*TURCO*) FAMOSO.

UNIKA (*AFRICANO*) BRILLO.

UNIQUE (*LATÍN*) ÚNICO. Unek, Unikque.

UNWIN (*INGLÉS*) ENEMIGO.

URBANO (*LATÍN*) HABITANTE DE LA CIUDAD. Urbain, Urbaine, Urbane, Urvan, Urvano.

URIAH (*HEBREO*) MI LUZ. Uri, Uria, Urias, Urijah, Yuri.

URIAN (*GRIEGO*) CIELO.

URIEL (*HEBREO*) DIOS ES MI LUZ. Urie.

URTZI (*VASCO*) CIELO.

USAMAH (*ÁRABE*) PARECIDO A UN LEÓN.

USENI (*AFRICANO*) DIME. Usene, Usenet.

USI (*AFRICANO*) HUMO.

UTHMAN (*ÁRABE*) ACOMPAÑANTE DE PROFETA. Usman, Uthmaan.

UTTAM (*SÁNSCRITO*) MEJOR.

UZI (*HEBREO*) MI FUERZA.

UZIEL (*HEBREO*) DIOS ES MI FUERZA, FUERZA PODEROSA. Uzie, Uzziah, Uzziel.

UZOMA (*NIGERIANO*) NACIDO DURANTE EL DÍA.

UZMATI (*AMERICANO NATIVO*) OSO GRIZLY.

V

VACHEL (*FRANCÉS*) VAQUITA. Vache, Vachell.

VACLAV (*CHECO*) LLENO DE GLORIA. Vasek.

VADIN (*HINDÚ*) PLATICADOR. Vaden.

VAIL (*INGLÉS*) VALLE. Vaile, Vaill, Vale, Valle.

VAL (*LATÍN*) FORMA CORTA DE VALENTÍN.

VALBORG (*SUECO*) VOLCÁN.

VALDEMAR (*SUECO*) FAMOSO GOBERNANTE.

VALENTÍN (*LATÍN*) FUERTE, SALUDABLE. Val, Valencio, Valentino, Valentón, Velentino.

VALENTINO (*ITALIANO*) FORMA ALTERNATIVA DE VALENTÍN.

VALERIANO (*LATÍN*) FUERTE. Valerio.

VALIN (*HINDÚ*) MITOLOGÍA: REY MONO TIRANO.

VARDON (*FRANCÉS*) MONTÍCULO VERDE. Varden, Verdan, Verdon, Verdun.

VARIÁN (*LATÍN*) VARIABLE.

VARICK (*ALEMÁN*) GOBERNATE PROTECTOR.

VARTAN (*AMERICANO*) PRODUCTOR DE ROSAS, QUIEN REGALA UNA ROSA.

VARÚN (*HINDÚ*) LLUVIA DE DIOS. Varron.

VASANT (*ESCANDINAVO*) PRIMAVERA. Vasanth.

VASIN (*HINDÚ*) GOBERNADOR.

VAUGHN (*GALÉS*) PEQUEÑO. Vaun, Vaune, Von.

VED (*SÁNSCRITO*) CONOCIMIENTO SAGRADO.

VEDIE (*LATÍN*) SEÑAL.

VEER (*SÁNSCRITO*) VALIENTE.

VELVEL (*JUDÍO*) LOBO.

VENIAMIN (*BÚLGARO*) FORMA ALTERNATIVA DE BEN-JAMÍN. Verniamin.

VENKAT (*HINDÚ*) DIOS, PARECIDO A DIOS.

VERE (*LATÍN*, *FRANCÉS*) VERDAD.

VERED (*HEBREO*) ROSA.

VERNADOS (*ALEMÁN*) OSO CON CORAJE.

VERNER (*ALEMÁN*) DEFENSOR DE LA ARMADA.

VERNON (*LATÍN*) PRIMAVERAL, JUVENIL. Vern, Varnan, Vernen, Verney, Vernin.

VERRIL (*ALEMÁN*) MASCULINO. (*FRANCÉS*) LEAL. Verill, Verrall, Verrell, Verroll, Veryl.

VIAN (*INGLÉS*) LLENO DE VIDA. FORMA MASCULINA DE VIVIANA.

VIC (*LATÍN*) FORMA CORTA DE VÍCTOR. Vick, Vicken, Vickenson.

VICENTE (*ESPAÑOL*) GANADOR. Vicent, Vincente, Vincent, Visente.

VICENZIO (*MEXICANO*) FORMA ALTERNATIVA DE VICENTE.

VÍCTOR (*LATÍN*) VICTORIOSO, CONQUISTADOR. Vic, Victa, Victer, Victoir, Victoriano, Victorin, Victorio, Viktor, Vitin, Vittorio, Vitya.

VIDAL (*ESPAÑOL*) VIVO, VITAL. Vida, Vidale, Vidall, Videll.

VIDAR (*NORUEGO*) TRES GUERREROS.

VIDOR (*HÚNGARO*) ALEGRÍA.

VIDUR (*HINDÚ*) SABIO.

VIHO (*CHEYEN*) JEFE.

VIJAY (*HINDÚ*) VICTORIA.

VIKRAM (*HINDÚ*) VALIOSO.

VIKRANT (*HINDÚ*) PODEROSO. Vikran.

VIMAL (*HINDÚ*) PURO.

VINAY (*HINDÚ*) POLÍTICO.

VINOD (*HINDÚ*) FELIZ, LLENO DE ALEGRÍA. Vinodh, Vinood.

VINSON (*INGLÉS*) HIJO DE VICENTE.

VIPUL (*HINDÚ*) PLENITUD.

VIRAJ (*HINDÚ*) RESPLANDECIENTE.

VIRAT (*HINDÚ*) MUY GRANDE.

VIRGILIO (*ESPAÑOL*) PORTADOR DE UN BASTÓN. LITERATURA: POETA ROMANO MEJOR CONOCIDO POR SU OBRA ÉPICA *LA ENEIDA*. Vergil, Virgial, Virjilio.

VIROTE (*TAILANDÉS)* FUERTE, PODEROSO.

VISHAL (*HINDÚ*) GRANDIOSO.

VISHNU (*HINDÚ*) PROTECTOR.

VITO (*LATÍN*) FORMA CORTA DE VITTORIO.- Vitis.

VITTORIO (*ITALIANO*) FORMA ALTERNATIVA DE VÍCTOR. Vito, Vitor, Vitorio, Vittore.

VIVEK (*HINDÚ*) SABIDURÍA.

VLADIMIR (*RUSO*) FAMOSO PRÍNCIPE. Bladimir, Vlad, Vladamir, Vladimyr, Vladmir.

VLADISLAV (*ESLAVO*) GLORIOSO GOBERNANTE. Vlas.

VOLKER (*ALEMÁN*) GUARDIÁN DE LA GENTE. Folke.

VOLNEY (*ALEMÁN*) ESPÍRITU NACIONAL.

VUAI (*SUAHILI*) SALVADOR.

W

WABAN (*CHIPEWA*) BLANCO. Wabon.

WADE (*INGLÉS*) CRUCE DEL RÍO. Wad, Wadi, Waid, Whaid.

WAHID (*ÁRABE*) SOLTERO.

WAHKAN (*AMERICANO NATIVO*) SAGRADO.

WALDO (*ALEMÁN*) VALLE BOSCOSO. Valdo.

WALDRON (*INGLÉS*) GOBERNANTE.

WALI (*ÁRABE*) QUIEN GOBIERNA A TODOS.

WALLACE (*INGLÉS*) DE GALES. Wallas, Wallie, Wallis, Wally, Walsh.

WALT (*INGLÉS*) HOMBRE DEL BOSQUE. Walty, Walter, Walti.

WALTER (*ALEMÁN*) JEFE DE LA ARMADA. (*INGLÉS*) GUARDIÁN DEL BOSQUE. Gualberto, Valter, Wally, Walther.

WANG (*CHINO*) ESPERANZA, DESEO.

WANIKIYA (*AMERICANO NATIVO*) SALVADOR.

WAPI (*AMERICANO NATIVO*) SUERTUDO.

WARREN (*ALEMÁN*) GENERAL. Ware, Warin, Warrin, Worrin.

WASHINGTON (*INGLÉS*) PUEBLO CERCA DEL AGUA. HISTORIA: GEORGE WASHINGTON FUE EL PRIMER PRESIDENTE DE LOS ESTADOS UNIDOS DE NORTE AMÉRICA. Wash.

WASIM (*ÁRABE*) GRACIOSO, CON SUERTE.

WATSON (*INGLÉS*) HIJO DE WALTER. Wathson, Whatson.

WAZIR (*ÁRABE*) MINISTRO.

WEBB (*INGLÉS*) TEJEDOR. Webber, Webner.

WEBSTER (*INGLÉS*) TEJEDOR.

WEI-QUO (*CHINO*) GOBERNANTE DEL PAÍS. Wei.

WEMILO (*AMERICANO NATIVO*) TODO LO DICE ÉL.

WEN (*GITANO*) NACIDO EN INVIERNO.

WENUTU (*AMERICANO NATIVO*) CIELO CLARO.

WESH (*GITANO*) MADEROSO.

WEST (*INGLÉS*) OESTE.

WHITNEY (*INGLÉS*) ISLA BLANCA, AGUA BLANCA. Whit, Widney, Widny.

WHITTAKER (*INGLÉS*) CAMPO BLANCO.

WICASA (*DAKOTA*) HOMBRE.

WID (*INGLÉS*) ANCHO.

WILKINS (*INGLÉS*) REY GUILLERMO. Wilkens, Wilkes.

WILLARD (*ALEMÁN*) DETERMINADO Y VALIENTE.

WILLIAM (*INGLÉS*) GUILLERMO. Bill, Billy, Vili, Villiam, Will, Wilaim, Willam, Willis.

WILMOT (*TEUTÓN*) ESPÍRITU. Wilmont, Wilm.

WILSON (*INGLÉS*) HIJO DE WILL.

WIN (*CAMBOYANO*) BRILLO. Winn, Winnie, Winny.

WINDSOR (*INGLÉS*) BANCA DE RÍO. Wincer, Winsor, Wyndsor.

WING (*CHINO*) GLORIA. (*AMERICANO*) ALA.

WINSLOW (*AMERICANO NATIVO*) AMIGO DE LA COLINA.

WINSTON (*INGLÉS*) PUEBLO AMIGABLE, PUEBLO DE VICTORIA. Win, Winsten, Winstin, Winstonn, Winton.

WINTER (*INGLÉS*) NACIDO EN INVIERNO.

WIT (*POLACO*) VIDA. Witt, Wittie, Witty.

WITHA (*ÁRABE*) GUAPO.

WOLF (*ALEMÁN*) LOBO. Wolff, Wolfy.

WOLFGANG (*ALEMÁN*) CUARTEL DE LOBOS. Wolf, Wolfgangs.

WOOD (*INGLÉS*) MADERA. Woody.

WOODSON (*INGLÉS*) HIJO DE WOOD.

WORTON (*INGLÉS*) GRANJA DEL PUEBLO.

WREN (*GALÉS*) JEFE, GOBERNANTE.

WUNAND (*AMERICANO NATIVO*) DIOS ES BUENO.

WYATT (*FRANCÉS*) PEQUÑO GUERRERO. Wiatt, Wyat, Wye, Wytt.

WYBORN (*ESCANDINAVO*) OSO GUERRERO.

WYCK (*ESCANDINAVO*) VILLA.

WYLIE (*INGLÉS*) ENCANTADO. Wiley, Wye.

WYMAN (*INGLÉS*) COMBATIENTE, GUERRERO.

WYMER (*INGLÉS)* FAMOSO EN BATALLA.

WYN (*GALÉS*) DE PIEL BLANCA. (*INGLÉS*) AMIGO. Win, Wyne, Wynn, Wynne.

X

XABAT (*VASCO*) SALVADOR.

XAIVER (*VASCO*) FORMA ALTERNATIVA DE XAVIER.

XAN (*GRIEGO*) FORMA CORTA DE ALEXANDER O ALEXIS.

XANTHUS (*LATÍN*) CABELLOS DE ORO. Xanthos.

XARLES (*VASCO*) FORMA ALTERNATIVA DE CARLOS.

XAVIER (*ÁRABE*) BRILLO. (*VASCO*) PROPIETARIO DE UNA CASA NUEVA. Xabier, Xaiver, Xaver, Xavian, Xaviar, Xavior, Xavon, Zavier.

XENOPHON (*GRIEGO*) DE VOZ EXTRAÑA. Xeno, Zennie.

XENOS (*GRIEGO*) EXTRANJERO, INVITADO. Zenos.

XERXES (*PERSA*) GOBERNANTE. HISTORIA: NOMBRE UTILIZADO PARA MUCHOS GOBERNANTES PERSAS. Zerk.

XYLON (*GRIEGO*) BOSQUE.

XZAVIER (*VASCO*) FORMA ALTERNATIVA DE XAVIER.

X

Y

YADID (*HEBREO*) AMIGO, AMADO. Yedid.

YADON (*HEBREO*) ÉL JUZGARÁ. Yadin, Yadun.

YAEL (*HEBREO*) CABRA DE MONTAÑA. Jael.

YAFEU (*AFRICANO*) ATREVIDO.

YAGIL (*HEBREO*) ÉL NOS REGOCIJARÁ.

YAHTO (*AMERICANO NATIVO*) AZUL.

YAHYA (*ÁRABE*) VIVIENDO.

YAIR (*HEBREO*) ÉL NOS ILUMINARÁ. Yahir.

YALE (*ALEMÁN*) PRODUCTIVO. (*INGLÉS*) VIEJO.

YANA (*AMERICANO NATIVO*) OSO.

YAO (*AFRICANO*) NACIDO EN JUEVES.

YARB (*GITANO*) HIERBA.

YARDAN (*ÁRABE*) REY.

YAROM (*HEBREO*) ÉL CRECERÁ. Yarum.

YARON (*HEBREO*) ÉL CANTARÁ, ÉL GRITARÁ. Jaron, Yairon.

YASASHIKU (*JAPONÉS*) AMABLE, POLÍTICO.

YASH (*HINDÚ*) VICTORIA, GLORIA.

YASHA (*RUSO*) JACOBO.

YASHWANT (*HINDÚ*) GLORIA.

YASIN (*ÁRABE*) PROFETA. Yasine, Yassin, Yazen.

YASIR (*AFGANO*) PRUDENTE. (*ÁRABE*) RICO. Yasar, Yaser, Yashar.

YASUO (*JAPONÉS*) DESCANSO.

YATES (*INGLÉS*) PUERTA. Yeats.

YAVIN (*HEBREO*) ÉL ENTENDERÁ. Jabin.

YAWO (*AFRICANO*) NACIDO EN JUEVES.

YAZID SU PODER CRECERÁ. Yazide.

YECHIEL (*HEBREO*) DIOS VIVE.

YEOMAN (*INGLÉS*) ATENTO. Yoeman, Youman.

YERVANT (*ARMENIO*) REY, GOBERNANTE.

YESHAYA (*HEBREO*) REGALO.

YESTIN (*GALÉS*) JUSTO.

YNGVE (*SUECO*) ANCESTRO, MAESTRO.

YO (*CAMBOYANO*) HONESTO.

YONATAN (*HEBREO*) FORMA ALTERNATIVA DE JONA-
THAN.

YONG (*CHINO*) HOMBRE CON CORAJE.

YOOFI (*AFRICANO*) NACIDO EN VIERNES.

YOOKU (*AFRICANO*) NACIDO EN MIÉRCOLES.

YORAM (*HEBREO*) DIOS EN LAS ALTURAS. Joram.

YORGOS (*GRIEGO*) JORGE.

YORK (*INGLÉS*) ESTADO EN EL BORDE DEL PAÍS.

YORKOO (*AFRICANO*) NACIDO EN JUEVES.

YOSHI (*JAPONÉS*) HIJO ADOPTADO.

YOSU (*HEBREO*) FORMA ALTERNATIVA DE JESÚS.

YOUNG (*INGLÉS*) JOVEN. Yung.

YOYI (*HEBREO*) JORGITO.

YU (*CHINO*) UNIVERSO.

YUKI (*JAPONÉS*) NIEVE. Yukiko, Yukio, Yuuki.

YUL (*MONGOL*) DETRÁS DEL HORIZONTE.

YULE (*INGLÉS*) NACIDO EN NAVIDAD.

YULI (*VASCO*) LLENO DE JUVENTUD.

YUMA (*AMERICANO NATIVO*) HIJO DEL JEFE.

YURCEL (*TURCO*) SUBLIME.

YURI (*RUSO*) JORGE. Yehor, Youri, Yura, Yure, Yuric, Yuril, Yurij, Yurik, Yurko, Yurri, Yury, Yusha.

YUSIF (*RUSO*) JOSÉ. Yuseph, Yusof, Yussof, Yusup, Yuzef, Yuzep.

YUVAL (*HEBREO*) REGOCIJO.

YVON (*FRANCÉS*) FORMA MASCULINA DE IVONNE.

Z

ZACARÍAS (*HEBREO, PORTUGUÉS*) DIOS RECORDÓ. Zacaría, Zacaríah, Zacary.

ZADORNIN (*VASCO*) SATURNO.

ZARIF (*ÁRABE*) VICTORIOSO. Zafar, Zafer, Zaffar.

ZAHID (*ÁRABE*) ASCÉTICO. Zaheed.

ZAHUR (*SUAHILI*) FLOR.

ZAID (*ÁRABE*) CRECIENTE. Zaied, Zayd.

ZAKI (*ÁRABE*) BRILLO, PURO. (*AFRICANO*) LEÓN. Zakia, Zakie, Zakki.

ZAKIA (*SUAHILI*) INTELIGENTE.

ZALE (*GRIEGO*) LA FUERZA DEL MAR. Zayle.

ZALMAI (*AFGANO*) JOVEN.

ZAMIR (*HEBREO*) CANCIÓN, PÁJARO. Zamer.

ZAN (*ITALIANO*) NUBE. Zann, Zanni, Zannie, Zhan.

ZAREB (*AFRICANO*) PROTECTOR.

ZAVIER (*ÁRABE*) FORMA ALTERNATIVA DE XAVIER. Zavair, Zavery, Zavior.

ZAYIT (*HEBREO*) OLIVO.

ZEBEDIAH (*HEBREO*) REGALO DE DIOS. Zeb, Zebadia, Zebidiah.

ZEBULÓN (*HEBREO*) HONRADO. Zabulán, Zeb, Zebulán, Zebulén, Zebulín, Zebulún.

ZEDEKIAH (*HEBREO*) DIOS ES PODEROSO Y JUSTO. Zed, Zedechiah, Zedikiah.

ZEEMAN (*HOLANDÉS*) MARINERO.

ZEEV (*HEBREO*) LOBO. Zeff, Zif.

ZEHEB (*TURCO*) ORO.

ZEKI (*TURCO*) HÁBIL, INTELIGENTE. Zeky.

ZELGAI (*AFGANO*) CORAZÓN.

ZELIMIR (*ESLAVO*) DESEOS DE PAZ.

ZEMAR (*AFGANO*) LEÓN.

ZEN (*JAPONÉS*) RELIGIOSO. RELIGIÓN: FORMA DE BUDISMO.

ZENO (*GRIEGO*) HISTORIA: GRAN FILÓSOFO GRIEGO. Zenán, Zenas, Zenón, Zino, Zinón.

ZEPHANIAH (*HEBREO*) DIOS LE DIO UN TESORO. Zaph, Zaphania, Zeph, Zephan.

ZEPHYR (*GRIEGO*) VIENTO DEL OESTE. Zeferino, Zephery, Zephiro.

ZERO (*ÁRABE*) VACÍO.

ZEROÚN (*ARMENIO*) SABIO RESPETABLE.

ZESIRO (*AFRICANO*) EL MÁS VIEJO DE LOS GEMELOS.

ZEUS (*VIDA*) MITOLOGÍA: JEFE DE LOS DIOSES GRIEGOS EN EL MONTE OLIMPO.

ZHIXIN (*CHINO*) AMBICIOSO. Zhi, Zhiguan.

ZHUANG (*CHINO*) FUERTE.

ZIA (*HEBREO*) MOVIMIENTO. Ziah.

ZIGOR (*VASCO*) CASTIGO.

ZIMRA (*HEBREO*) CANCIÓN REGALADA. Zemora, Zimrat, Zimri, Zimria, Zimriah.

ZIMRAAN (*ÁRABE*) PREMIO.

ZINAN (*JAPONÉS*) SEGUNDO EN NACER.

ZIÓN (*HEBREO*) CANCIÓN, HOMENAJE. BIBLIA: NOMBRE USADO PARA REFERIRSE A LA TIERRA DE ISRAEL Y AL PUEBLO HEBREO. Tzion, Zyon.

ZISKIND (*JUDÍO*) DULCE NIÑO.

ZIV (*HEBREO*) RESPLANDOR.

ZIVEN (*ESLAVO*) VIGOROSO, VIVAZ. Zev, Ziv, Zivon.

ZIYAD (*ÁRABE*) CRECIENTE.

ZLATAN (*CHECO*) ORO.

ZOHAR (*HEBREO*) LUZ BRILLANTE. Zohair.

ZOLTAN (*HÚNGARO*) VIDA.

ZORBA (*GRIEGO*) VIVE CADA DÍA.

ZORYA (*ESLAVO*) ESTRELLA, ATARDECER.

ZOTIKOS (*GRIEGO*) SANTO.

ZUBERI (*SUAHILI*) FUERTE.

ZUHAYR (*ÁRABE*) BRILLANTE, RELUCIENTE.

ZURIEL (*HEBREO*) DIOS ES MI ROCA.

TÍTULOS DE ESTA COLECCIÓN

Impreso en los talleres de
Trabajos Manuales Escolares,
Oriente 142 No. 216
Col. Moctezuma 2a. Secc.
Tels. 5 784.18.11 y 5 784.11.44
México, D.F.